JN439009

2012 중국 부동산 발전보고

Annual report on the development of China's real estate

原題: 中国房地产发展报告 No. 9 (2012 房地产蓝皮书)
原出版社: 社会科学文献出版社

2012
중국 부동산 발전보고

주편 / 리징궈
부주편 / 샹자오웨이, 리언핑, 리칭
번역 / 이기영

KU SMART PRESS
건국대학교 출판부

역자의 글

이 책은 중국사회과학원에서 발표하는 전문보고서 시리즈인 Blue Book시리즈의 유일한 부동산전문 보고서인 『중국 부동산 발전보고』의 2012년 판인 『중국 부동산 발전보고 NO. 9』의 공식 한국어 번역서이다. 『중국 부동산 발전보고 NO. 9』는 2012년 5월 중순 중국 현지에서 공식 발표되어 중국 관련 학계와 업계, 그리고 사회의 큰 주목을 받았다. 『중국 부동산 발전보고』의 NO. 6, NO. 7, NO. 8 버전은 이미 번역하여 각각 2009년, 2010년, 2011년에 건국대학교출판부를 통하여 한국에 출판되었고 이 책은 그 연장선상에 있다.

중국 부동산시장은 1998년 시장화 개혁 이후 지금까지 14년 정도에 불과한 짧은 역사 동안 세 번의 과열과 금융위기라는 커다란 외부충격에 의한 급락 등 불안정한 추세를 보여왔다. 이러한 불안정한 추세는 중국 당국뿐 아니라 세계 많은 국가들로 하여금 중국 부동산시장에서의 위기 발생에 대한 걱정과 염려를 유발했다. 특히 중국 부동산이 중국 경제에서 차지하고 있는 비중을 고려한다면 세계 경제가 불안정한 상황에서 세계 경제 성장에 중요한 한 축의 역할을 하고 있는 중국 경제의 안정과 변화를 관찰하기 위해서도 중국부동산시장에 대한 연구는 매우 큰 현실적 의미를 갖고 있다고 할 수 있다. 이에 중국 부동산시장에 대한 연구가 중국뿐 아니라 세계 많은 국가의 기관과 연구소에서 진행되고 있으며, 이러한 경향은 이전과 비교하여 특히 최근 몇 년 동안 크게 두드러지게 나타나고 있다.

금융위기에 대한 적극적인 부양정책을 구사한 이후 중국 부동산시장은 2009년 하반기부터 급격한 반등추세를 나타냈고 주택가격은 사상 최고가를 기록하면서 시장 과열에 대한 우려가 나타났다. 물론 2004년과 2007년에도 부동산시장 과열에 대한 우려가 나타났었지만, 이 당시의 특징은 버블붕괴에 대한 경제적 위기에 대한 우려보다 부동산가격 급등으로 인한 빈부격차 확대, 사회적 부의 집중 등으로 나타난 사회적 위기에 대한 우려가 더욱 크게 나타났다는 것이다. 이에 중국 정부는 2010년부터 부동산시장에 대한 강력한 조정을 시행하여 가시적인 성과를 거두었다. 이러한 성과를 공고히 하기 위하여 2011년 중국 정부는 중국 부동산의 시장화 개혁 이후 가장 강력한 조정정책을 구사하였고, 이는 중국 주요 중대형 도시에서 투기 및 투자수요를 구축하였다. 또한 중대형 도시 주택가격 안정과 투기 수요의 3~4선 도시로의 전이라는 결과를 나타내었다.

이 책은 2011년 중국 부동산시장을 '총보고, 토지 및 기업, 금융, 시장, 보장 및 관리, 지역, 핫이슈'의 7개 분야로 나누어 분석을 진행하였다. 이 책은 크게 두 부분으로 나눌 수 있다. 우선 '총보고'는 중국사회과학원 도시발전환경연구소 블루북 프로젝트팀에서 집필한 내용으로 2011년 중국 부동산시장에 대한 중국사회과학원의 공식적인 견해를 반영한 것이라 할 수 있다. 둘째, 나머지 6개 분야들은 중국사회과학원 학자뿐 아니라 해당 분야 전문가들의 각 주제에 대한 연구보고로 이루어져 있다. 따라서 이 책을 통하여 2011년 중국 부동산시장에 대한 중국 국책연구기관인 중국사회과학원의 입장과 더불어 중국 최고전문가들의 중국 부동산시장에 대한 견해에 대하여 독자들이 이해하는 데 도움이 될 수 있을 것이라 생각한다.

이 책이 출판되기까지 많은 도움을 주신 중국사회과학원 도시발전 환경연구소의 리징궈 교수님과 건국대학교 부동산대학원 손재영 교수님, 정의철 교수님, 박준희 교수님 및 건국대학교출판부 관계자들께 깊은 감사를 드린다.

역자 이기영

머리말

『중국 부동산 발전 보고 NO. 9』는 객관 · 공정한 입장에서 과학적 태도의 원칙하에 중국 부동산시장의 최신정보를 통해서 그 현상과 원인에 대한 심도 있는 분석을 진행하였다. 이 책에서는 '중국 부동산 발전 총보고' 편과 '각 분야 전문보고서' 편으로 구성되어 있다. '총보고'에서는 2011년 중국 부동산 시장과 부동산업의 총체적 발전에 대한 분석에 중점을 두었고, 각 분야별 전문보고서는 부동산의 각 분야별 현황과 문제점, 핫이슈에 대해 연구를 진행하였다.

중국 정부는 투기적 · 투자적 수요를 억제하고, 주택가격의 빠른 상승을 방지하며, 2010년에 부동산시장에서 나타났던 조정정책의 효과를 공고히 하기 위해서 2011년의 부동산시장 운영에 있어서 행정수단과 시장수단을 병용하였다. 2011년 중국 부동산시장에는 '주택구매제한', '판매가격제한', '대출제한' 등의 정책이 전면적으로 시행되어 사상 유례없이 강력한 조정국면이 진행되었다. 2011년 12월 2012년 경제운용 계획을 위해 개최된 중앙경제공작회의에서는 2012년에도 중국 부동산 운영의 조정기조가 흔들림 없이 지속될 것이며, 주택가격이 합리적 수준으로 회귀되도록 할 것이라고 명확히 밝혔다.

일련의 정책과 조치들의 실시로 부동산조정은 명시적인 효과를 나타내었다. 상품건물 거래량은 크게 위축되었다. 베이징 등 성(시)에서는 상품건물 거래량 자체가 감소하였고, 다수의 성(시)에서는 상품건물 거래량 증가율이 둔화되었다. 베이징, 상하이 등 성(시)에서는 주택가격 평균가격 자체가 하락하면서 부동산시장은 점진적인 둔화를 나타내었다. 부동산대출, 부동산투자,

토지구매면적 등의 증가율은 둔화되었고, 이에 반해 보장성 주택건설은 비교적 빠른 증가 추세를 나타냈다.

2011년 중국 부동산시장은 몇 가지 문제점을 보였다. 우선 지방정부에서 연초에 설정한 주택가격 조정목표와 사회적 기대 사이에 커다란 편차가 존재했고, 강력한 조정정책이 투자 및 투기성 수요 외에 실거주 수요에도 영향을 끼쳤다는 것이다. 그리고 보장성 주택의 융자루트 및 관리기제가 여전히 불완전하고, 개발기업의 정책과 시장에 대한 민감도와 반응이 더디다는 것이다. 또한 중소형 개발기업들이 도산 및 합병되면서 부동산업이 몇몇 대기업 위주의 산업집중도가 심화되면서 독과점에 의한 문제가 나타나고 있다.

2012년에는 기본적으로 조정정책의 기조가 지속될 것이며, 여기에 조정정책이 더욱 정교해져 차별화된 조정정책이 실시될 것이다. 2012년 조정정책의 중점은 여전히 투기성, 투자성 수요에 대한 억제가 될 것이며, 실거주 수요에 대해서는 점차 차별화된 정책으로 억제를 완화하게 될 것이다. 또한 정권교체를 앞두고 있기 때문에 부동산시장에서 큰 폭의 변화는 나타나지 않을 것이다. 2012년에 중국 부동산시장은 지속적으로 부동산개발회사와 소비자가 관망적인 태도를 보일 것으로 예상되며, 장기간 지속된 조정정책으로 인해 주택가격이 다소 하락하였기 때문에 일부 강성수요는 분출될 것으로 보이지만 전체적으로는 여전히 침체된 모습을 보일 것으로 예상된다.

마지막으로 중국 부동산시장의 진일보한 발전을 위하여 이 책에서는 생애최초주택에 대한 우대정책과 1급 도시에 대한 주택구매제한 정책의 제도화를 제시한다.

차 례

PART 6. 지역 편 199

PART 7. 핫이슈 277

PART 1
총보고 편

2011년 중국 부동산시장 추세와 문제점

2011년 중국 부동산시장 추세와 문제점

블루북 프로젝트팀1)

2011년 중국 부동산시장은 투자성 및 투기성 수요, 주택가격 상승을 억제하고 조정정책의 효과를 공고히 하기 위하여 행정적 · 시장적 수단을 병용하였다. '구매제한', '분양가제한', '대출제한' 등 정책의 범위를 더욱 확대함으로써 전례없이 강한 조정정책을 구사하였다. 구체적으로는 전국 600여 개에 달하는 지방도시 정부로 하여금 주택가격 상한목표의 제시와 그에 대한 상세한 실시방법을 공개하도록 하였고, 최초 주택구매에서 최초납입금 비율과 대출금리를 상향조정하고, 대출을 통한 두 번째 주택구매에 있어서 최초납입금 비율은 60% 이상으로 높였고 대출금리는 기준금리의 1.1배 이상이 되도록 하였다. 그리고 세 번째 주택구매에 대해서는 전면적으로 대출을 중지시켰다. 방산세 시범개혁이 이루어짐으로써 부동산시장 관리에서 중요한 전환점을 마련하였다. 2011년 12월 열린 중앙경제공작회의에서는 2012년 경제운용 기조를 부동산조정정책을 확고히 추진함으로써 주택가격을 합리적 수준으로 회귀시킬 것을 명확히 강조하였다. 2011년 중국 부동산시장은 일련의 정책과 조치의 실시로 시장조정의 목표가 명시적인 효과를 나타내었다. 상품건물 거래량의 증가율이 둔화되었고, 베이징 등 성시(省市)의 상품

1) 중화인민공화국 2011년 국민경제와 사회발전통계공보
http://www.stats.gov.cn/tjgb/ndtjgb/qgndtjgb/20120222_402786440.htm

건물 거래량이 감소하였다. 또한 베이징, 상하이, 산시(山西) 등 다수의 성시에서 주택가격 상승률과 평균가격이 하락하였고, 부동산대출과 부동산개발, 토지구매면적 등의 증가율도 크게 하락하였다. 그리고 보장성 주택건설이 속도를 내었다.

그러나 중국 부동산시장에는 일련의 문제점도 존재하였다. 지방정부가 제시한 주택가격의 조정목표가 사회적 예상보다 비교적 큰 차이를 보였고, 조정정책이 투기적 수요뿐 아니라 실거주용 수요에도 영향을 미쳤으며, 보장성 주택건설에서 융자와 관리기제의 문제점이 나타났다. 또한 개발기업들이 정책과 시장에 변화에 대한 적절한 대처를 하지 못하여 중소개발기업들은 도산하거나 합병되어 산업집중도가 커지고 시장독점의 가능성이 증가하였다.

2012년에는 중국 정부는 부동산시장에 대한 조정정책을 지속적으로 견지할 것이며 조정정책은 좀 더 차별화되고 정교해질 것이다. 특히 투기성 수요 억제를 부동산시장 조정의 중점목표로 하고 실거주용 수요에 대해서는 점진적인 지원을 하게 될 것이다. 국제 경제환경 변화와 국내 거시경제 둔화 그리고 부동산시장 정책의 영향을 받아 2012년 부동산시장은 지속적인 조정 추세를 보일 것으로 보인다.

1. 2011년 부동산시장 추세와 특징

2011년 미국 경제가 뚜렷한 회복조짐을 보이지 못하고 유럽재정위기의 영향까지 겹치면서 경제영향력이 큰 선진국들은 높은 실업률과 소비자심리 위축으로 인해 부동산시장이 위축된 모습을 보였고 신흥경제국가들은 인플레이션 압력에 힘든 한 해를 보냈다. 2011년 중국 경제도 하향 추세를 보여 GDP성장률이 2010년보다 1.2%p 낮은 9.2%를 기록했고, 소비자물가지수는 5.4%로 최근 몇 년간 가장 높은 수준을 보였다. 주택구매제한, 분양가제한, 대출제한 정책의 실시로 인해 2011년 부동산시장의 여러 지표는 둔화된 추세를 보였다. 특히 부분 도시들에서 나타났던 주택가격 급등 추세가 억제되면서 전체적으로 보아 부동산조정정책은 성공적인 효과를 보였다고 평가할 수 있다.

1) 사상 강력한 조정정책

2011년 부동산시장 조정에 관한 정책과 조치들은 1998년 중국 부동산 시장화 이후 가장 강력한 것들이었다. 이들 조정정책의 주요 목표는 불합리한 수요 즉 투기적·투자적 수요를 억제하여 주택가격을 합리적 수준으로 회귀시키는 것이었다. 조정정책의 효과는 주택투자 혹은 투기가 비교적 용이했던 1급 도시와 주택구매제한이 실시된 도시들에서 특히 명확하게 나타났다.

(1) 불합리한 수요억제 정책의 강화

2011년 1월 중국 정부는 흔히 '국(國)8조(條)'라 불리는 「국무원 판공청의 진일보한 부동산시장 조정 업무 관련문제에 관한 통지」를 발표했다. 이는 처음으로 국가 측면에서 직할시, 성급도시, 계획단열시(計劃單列市) 및 주택가격 상승이 빠른 도시들에 대하여 주택구매제한을 요구한 정책이다. 2011년 총 46개 도시에서 주택구매제한 정책이 실시되어, 주택구매제한 정책이 더욱 엄격히 강화되었다.

(2) 도시정부의 주택가격억제 목표 설정

'국8조'에서는 각 도시정부로 하여금 신규건축 주택가격의 억제목표를 설정 및 공개하도록 요구하였다. 이 요구에 따라 중국 600여 개의 도시들이 주택가격 억제목표와 이를 실시하기 위한 상세세칙을 발표하였다. 하지만 대다수 도시들이 설정 및 공개한 주택가격 억제목표는 사회적 기대를 충족시키기에는 높은 가격이었다. 이는 대다수 도시정부들이 해당 지역경제 성장목표를 우선적으로 고려했기 때문이다. 단지 베이징만이 2011년의 신규보통주택가격을 2010년 보다 다소 낮은 수준에서 목표로 하였다. 주택구매제한처럼 주택가격 억제목표 설정 역시 국가 측면에서는 처음으로 취해진 조치였다.

(3) 차별화된 주택대출정책

2011년에는 차별화된 주택대출정책이 더욱 엄격하게 집행되었다. '국8조'에는 두 번째 주택구매에 대하여 최초납입금 비율이 60% 이하가 되어서는 안 되며(2010년은 50%였음), 대출금리가 기준금리의 1.1배 이하가 되어서는 안 된다고 규정하였다. 또한 실시과정 중에 있어서 세 번째 주택구매에 대해서는 대출을 전면적으로 중지하여 정책의 엄격함이 시장의 보편적 예상을 넘어선 수준에서 이루어졌다.

2011년 개인주택 담보대출은 8,360억 위안으로 2009년의 8,562억 위안에 비해서도 적게 이루어져 12.2% 감소하였고, 2010년에 비해서는 20%p 감소하였다.

(4) 방산세의 시범적 실시

2011년 상하이와 충칭시에서 시범적으로 방산세가 실시되었다. 이는 중국 부동산시장 관리에 있어서 중대한 변화이다. 방산세의 실시는 현재의 중국 부동산세제 체제개혁과 부동산 투기행위 억제, 지방정부의 재정수입 안정에 큰 도움을 줄 것이며, 재산세 징수범위의 확대에도 유리한 환경을 조성하게 될 것이다.

2) 전국 상품건물 거래량 증가율 하락, 지역간 차이 명확

2011년 중국 46개 도시에서 주택구매제한 정책을 실시하여, 전국적 측면에서 보았을 때 상품건물 거래량 증가율은 위축되었다. 주택구매제한 정책의 정도가 지역별로 다르기 때문에 거래량 변화방향과 속도 등에서 명확한 지역적 차이가 나타났다. 베이징 등에서는 거래량이 하락하였고, 충칭시 등은 거래량 증가율이 하락하였으며, 톈진 등에서는 거래량 증가율이 상승하였다.

(1) 전국 상품건물 거래량 증가율 위축

2011년 주요도시에서 주택구매제한 정책을 실시함에 따라, 전국상품건물 거래증가율은 위축되었다. 2011년 전국 상품건물 판매면적은 11억㎡로 전년 대비 4.9% 증가하였고 증가율은 2010년에 비해 5.7%p 감소하였다. 그 중 주택판매면적은 9억 7천만㎡로 전년 대비 3.9% 증가하였고 증가 폭은 4.4%p 하락하였다. 이는 각각 11차 5개년 규획기간의 상품건물 판매면적과 주택판매면적의 연평균 증가율보다 각각 8.7%p와 9.6%p 낮아진 것이다. 상품건물 거래면적은 5,187만㎡ 증가하였고, 주택거래면적은 2,275만㎡ 증가하였다.

(2) 베이징 등 7개 성(시) 상품건물, 상품주택 거래량 감소

2011년 베이징은 '경15조'를 발표하였다. 1년 동안의 조정을 거치면서 상품건물 거래량은 눈에 띄게 감소하였다. 2011년 베이징시 상품건물 판매면적은 1,440만㎡으로 전년 대비 12.2% 감소하였다. 그 중 주택판매면적은 1,035만㎡로 전년 대비 13.9% 감소하였다. 누적수치로 보면 베이징 상품건물 판매면적은 전년 동기 대비 모두 마이너스 증가를 보였고, 월별 수치로 보면 6, 7, 8월을 제외하고는 모두 마이너스 증가를 보였다.

2011년 상하이 상품건물 판매면적은 1,771만㎡로 전년 대비 13.8% 감소하였다. 그 중 주택 판매면적은 1,474만㎡로 전년 대비 12.6% 감소하였다. 누적수치로 보면 상하이 역시 전년 동기 대비 모두 마이너스 증가를 보였고, 월별수치로 보면 6, 7월을 제외하고는 모두 마이너스 증가를 보였다.

주택구매제한 정책을 시행한 도시가 비교적 많았던 저장성(浙江省), 장수성(江蘇省)[2]의 상품건물 판매면적은 각각 3,827만㎡와 7,983만㎡로 전년 대비 각각 20.5%와 15.8%의 큰 폭의 감소를 보였다. 또한 주택판매면적은 3,006만㎡와 6,790만㎡로 각각 21.6%와 16.3% 감소하였다.

그 외 상품건물, 상품주택 거래면적이 감소한 성으로는 지린(吉林), 장시(江西), 닝샤(寧夏)의 세 개의 성(省)으로 상품건물 거래면적은 0.7%, 5.4%, 9.9% 그리고 상품주택 거래면적은 2.1%, 8.0%, 14.1% 감소하였다.

(3) 충칭 등 다수 성(시)에서 상품건물 상품주택 거래면적 증가율 하락

충칭시는 주택구매제한 정책을 실시하지 않았음에도 불구하고, 2011년에 거래량 증가율은 하락하였다. 2011년 충칭시 상품건물 판매면적은 4,534만㎡로 전년 대비 5.1% 증가했으나, 증가 폭은 2010년에 비해 2.7%p 하락했다. 그 중 상품주택 판매면적은 4,063만㎡으로 전년 대비 1.9% 증가했고 증가 폭은 2010년에 비해 3.8%p 하락했다.

충칭시 외에도 상품건물과 상품주택 판매면적 증가율이 하락한 성(시)은 각각 16개와 15개였으며, 그 중 증가율이 20%를 넘는 성(시)이 윈난(雲南), 산둥(山東)의 2개였고, 30%를 넘는 성(시) 역시 허베이(河北), 하이난(海南)의 2개였다.

(4) 톈진 등 소수 성(시)의 거래면적 증가율 상승

2011년 톈진 상품건물 거래면적 증가율은 큰 폭 상승하였고, 상품주택의 증가율은 더 컸다. 상품건물 판매면적은 1,643만㎡로 전년 대비 8.5% 증가하여 증가 폭은 2011년에 비해 13.3%p 상승했다. 그 중 상품주

---

2) 초보적 통계에 의하면 저장성의 7개 도시, 장수성의 4개 도시가 주택구매 제한정책을 실시

택 판매면적은 1,455만㎡로 전년 대비 11.7% 증가하여 2010년에 비해 증가 폭이 22.6%p 상승했다.

2011년 광둥성 상품건물 거래량 증가율도 다소 상승하였다. 상품건물 판매면적은 7,761만㎡로 전년 대비 6.0% 증가하였고 증가 폭은 2010년에 비해 2.3%p 상승했다. 그 중 상품주택 판매면적은 6,969만㎡로 전년 대비 6.4% 상승하였고 증가 폭은 2010년에 비해 6.6% 상승하였다.

그 외 2011년 귀저우(貴州), 안후이(安徽), 푸젠(福建)성 상품건물과 상품주택 판매증가율도 모두 증가하였고, 네이멍구(內蒙古)는 상품건물은 2010년과 비슷한 수준을 보였고 상품주택은 증가율이 상승했다.

(5) 동부지역은 2010년과 비슷한 수준, 중서부는 증가율 둔화

2011년 동부지역의 상품건물 상품주택 판매면적은 각각 5억 1천만㎡와 4억 4천만㎡로 2010년과 거의 비슷한 수준을 보이면서 각각 전년 대비 4.4%p와 1.6%p 감소하였다. 중서부지역의 상품건물과 주택 판매면적의 증가율은 2010년의 2자리 수에서 2011년에는 1자수로 둔화되었다. 중부지역 상품건물 · 상품주택 판매면적은 각각 2.9억㎡와 2억 6천㎡로 전년 대비 11.3%와 9.3% 증가하여 증가 폭은 2010년보다 각각 9.9%p와 9.1%p 낮아졌다. 서부지역의 경우 상품건물과 상품주택 판매면적은 각각 3억㎡와 2억 6천만㎡로 전년 대비 8.0%와 5.7% 증가하면서 증가 폭은 각각 5.9%p와 6.1%p 낮아졌다. 지역별로 보면 주택구매제한정책이 주택판매에 억제작용을 한 것으로 보이며, 주택 판매면적이

[표 1] 2011년 동부 · 중부 · 서부 지역 상품건물과 상품주택 판매 현황

지 역	판매면적 (만㎡)		증가율 (%)	
	상품건물	상품주택	상품건물	상품주택
전국 총계	109,946	97,030	4.9	3.9
동부지역	51,052	44,466	0.1	0.0
중부지역	29,312	26,158	11.3	9.3
서부지역	29,581	26,406	8.0	5.7

상품건물 판매면적에서 차지하는 비중은 매우 높아 동부・중부・서부 지역이 각각 87.1%와 89.2%, 89.3%이었다.

3) 전국 상품건물 평균가격 상승률은 2010년과 비슷, 지역간 차이 명확

2011년 주택구매제한 정책의 영향으로 중국의 주택가격 상승 추세는 억제되는 양상을 보였다. 전국 상품건물과 주택판매면적 평균가격은 2010년과 비슷한 수준을 나타냈다. 하지만 지역별로 차이가 크게 나타났다. 베이징시, 상하이시, 산시성(陝西省)의 주택 평균가격은 모두 하락했고, 하이난 등 십여 개 성(시) 상품건물 상품주택 평균가격 증가율도 하락했지만, 산시성 등 일부 성(시)의 상품건물 상품주택 평균가격 상승률은 증가했다(그림 1).

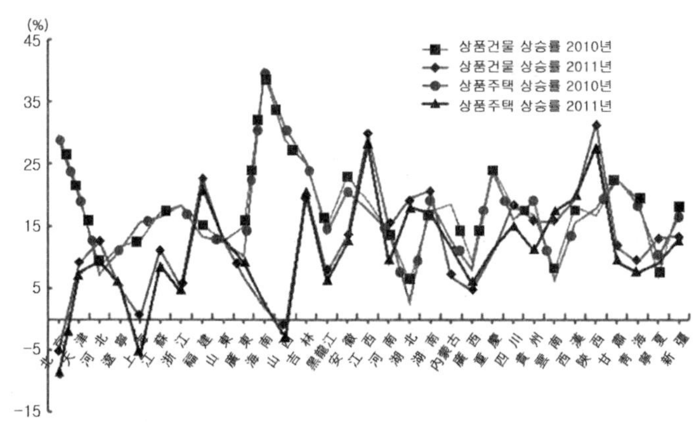

〈그림 1〉 2010년, 2011년 상품건물과 상품주택 평균가격 상승률 현황

(1) 전국 상품건물 평균가격 증가율은 2010년과 비슷

2011년 전국 상품건물 평균가격은 5,377위안/㎡으로 전년 대비 6.9% 상승하였고 상승폭은 2010년에 비해 0.6%p 하락하였다. 또한 2001~

2010년의 평균 상승률보다 2.2%p 낮았다. 그 중 상품주택 판매가격은 5,011위안/㎡로 전년 대비 6.1% 증가하였고 증가 폭은 2010년보다 0.1% 상승했다. 그리고 2001~2010년 평균 상승률보다는 3.2%p 낮았다.

(2) 베이징 상하이 산시성 주택평균가격 하락

2011년 베이징 상품주택 평균가격은 16,845위안/㎡으로 전년 대비 5.3% 하락하였다. 그 중 상품주택 평균가격은 15,518위안/㎡으로 전년 대비 9.5% 하락하였다. 이는 2010년보다 증가 폭이 각각 39.2%p와 34.2%p 낮아진 것이다.

2011년 상하이 상품건물 평균가격은 14,503위안/㎡으로 전년 대비 0.3% 상승했다. 그 중 상품주택 평균가격은 13,448위안/㎡으로 전년 대비 5.9% 하락하였다. 이는 2010년보다 증가 폭이 각각 12.9%와 21.5% 하락한 것이다.

베이징, 상하이의 거래면적과 평균가격이 모두 하락한 것은 중국을 대표하는 이 두 도시에서 주택구매제한 정책이 강력하게 집행되었고 그 효과 또한 크게 나타났음을 설명한다. 또한 주택투자 가치가 큰 도시들에 있어서 주택구매제한 정책이 투기 및 투자수요 억제에 효과적이었음을 보여준다.

2011년 산시성 상품건물 평균가격은 3,441위안/㎡으로 전년 대비 1.3% 하락하여 2010년과 비교하여 30.1%p 하락하였으며, 상품주택 평균가격은 3,236위안/㎡으로 전년 대비 3.1% 하락하여 2010년 비교하여 33.9%p 하락하였다.

(3) 다수 성(시) 주택가격 상승률 하락

2011년 상품건물과 상품주택 평균가격 상승률이 하락한 성(시)는 각각 16개와 20개였다. 그 중 하락폭이 가장 컸던 하이난의 상품건물 상품주택 평균가격은 2010년에 비해 각각 37.6%p와 37.3%p 하락했다.

상품건물 가격 상승률 하락이 10%를 넘었던 성(시)는 충칭시, 저장성, 네이멍구, 간수(甘肅)성, 톈진시, 칭하이(靑海)성의 6개가 있었고, 상품주택가격 상승률 하락이 10%를 초과하였던 성(시)는 저장성, 간수성, 톈진시, 충칭시, 칭하이성의 5개가 있었다.

(4) 부분 성(시)의 주택가격 상승률 상승

2011년 상품건물 상품주택 평균 상승률이 상승한 성(시)는 각각 12개와 8개가 있었다. 상품건물가격 상승폭이 가장 높았던 성(시)는 산시성(陝西省)으로 상승폭이 2010년에 비해 14.9%p 상승했다. 또한 상품주택가격 상승폭이 가장 높았던 성(시)는 허베이(河北)성으로 2010년에 비해 상승폭이 15.3%p 상승했다. 상품건물 가격 상승률이 10%를 넘었던 성(시)는 산시성, 허베이성, 장서(江西)성의 3개였고, 상품주택가격 상승률이 10%를 넘었던 성(시)는 허베이성, 윈난성, 장서성, 산시성의 4개였다.

(5) 70개 중대형 도시 중 주택판매 가격지수의 전월 대비, 전년 동기 대비 하락폭이 큰 도시가 많음

2011년 12월, 70개 중대형 도시 신규주택 가격지수가 전월 대비 하락한 도시는 54개에 달해 1월보다 51개 도시가 증가하였다. 70개 중대형도시 중고주택 가격지수 전월 대비 하락한 도시는 53개로 1월보다 50개 도시가 증가하였다. 2010년 12월과 비교해서 70개 중대형 도시 중 가격이 하락한 도시는 29개 도시였다. 가격 상승률이 하락한 도시는 33개였으며, 나머지 37개 도시 중 상승률이 5.0% 이내인 도시가 34개였다.

4) 상품건물 준공면적 증가율은 상승 추세, 기타 개발지수 증가율은 모두 하향 추세

2011년 엄격한 부동산시장 조정정책의 환경하에서 부동산공급관련 지표 중 상품건물 준공면적만이 상승 추세를 보였고, 부동산 개발투자, 신규착공면적, 토지구매면적 등의 증가율은 모두 하향 추세를 보였다. 긴축통화정책의 영향으로 부동산대출 증가율도 하락을 보였다.

(1) 준공면적 증가율 상승

2011년 전국 상품건물 준공면적은 8억 9천만㎡로 전년 대비 13.3% 증가하여, 2010년보다 8.7%p 상승하였고, 2001~2010년 평균상승률보다는 1.6%p 높았다. 그 중 주택준공면적이 7억 2천만㎡로 전년 대비 13.0% 증가하여 증가 폭이 2010년보다 6.6%p 높았고, 2001~2010년 평균증가율보다는 1.1%p 높았다. 준공면적 증가율이 상승한 것은 2008~2009년의 금융위기 대응을 위한 적극적인 정책의 영향으로 인해 부동산개발기업들이 시장예측을 낙관적으로 전망하여 투자가 급증했었기 때문이다.

2011년 거래량은 감소하고 준공면적은 증가하면서, 미분양 상태에 있는 상품건물 면적이 2억 7천만㎡로 전년 대비 26.1% 증가하였다. 그 중 상품주택건물의 미분양면적은 1억 7천만㎡로 전년 대비 35.8% 증가하였다. 이는 상품건물 특히 상품주택의 미분양물량이 증가함에 따라 부동산개발기업의 부담이 증가한 부정적 측면이 있지만, 중국 주택시장의 고질적인 문제인 수급불균형 문제가 다소 완화되었다는 긍정적인 측면으로도 평가할 수 있다.

(2) 부동산투자 증가 폭 둔화

2011년 부동산 개발투자 총액은 6조 2천억 위안으로 전년 대비 27.9%

증가하였고 증가 폭은 2010년에 비해 5.3%p 낮아졌다. 그러나 2001~2010년의 평균증가율보다는 2.4%p 높았다. 2011년의 부동산 개발 투자율은 2010년과 비교하여 기본적으로 하향하는 추세를 보였다(그림 2).

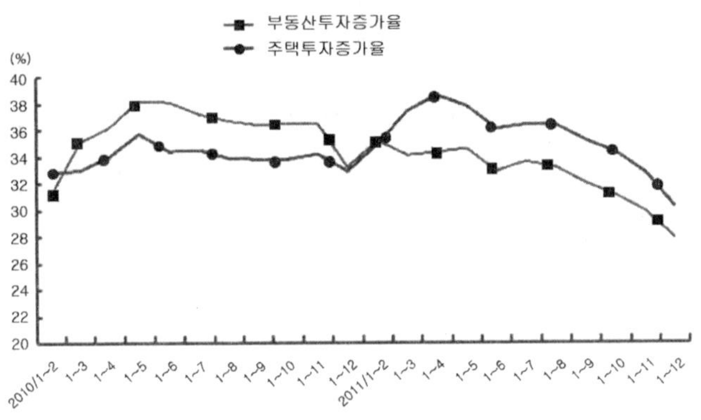

〈그림 2〉 2010~2011년 부동산투자, 주택투자 증가율 현황

2011년 주택투자는 4조 4천억 위안으로 전년 대비 30.2% 증가하였고 증가 폭은 2010년에 비해 2.6% p 낮아졌다. 그러나 2001~2010년 평균 증가율보다는 4%p 상승했다. 2011년 주택투자 증가율은 단지 11월과 12월에서만 2010년 동기보다 낮았다.

2010년의 경우 주택투자 증가율이 부동산 개발투자 증가율보다 낮았지만, 2011년에서는 주택투자 증가율이 부동산 개발투자 증가율보다 높았다. 2011년 주택투자가 부동산투자에서 차지하는 비중은 71.8%로 2010년에 비해 1.3%p 높아졌다.

부동산개발기업은 주택가격에 대해 민감하지만 향후 부동산시장 추세 변화에 대한 사전적 예측력이 부족하다고도 평가할 수 있지만, 무엇보다 중요한 것은 부동산개발 투자과정 중에 있어서 투자의 관성으로 인해 부동산 개발투자 규모가 유지되었던 것이 부동산 개발투자 증가율이 크게 하락하지 않은 주요 원인이다. 그 외 2011년 경제적용주택, 분양가상한주택 등 보장성 주택이 정책적으로 대량 건설되면서 주택투자 증가에 일정한 지지역할을 한 것으로 보인다.

(3) 신규착공면적 증가 폭의 대폭 하락

2011년 신규착공면적은 19억㎡로 전년 대비 16.2% 증가하였고 증가 폭은 2010년에 비해 24.4%p 하락했고 2001~2010년 평균보다는 2.5%p 하락했다. 그 중 주택신규착공면적은 14억 6천만㎡로 전년 대비 12.9% 증가하여 2010년의 증가율인 38.7%에 크게 낮은 수준을 보였다. 또한 2001~2010년의 평균 증가율보다 2.6%p 낮았다. 전체 신규착공면적 중 주택 신규착공면적이 차지하는 비중은 76.8%로 2010년보다 2.3%p 낮아졌다. 이는 엄격한 조정정책의 영향으로 개발기업들의 주택착공에 대한 유인이 크게 감소했음을 설명하고 있다.

(4) 토지구매면적 증가 폭이 하락

2011년 전국 토지구매면적은 4억 1천만㎡로 전년 대비 단지 2.6%만 증가하여, 2010년의 25.2%보다 크게 낮았고, 2001~2010년 평균 증가율보다는 6.7%p 낮은 수준을 보였다. 2011년 전국 15개 성(시)의 토지구매면적 전년 대비 증가율이 하락했다(표 2 참조). 하락폭이 가장 컸던 곳은 허난(河南)성(-46.4%)과 베이징(-41.0%)이었다. 지역별로 보면 동부지역 중 5개 성(시), 중부지역에 4개 성, 서부지역에 6개 성의 하락폭이 컸다.

[표 2] 2011년 토지구매면적 증가율 하락 도시

(단위 : 만㎡, %)

지 역	당해 연도 토지구매면적	증가율
전국(全國)	40,973	2.6
동부지구(東部地區)	19,729	5.2
북경(北京)	507	-41.0
천진(天津)	597	-8.6
하북(河北)	2,738	-9.5
복건(福建)	1,288	-16.4
하이난(海南)	400	-22.6
중부지구(中部地區)	11,257	-2.3
산서(山西)	655	-25.1
하남(河南)	1,535	-46.4
호북(湖北)	1,414	-0.6
호남(湖南)	1,065	-2.8
서부지구(西部地區)	9,987	3.2
내몽고(內蒙固)	1,693	-15.1
엄서(广西)	907	-24.3
사천(四川)	962	-7.8
귀주(貴州)	911	-9.3
섬서(陕西)	489	-11.5
닝샤	521	-5.2

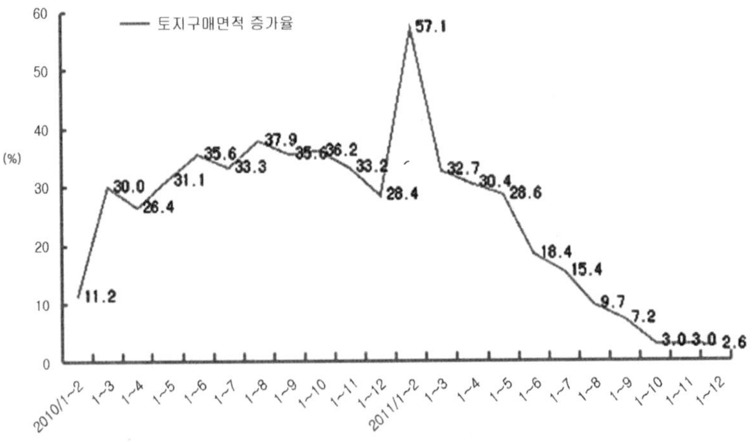

〈그림 3〉 2010~2011년 토지구매면적 증가율 현황

토지구매면적 증가율이 하락한 것은 일부 도시 정부에서 토지경매 방식 규정에 변화를 주었기 때문이며, 또 한편으로는 엄격한 조정정책의 시장환경에서 부동산개발기업들이 토지획득 결정에 매우 신중한 행태를 보였기 때문이다. 2011년 1~2월 전국 토지구매면적 증가율은 57.1%의 높은 수준을 보인 후 지속적으로 하락하여 연말에는 연초에 비해 54.5%p 하락하였다(그림 3).

(5) 부동산대출 증가율 하락

중국 정부의 긴축적 통화정책 운용으로 2011년 상반기에 중국인민은행은 6차례에 걸쳐서 지급준비율을 상향조정하여, 1조 8천억에 달하는 시중자금을 회수하는 효과를 내었다. 이러한 배경하에서 부동산 대출 증가율은 둔화되었다. 2011년 금융기관 부동산 대출 잔여액은 10조 7,300억위안으로 전년 대비 13.9% 증가하였고 증가 폭은 2010년에 비해 13.5%p 하락하였다. 또한 같은 기간 전체 대출이 19.6%의 비중을 차지하였다. 2011년 부동산개발기업 조달자금 중 국내 대출은 2010년과 비슷한 수준을 보이면서 증가 폭은 2010년보다 10.6%p 낮아졌고 전체 조달자금에서의 비중은 2.1%p 낮아졌다.

5) 보장성 주택의 대량 건설

2011년 보장성 주택건설은 사상 유례없는 활기를 보였다. 신규착공 물량은 1,000만 채를 초과하였고, 다수의 성(시)에서 공공임대주택 정책 세칙을 발표하였다.

(1) 사상 최대의 보장성 주택 착공물량

통계에 의하면 2010년 10월 중국 전국에서 1,033만 채의 보장성 주택이 착공되어 연초 목표인 1,000만 채를 초과 달성하였다. 이는 전년 대비 75.1% 증가한 것으로 2011년은 보장성 주택건설이 가장 활발하게 이루어진 한 해였다. 공공임대주택의 경우 2010년의 건설물량이 40만 채였던 것에 비해 2011년의 경우 220만 채로 2010년의 5.5배에 달한다.

보장성 주택건설은 금융상의 지원을 받을 수 있기 때문에 보장성 주택자금의 증가율은 빠른 속도로 증가하였다. 보장성 주택개발 대출잔여액은 3,499억 위안으로, 동 기간 부동산개발 대출 총량의 50.1%의 비중을 차지하여 연초보다 비중이 31.7%p 증가하였다.

(2) 다수의 성(시)에서 공공임대주택 정책세칙 발표

중국 중앙정부 정책의 영향으로 베이징, 상하이 충칭시, 푸젠(福建省)성 등 성(시)들에서는 공공임대주택에 관한 세칙을 발표하였다. 각 지역에서 발표한 세칙들은 약간씩 다른 특징을 가졌다. 베이징을 예로 들면, 12차 5개년 규획기간 동안 공공임대주택 30만 채를 건설 또는 구입 후 전용하는 계획을 발표했는데, 이는 전체 보장성 주택의 30%에 해당한다. 2011년 한 해 동안 계획된 공공임대주택의 건설물량은 6만 채로 11차 5개년 규획기간의 총 건설물량인 2만 6천 채에 비해 크게 증가하였다. 또한 베이징 정부는 공공임대주택을 신청할 수 있는 자격조건에서 호구문턱의 제한을 철폐하였다. 이는 기존 중국 도시화의 문제점으로 제시되어 왔던 '토지의 도시화'에서 '주거의 도시화'로 나아가는 큰 의미를 지니는 것으로 호적제도로 인한 외지인구의 도시 유입 제한이 크게 완화될 것으로 보인다.

2. 부동산시장의 문제점

1) 지방정부의 주택가격 억제목표와 사회적 기대와의 큰 편차

'신국8조'에서는 2011년 중국 부동산시장의 운용의 기조는 초보적으로 나타나기 시작한 조정정책의 효과를 더욱 공고히 할 것을 명확히 강조하였다. 이에 중앙정부에서는 각 도시정부에 현지 경제발전 목표와 가처분소득 증가율, 주민의 주거비용 지불능력에 근거하여 합리적으로 신규주택에 대한 가격억제 목표를 설정 공개할 것을 요구하였다. 이에 따라 중국 600여 개 도시정부에서 주택가격 억제목표를 발표하였다.

그러나 각 지역정부의 '주택가격'에 대한 정의의 표준자체가 달랐을 뿐 아니라 절대 다수 도시정부가 발표한 주택가격 억제목표가 GRDP 증가율이나 가처분소득 증가율보다 낮은 수준이었다. 이러한 주택가격 억제목표는 사회적 기대와 큰 편차를 보였기 때문에 이에 대한 비판의 목소리가 커졌고 일부 언론에서는 '주택가격 억제목표'가 아닌 '주택가격 상승목표'라 비아냥거리기도 하였다.

지방정부의 주택가격 억제목표와 사회기대 사이에 커다란 편차가 존재했던 원인은 몇 가지를 들 수 있다. 우선 지방정부들이 주택가격 억제목표 제도를 올해 처음 해보았기 때문에 발생한 경험상 부족으로 인한 편차의 발생이다. 둘째 지방정부들이 목표를 달성하지 못 했을 경우 중앙정부로부터의 행정적 문책을 걱정한 나머지 목표치를 높게 설정하려는 분위기가 만연했고 이러한 분위기 속에서 각 지방정부들이 서로의 눈치를 보면서 비슷한 수준으로 설정하였기 때문이다. 그러나 보다 근본적인 원인은 지방정부들이 토지출양수입에 재정수입을 지나치게 의존하는 시스템상에 실질적인 개혁이 없었기 때문에 지방정부들이 주택가격 위축에 따른 재정수입 감소를 염려하여 주택가격 하락을 원하지 않았다는 것에 있다. 또한 '신국8조'에서는 주택가격 억제목표를 설정함에 있어서 주민의 주거비용 지불능력을 주요한 설정근거로 삼을 것을 요구하였지만, 실제로는 지방정부들이 GRDP 증가율과 가처분소득 증가율만을 고려하여 주택가격 억제목표를 설정한 것에도 큰 원인이 있다.

위와 같은 원인들로 인해 베이징을 제외한 모든 도시정부들이 주택가격을 전년 대비 상승한 억제목표를 설정하였고, 이는 일정 정도에서 주택가격이 상승할 것이라는 사회적 예측을 형성시켰다. 조정정책의 목표가 주택평균가격의 억제였기 때문에 평균가격억제를 위해 지방정부들은 도심지역 주택 등의 고가 신규물량의 분양을 제한함으로써 평균가격을 억제하려고 하였다.

2) 실거주 수요에 영향

주택가격 억제의 최종목표는 민생개선에 있기 때문에 실거주 수요의 보호는 부동산정책을 민생구현을 나타내는 중요한 지표가 된다. 차별화된 대출정책의 목표는 주택 최초구매를 지원함으로써 상업은행의 대출정책을 통해서 민생을 보호하려는 것이다. 그러나 2011년 거시조정정책의 실시로 상업은행의 부동산대출액 증가율은 크게 하락하였고, 최초구매주택에 대한 상업은행의 최초납입금 비율과 대출금리가 상향되었고, 주택공적금의 금리 또한 상향되었다. 최초 주택구매에 대한 대출문턱의 상향은 생애 최초로 주택을 구매하려는 실거주 수요에 대해서도 주택구매비용 부담을 증가시켜 주택가격 상승률 하락으로 인해 소비자가 누릴 수 있는 혜택을 상쇄시켜 실거주 수요에 부정적인 영향을 주게 되었다.

최초납입금과 금리 상향 조정정책이 주택가격급등 억제, 은행의 대출건전성 확보, 인플레이션 방어 등 여러 원인에 의해서 이루어진 것이었지만, 이 정책은 부동산시장의 투기성 및 투자성 수요뿐 아니라 생애 최초 주택구매 등 실거주 수요에도 부정적인 영향을 끼쳐 애초의 민생 보장을 위한다는 차별화된 대출정책목표에서 괴리를 보이게 되었다. 실거주수요는 투기 및 투자성 수요와 달라 장기적으로 구축될 수 없으며, 일시적인 구축은 실거주수요가 점진적으로 결집되어 다음 부동산시장 상승기에 주택가격 상승의 동력이 된다. 실거주수요는 주택시장의 합리적이며 건전한 수요로써 민생에 관계되기 때문에 마땅히 국가로부터 지원과 보장을 받아야 한다.

또한 주택구매제한 정책을 실시한 도시의 숫자에 제한이 있었기 때문에 일부 투기 및 투자성 수요가 주택구매 제한정책 실시 도시에서 비(非)실시 도시로 전이되었고 이 도시들의 주택가격을 상승시켰고 이는 다시 해당지역 주민들의 실거주수요를 구축(驅逐)하는 작용을 하였다. 호구제한과 도시의 높은 주택가격은 농촌에서의 유입인구의 대부분의 주거문제를 가중시켜 '주거의 도시화'가 '취업의 도시화'보다 크게 낮은 문제점을 더욱 심화시켰다.

3) 보장성 주택금융과 관리기제의 불완전성

현재 중국의 보장성 주택건설 시스템에는 완전한 정책적인 금융지원 기제가 형성되어 있지 않다. 보장성 주택 개발의 파이낸싱은 루트 자체에 한계가 있으며, 투입되는 비용에 비해 이윤이 적고 회수기간이 장기에 걸쳐서 이루어지나 이를 보상해줄 만한 명확한 기제가 마련되어 있지 않기 때문에 금융기관이나 개발기업 입장에게 모두 보장성 주택건설에 적극적으로 나설 동기부여가 되지 않는다. 현재 보장성 주택건설에 필요한 자금조달은 지방정부의 재정예산, 주택공적금 운영수익, 토지출양금의 일부, 지방채발행, 중앙재정의 보조 등에서 충당할 것으로 규정되어 있다. 하지만 지방정부 재정에서 투입할 수 있는 비율이 낮고, 토지출양 수익률이 하락하는 동시에 토지출양금의 지출항목 증가하고 지방채발행의 부담이 크기 때문에 사실상 보장성 주택건설을 위한 자금조달규모는 크지 않고 이러한 경향은 특히 중서부 지역 도시정부에서 더욱 두드러진다. 2011년 부동산개발의 토지구매면적 증가율은 2.6%에 불과하여 전년도의 25.2%에 비해 증가 폭이 크게 감소했고 다수의 성(시)에서 마이너스 증가율이 나타나기도 했다. 토지출양가격은 2010년의 2조 7천억 위안보다 다소 증가하긴 했지만, 증가 폭은 2010년에 비해 10.5%p 하락했다. 그러나 이와 동시에 토지수익에 대한 지출항목은 지속적으로 증가하였다. 2010년 중국중앙정부는 토지출양금의 10%를 보장성 주택건설에 투자할 것을 지방정부에 요구하였으며, 2011년 국무원이 발표한 「재정교육투입의 진일보 확대에 관한 의견」과 재정부와 수리(水利)부가 정식발표한 「토지출양금 중 전답수리건설자금 설정 유관사항에 관한 통지」에서는 각각 지방정부로 하여금 반드시 토지출양금수익 중 10%의 교육투자자금과 역시 10%의 전답수리건설비용을 설정할 것을 요구하였다. 토지출양금수입은 많은 지방정부의 주요 재정재원으로 토지출양금수익률의 하락과 동시에 지출항목의 증가는 지방도시정부의 보장성 건설에 대하 지출능력과 해당지역경제발전에 커다란 제약으로 작용하였다.

또한 지방정부 채무증가도 위험을 주고 있다. 2010년 말 전국 성, 시, 현급 지방정부의 채무잔여액은 10조 7,174억 9천만 위안으로 이는 GDP의 27%에 해당하며, 당해 연도 전국 재정수입을 초과하는 규모이다. 더욱이 지방정부 채무의 상당 부분이 향후 2~3년 안에 만기가 도래하기 때문에 지방채 발행을 통한 보장성 주택건설 자금조달 역시 한계가 있다.

보장성 주택 관리기제의 불완전성은 몇 가지 측면에서 나타난다. 우선 법률제도 구축의 낙후성이다. 현행의 보장성 주택정책의 상당 부분이 규범성 문건의 형식으로 발표되어 전문적인 법률법규가 부족하며 이에 따라 법률제도에 의한 구속력이 부족하다. 특히 보장성 주택의 보장대상의 입주 퇴거 및 처벌 등에 관한 법률적 근거가 부족하여 보장성 주택 운영 및 관리의 정상적인 시스템이 확보되어 있지 않다. 둘째, 관리기제의 낙후이다. 보장성 주택의 건설과 관리를 담당하는 부분이 나누어져 있고, 관리 측면의 인력이 크게 부족하기 때문에 날로 가중되어 가는 관리업무를 원활히 수행하기에 불충분하다. 셋째 보장성 주택 진입 퇴거시스템의 불완전성이다. 진입기제 측면에서 보면 일부 지방의 경우 신청자 및 그 가족의 소득 및 재산 상황을 파악할 수 있는 부처별 협조기제가 형성되어 있지 않았기 때문에 보장성 주택 신청자에 대한 정확한 심사에 어려움을 겪고 있다. 또한 보장성 주택에 당첨된 후 실거주로 사용하지 않고 불법으로 임대 또는 전매하는 경우가 적지 않게 나타나고 있다. 일부 지방정부에서는 신청자에 대한 판단 근거를 신청자가 제출한 서류에만 의존하기 때문에 심사가 형식적인 요식 절차에 불과하다. 퇴거기제에 있어서도 동태적인 관리가 이루어지지 않고 있다. 따라서 보장성 주택의 혜택을 보던 가정이 소득개선이나 재산 증가 등을 통해 보장성 주택의 자격을 이미 상실해도 적시에 이들을 보장성 주택에서 퇴거시켜 혜택이 필요한 다른 가정이 보장성 주택 혜택을 누리도록 할 기제가 제대로 마련되어 있지 않다.

4) 개발기업의 정책 및 시장 변화에 대한 둔감, 시장의 독과점 가능성 확대

2011년 상품주택개발 총액은 4조 4,308억 4천만 위안으로 전년 대비 30.2% 증가하여, 1998~2010년의 평균 증가율인 24.4%보다 크게 높았다. 이는 부동산개발기업들이 정책과 시장변화에 대한 민감성 및 시장판단력이 떨어지고 있음을 나타낸다. 비록 부동산기업 중 국유기업의 비중이 해마다 낮아지고 있기는 하지만 국유기업들은 대량의 토지, 자본, 인력 등의 사회자원을 보유하면서 부동산시장에서 여전히 독점적인 위치를 차지하고 있다. 국유 부동산개발기업들은 예산에 대한 연성제약, 정책적 우위, 손실 책임추궁의 불완전성 등으로 인하여 리스크에 대한 인식이 낮아 시장에 대한 적극적인 분석과 연구가 이루어지지 않으며 시장 변화에 상관없이 맹목적인 투자를 진행하였다. 규모가 작고 시장점유율도 낮은 일부 민영 부동산개발기업들은 조정정책으로 인해 엄격해진 부동산시장 환경에서 낮은 경쟁력과 리스크 대응능력으로 말미암아 국영기업과 대등한 경쟁을 하지 못하고 국영기업들의 투자방향에 맹목적으로 따라가는 경향을 보이기도 하였다.

사상 유례없는 조정정책으로 부동산기업들은 거래량이 크게 감소하였고 반면 재고물량은 크게 증가하였다. 또한 은행대출을 주요 자금조달수단으로 사용했던 소규모 부동산개발 기업들은 긴축적 통화정책의 영향으로 자금난에 빠지게 되었다. 이에 따라 중소 부동산개발 기업들은 도산하거나 합병되는 사례가 나타나고 있어 부동산시장이 대형개발 기업에 집중되어 부동산시장 상품공급과 소비자선택의 다양화에 영향을 끼칠 가능성이 커지고 있다.

5) 부동산 연구자문서비스의 발전 낙후

중국 부동산시장은 시장화의 역사가 짧고, 통계자료의 연속성과 통계표준이 불일치하기 때문에 시장의 추세에 대한 정확한 예측과 분석에 어려움을 주고 있다. 그 외에 중국 부동산시장은 정책의 영향을 크게 받고 정책 제정은 서로 다른 이익집단과 계층의 영향을 받는다는 특징도 시장의 예측을 어렵게 하고 있다. 동시에 중국은 지역별로 부동산시장 발전의 기초와 환경의 차이가 비교적 크고 발전 특징도 각기 다르다. 중국 부동산시장의 이러한 특징은 부동산시장에 내재된 규율과 추세의 예측을 어렵게 하여 중국 부동산시장 연구 및 자문서비스 시장의 발전을 힘들게 하고 있다.

또 한편으로는 중국 부동산시장은 줄곧 매도자 위주의 시장이었기 때문에 부동산개발회사는 일방적인 분양가 인상으로도 쉽게 목표한 이윤을 획득해왔다. 이에 부동산개발회사들은 시장에 대한 적극적이고 전문적인 연구를 진행할 동기와 수요가 없다. 따라서 사회에 있어서도 신뢰도가 높은 부동산 전문연구기관이 부족하고 이는 다시 수요자들의 부동산 연구에 대한 신뢰가 낮은 결과를 초래하여 부동산 연구 및 자문서비스의 발전이 낙후되고 있다.

3. 2012년 부동산정책 전망과 시장 예측

2011년 수급의 관망대립과 시장 위축, 글로벌 경제침체의 장기화를 거치면서 2012년의 부동산조정정책의 어려움은 증가되었다. 2012년의 부동산시장정책은 2011년에 이미 시현된 조정정책 효과를 공고히 하는 것을 기본적인 방향으로 하여 운용될 것이며, 부동산시장은 지속적으로 조정추세를 유지할 것이며, 주택가격은 다소 하락할 것이나 그 하락폭은 크지 않을 것으로 예상된다.

1) 2012년 거시경제 추세의 부동산시장에 대한 영향

2011년 2분기부터 중국 GDP 증가율은 하락 추세를 보였고 연초의 정부공작보고에서도 2012년 GDP 증가율을 7.5%로 하향조정하였다. GDP의 하향 추세는 부동산시장에 중요한 영향을 끼칠 것이다. 동시에 최근 몇 년 동안 중국 정부는 산업구조조정에 노력하여 왔고, 서비스업이 GDP에서 차지하는 비중은 점차 증가되어왔고, 소비성 내수의 경제성장에 대한 공헌도도 점차 높아져왔다. 이러한 사실들은 부동산시장 구조에 영향을 끼치게 될 것이다.

① 경제성장률의 하락은 소득증가와 장기소득에 대한 예측에 영향을 주어 주택구매의사결정을 좀 더 신중하게 한다. 경제성장률의 하락은 당기의 소득증가를 둔화시키며, 미래소득 증가에 대해서도 부정적인 예측을 하게 한다. 당기소득과 미래예측 소득증가율의 둔화는 부동산수요에 영향을 끼치게 된다. 실거주수요 측면에서 보면 소득증가의 둔화는 소득의 축적에 영향을 주고, 주택구매 능력과 미래 대출상환 능력에 직접적인 충격을 주어 주택구매 결정을 신중하게 한다. 투자성 수요 측면에서 보면 주민소득 증가의 둔화는 자금축적 증가율의 둔화를 의미하며, 이는 다시 미래 자본시장 자금가치의 증가를 의미하며 반면에 부동산의 투기 및 투자가치의 하락을 의미하여 부동산투자 결정을 신중하게 한다.

② 경제성장률의 하락은 정부로 하여금 완화된 대출정책을 구사할 가능성을 제공하며 이는 부동산 개발과 공급에 도움을 준다. 경제성장률의 하락은 거시조정정책의 전환을 가져올 수 있고, 부동산개발대출이 다소 완화될 수 있으며, 보장성 주택 개발에 대한 대출은 특히 강화될 것이다. 이는 부동산투자를 일정 수준 이상으로 유지시키게 될 것이며 적어도 대폭 감소는 하지 않게 할 것이다. 이를 통해 2012년의 주택공급에는 큰 변동이 없을 것이다.

③ 경제구조 개선은 주민소득 분배와 소비성 주택수요에 도움을 주게 된다. 최종소비의 경제성장에 대한 공헌이 높아진다는 것은 산업구조가 이에 상응하게 조정되고 있고, 3차 산업의 비중이 증가하고 있으며, 서비스산업에서 자본의 중요성이 하락하고 인적 자원의 중요성이 높아지고 있다. 이는 국민소득 분배 중 임금소득의 비중이 점차 증대되고 동시에 서비스산업의 발전이 전통적 독점산업의 중요성을 상대적으로 희석시켜 자본소득과 독점적 산업소득으로 인해 유발된 주민소득 분배의 차이를 점차 축소시키는 추세가 나타나게 된다. 그리고 이는 중등소득계층이 점진적으로 증가시켜 주택 실거주용 수요의

구매력을 확대시키게 된다.

2) 2012년 부동산정책 전망

부동산 조정 방향

2012년 중국 부동산시장정책은 이미 나타난 조정효과를 공고히 하기 위하여 조정정책을 지속적으로 강화하게 될 가능성이 크다. 하지만 조정의 어려움도 지속적으로 커지게 될 것이다. 한편으로는 국내외 막대한 유휴자금의 유입으로 인해 중국 부동산시장에는 여전히 거대한 투기성 수요가 존재하고 있다. 따라서 투기성 수요 억제는 여전히 중국 부동산조정의 중요 목표가 될 것이다. 또 다른 한편으로는 경제성장률이 하락하면서, 경제성장률 보장을 위한 압력이 커지면서 거시조정정책의 기조가 완화로 점차 전환될 가능성이 있다.

① 조정 효과를 공고히 하고 투기성 수요를 억제하는 것이 2012년 부동산조정정책의 핵심목표이다. 경제성장률이 하락하면서 실물경제 영역에서의 투자수익률이 하락하고, 특히 민영경제의 경영환경이 악화되는 상황에서, 자본시장제도의 개혁은 여전히 진전을 보이지 않고 있다. 이에 주민소득이나 유휴자본은 마땅히 투자할 대상을 찾지 못하고 있으며 이러한 자금들은 주동적 혹은 피동적으로 부동산시장에 유입되어 가치보존을 추구하게 된다. 동시에 국제자본시장에서 서구의 양적완화정책에 따라 막대한 유동자금이 중국 부동산시장에서 재정거래를 형성하게 될 가능성이 크다. 따라서 2012년 부동산시장은 투기억제가 여전히 가장 중요한 목표가 될 것이다.

② 실거주수요에 대한 지원이 점차 확대되어 조정정책이 차별화될 것이다. 민생개선을 촉진하고 도시화와 장기적 경제성장을 위해서, 그리고 부동산개발기업들의 도산방지와 지방정부들의 재정위기 타개를 위하여 2012년에는 실거주 수요에 대한 지원을 크게 강화하여 실거

주 수요에 의한 주택거래를 적당한 수준까지 증가시킬 것이다. 이를 통해 보았을 때 조정정책은 더욱 차별화·정교화되어 지속적으로 투기성 수요를 억제하는 정책을 펼치는 동시에 최초 주택구매에 대해서는 금융지원을 확대하는 정책을 실시하여 실거주수요에 의한 주택구매를 지원하게 될 것이다.

③ 정부와 기업, 중앙과 지방의 이익요구의 차이는 조정정책의 집행과 실시의 어려움을 증가시킨다. 경제성장률의 하락과 토지시장에서의 거래 위축으로 일부 지방정부는 심각한 경제성장과 재정수지의 압박을 받고 있고 부동산시장을 부양하여 당면한 문제들을 해결하기를 강력히 원하고 있다. 경제성장이 둔화되고 부동산가격의 인위적인 조정에 의해 부동산업의 이윤이 크게 감소하여 자금난을 겪게 되자 필연적으로 부동산시장 조정정책의 완화를 바라고 있어 중앙정부와 지방정부, 정부와 기업 사이에 각기 다른 이익추구 행태를 보여 지방정부와 기업이 중앙정부의 부동산정책 집행과 시행 중에 있어서 자신들의 이익에 불리한 정책에 대해서는 소극적이 태도를 보일 것이기 때문에 중앙정부의 조정정책 집행에 어려움이 예상된다.

3) 몇 가지 대표적인 부동산정책의 전망

최근 몇 가지 논점의 대상이 되었던 시범적 정책들의 2012년 실시에 대한 예상은 아래와 같다.

(1) 방산세

상하이와 충칭에서 방산세의 시범적 징수가 이루어진 후 방산세의 전국적 확산 실시에 대한 논의가 활발히 이루어지고 있다. 신규물량만을 징수대상으로 하는 상하이모델 혹은 고가물량만을 징수대상으로 하는 충칭모델이 다른 도시에서도 시행될 가능성이 있다. 그러나 방산세의 영향이 크다는 점과 시행을 위해서 필요한 정보 및 시스템의 요구가 비교적 높다는 점을 고려할 때, 기존주택까지를 징수대상으로 하는 것은 방산세의 실시는 2012년에는 어려울 것으로 보인다.

(2) 구매 제한

2011년의 주택시장 거래 위축과 토지시장 침체를 겪으면서, 일부 지방정부와 개발회사에서 조정정책들의 맹점 혹은 돌파구를 찾기 시작했으며, 주택구매 제한정책은 그 주요 대상이 되었다. 각 주체 이익상관의 영향 아래에서 2012년 일부 도시의 구체적인 주택구매 제한정책에 다소 변화가 생길 가능성이 있다. 이러한 변화에는 예를 들어 최초주택구매에 대한 개념완화, 두 번째 주택구매에 대한 주택구매 제한 완환, 해당지역 호구를 가지지 않은 상주인구에 대한 구매 완화 등이 있다. 또한 구매 제한의 수단도 거래 자체를 제한하는 강성적 제한에서 대출제한으로 전환될 가능성이 있다. 그러나 베이징, 상하이 등 초대형 도시들에서는 도시인구 규모 제한의 요구 등을 고려하여 외지인구에 대한 주택시장 구매 제한을 장기적인 제도로 유지할 가능성도 존재한다.

(3) 주택 보장

취업도시화에서 거주도시화로의 전환, 도시화 모델의 전환과 저소득층 가정의 주거문제 해결을 위하여 도시주택 보장의 중요성이 지속적으로 강조되고 있다. 그러나 현 중국의 주택보장체제는 이러한 요구를 충족시키기에는 크게 부족하며 제도의 개선이 요구되고 있다. 그러나 앞에서 언급했다시피 현재 정책기조하에서 주택보장체제는 건설에 대한 보조가 그 주요 방식이지만, 토지출양수익이 급감하면서 각 지역정부의 보장성 주택건설에 필요한 자금마련에 어려움을 겪고 있어, 2011년에 비해 보장성 주택건설의 속도는 둔화될 가능성이 크다.

4. 2012년 부동산시장 예측

1) 부동산 수요

글로벌 경제여건의 영향과 거시경제성장률 하락으로 2012년 부동산 시장 수요는 관망 추세를 보일 가능성이 크다.

(1) 투자성 및 투기성 수요의 진퇴양난

2012년 중국 부동산시장에서 투기성 및 투자성 수요는 진퇴양난의 추세를 보일 것이다. 한편으로는 현재 많은 도시들의 주택가격이 이미 실질적 소비수요의 구매능력을 크게 벗어난 상태이기 때문에 더 이상의 주택가격 상승공간이 제한적이어서 예상투자수익률이 크게 떨어진 상황이다. 또 한편으로는 주식시장 등 다른 대체투자상품이 없기 때문에 유휴자금이 다른 곳으로 투자되지 못하고 부동산시장에서 투자기회를 보고 있다.

(2) 소비성 수요의 관망

많은 무주택가구들에게 2012년의 실거주용 주택구매는 더욱 신중해질 것이다. 한편으로는 기존의 도시주거 곤란 가정에게 현재의 주택가격은 이미 그들의 저축 여력을 넘어섰다. 현재의 높은 주택가격 하에서 특히 외래유입 가구들은 대도시에서 주택을 구매하는 것보다 차라리 자신의 고향도시에 주택을 구매하는 것이 훨씬 유리하며 합리적인 상황이다. 하지만 한편으로는 대도시에서의 주거수요와 대도시와 소도시 간의 주택투자수익률의 차이 등으로 인하여, 대도시의 주택가격이 합리적 수준으로 회귀한다면, 경제구조조정으로 인한 소득분배 증가가 중등 소득계층 가구의 실거주수요를 분출시킬 것으로 보인다.

2) 부동산 공급

2011년 부동산시장 침체의 영향으로 인해, 2012년 부동산 공급량은 상대적으로 여유가 있을 것이다. 재고물량은 더욱 누적될 것이며, 신규 공급물량의 경우 전년도와 비슷한 수준 혹은 다소 감소할 것으로 보인다.

(1) 재고물량의 누적

2011년 신규준공물량의 증가와 거래위축으로 말미암아 2012년 재고물량은 크게 증가할 것으로 보인다. 2011년 전국상품건물 미분양면적은 2억 7천만㎡로 전년 대비 26.1% 증가하였다. 그 중 상품주택 미분양면적은 1억 7천만㎡으로 전년 대비 35.8% 증가하였다. 부동산경기의 하강으로 부동산의 부가가치 창출작용이 약화되고 리스크가 증대되어 다주택보유자들이 보유주택의 일부를 매물로 내놓아 기존주택 매물도 점진적으로 증가할 것이다.

(2) 신규공급물량은 전년도와 비슷하거나 다소 감소

2011년 부동산경기 침체로 부동산개발기업들은 신규프로젝트에 대한 투자를 줄였고, 이는 2011년 신규착공면적 증가율 하락과 토지구매면적의 감소로 나타났다. 이로 인해 2012년 부동산시장의 신규물량의 공급은 전년도와 비슷하거나 다소 감소할 것으로 예상된다.

3) 부동산업

2012년은 주택분배제도 개혁 이래 부동산업에게 가장 어려운 한 해가 될 것이다. 기업수익률은 크게 감소할 것이며, 상당수 중소형 개발회사들은 도산 또는 합병될 가능성이 크다.

(1) 부동산업 전체의 수익률이 크게 악화될 것이며, 특히 중소형 개발기업들의 수익률 악화가 두드러질 것임

일부 부동산기업에 있어 2012년의 부동산 개발투자 행위는 이윤을 남기기 위한 것이 아닌 단순히 관성에 의해 어쩔 수 없이 진행될 것이다. 2011년의 부동산거래 위축시기를 거치면서 부동산개발 기업들이 선택할 수 있는 것은 분양가격 인하 혹은 분양물량을 어쩔 수 없이 보유하고 있는 것이었다. 그러나 현재 부동산시장의 분양환경은 2008년 금융위기 초반기와 다르다. 당시 부동산개발 기업들이 주택개발을 위해 구입한 토지는 2006년 이전 비교적 토지가격이 낮은 시기의 것이었다. 따라서 분양가격을 인하할 충분할 여력이 있어 분양가를 비교적 크게 인하해도 여전히 적정한 이윤공간이 존재했다. 이에 반해 현재의 부동산개발회사가 개발에 사용한 토지들은 대부분 2009~2010년에 출양된 토지들로 토지가격이 상당히 높은 수준에서 거래되었다. 따라서 소비자의 소비심리를 움직일 정도의 분양가 인하를 할 경우 기업은 손해를 볼 수도 있는 상황이다. 그렇다고 분양가 인하를 통한 분양 증가 없이는 자금난의 압박이 더욱 심각해지는 상황이다. 대형기업 특히 대형국유기업의 경우 비교적 낮은 비용의 자금융자가 가능하기 때문에 자금 압박이 상대적으로 작아 생존능력이 비교적 강하다고 할 수 있는 반면 중소 개발기업의 경영환경이 크게 악화될 것이다.

(2) 합병 증가 및 산업집중도 가중

부동산업의 전반적인 이윤이 악화됨에 따라 토지출양비용을 과도하게 지출한 기업이나 자금이자비용이 큰 기업, 미분양 물량이 많은 기업들은 심각한 경영난에 직면하여 도산하는 현상이 크게 증가할 것이다. 이는 대형기업들에게 이들 기업들을 인수 합병할 수 있는 좋은 기회가 될 것이고, 이에 따라 산업의 집중도가 가중되어 시장독과점 현상이 두드러지게 될 것이다.

4) 부동산거래

2012년 부동산시장은 관망 추세를 유지할 것이다. 부동산거래는 상대적으로 위축될 것이며 주택가격은 하락할 가능성이 크다. 하지만 큰 폭의 하락은 나타나지 않을 것이다.

(1) 주택가격은 2011년 말의 조정 추세를 지속하면서 하락할 것이다.

하지만 큰 폭의 하락은 있지 않을 것으로 보인다. 수요가 크게 위축되어 있기 때문에 현재로서는 주택가격이 상승할 가능성은 별로 없다. 현재 부동산개발비용 특히 토지구매비용이 매우 크기 때문에 분양가를 인하해서라도 거래량을 늘려야 하는 상황에 처해 있다. 하지만 분양가의 대폭인하는 다수 개발프로젝트의 손실을 의미하기 때문에 분양가 인하에 대해서 신중한 태도를 보일 것이다.

그러나 일부 중소개발기업들의 재무구조가 악화되면서 재고물량을 처분해야 하는 압력에 직면하고 또한 일부 대형 개발기업들이 이들 중소기업들을 합병하기에 유리한 위치를 차지하기 위하여 가격인하 전략을 펼쳐 이들 기업의 재무구조를 더욱 악화시키는 행태를 보임으로써 전체적으로 주택가격은 하방 추세를 보일 것이다. 하지만 중국 부동산개발업의 진입장벽이 높지 않고, 산업 외 자본의 유입이 비교적 쉽기 때문에, 부동산업 내의 대형기업들의 가격인하를 통한 합병전략은 산업 외 자본의 유입을 통해 무산되기 쉽다. 따라서 격렬한 가격인하 전략은 벌어지기 힘들어 가격인하의 폭은 크지 않을 것이다.

(2) 2012년 상품건물의 거래량은 침체를 지속할 것이고 보장성 주택의 공급은 확대될 것이다.

가격이 지속적인 조정 추세를 보임에 따라 상품건물에 대한 투기성 수요와 실거주 수요 모두 관망세를 보이면서 상품건물의 거래량은 전년도에 이어 침체를 이어갈 것이다. 그러나 최근 보장성 주택건설속도가 가속화되면서 2012년에 유효 공급되는 보장성 주택이 증가할 것이다.

(3) 부동산거래의 지역적 분화가 가중될 것이다.

중소형 도시의 경우 비교적 큰 폭의 주택가격 인하와 이로 인한 거래증가가 동시에 나타날 것이며, 대도시의 경우 거래량이 지속적인 침체를 보이면서 주택가격은 소폭의 조정을 받을 것이다.

중소도시의 부동산개발기업은 상대적으로 규모가 작고 자금융자의 압박이 심하여 거래침체에 대한 대응능력에 큰 한계를 가지고 있다. 동시에 중소도시 개발기업의 경우 토지구매비용이 상대적으로 낮은 가격에서 형성되어 주택가격을 인하할 수 있는 공간이 상대적으로 크게 존재한다.

따라서 높은 주택가격으로 인한 거래량 침체의 상황에서 중소도시의 경우 비교적 용이하게 분양가 인하전략을 펼칠 가능성이 크다. 중소형 도시는 흔히 주변 농촌인구의 주거도시화의 목적대상지가 되기 때문에 그 주택가격의 하락은 주거도시화를 이루려는 계층에게 유리한 환경을 제공하여 실거주 수요를 집적시키기 때문에 거래량 증가가 비교적 크게 나타날 것이다.

이에 반해 대도시의 개발기업들은 대부분 대형기업이며 그 중 상당수가 국유기업이다. 이들은 자금융자에 대한 압박이 상대적으로 작아, 거래침체에 대한 대응능력이 큰 편이다. 그러나 토지구매에 막대한 비용을 사용하였기 때문에 주택가격을 인하할 여력이 별로 없다. 따라서 거래침체에 직면하여서도 대도시지역 시장에서는 가격이 조정 및 관망 추세가 지속될 가능성이 크다. 대도시로 유입된 외지인구는 이미 주변 농촌범주를 크게 벗어나 있으며, 또한 이 중 상당수는 전국 도시의 고소득 부유가정에 속하여 있고, 도농시장 소비이익의 차이를 초월하여 있기 때문에 주택가격 조정에 대한 거래량의 탄성이 비교적 작다.

PART 2
토지 및 기업 편

2011년 전국 주요 도시지가 현황 분석

2011년 부동산기업 현황

2011년 전국 주요 도시 지가현황 분석

중국토지감측규획원 전국도시지가동태감측팀

개요 2011년 전국 지가수준은 안정 속에서 다소 상승을 하였지만 상승률은 명확히 떨어졌다. 각 용도별 지가상승률은 모두 전년도보다 낮았다. 2000년을 기준으로 할 때, 2011년 주거용지 가격은 여전히 높은 수준을 유지하였다. 한 해 동안의 부동산 개발투자액, 토지 공급량의 증가 폭은 모두 하락하였고, 지가상승률은 주택가격 상승률보다 다소 높았고, 지가가 주택가격에서 차지하는 비중은 다소 하락하였다. 2012년의 지가 변화는 국내외 거시경제환경, 조정정책의 영향을 받으면서, 거시조정정책의 수단과 방식의 점진적 변화를 전제로 하여 부동산시장 투기투자수요를 억제하는 제도를 형성하는 유리하게 할 것이며 나아가 부동산시장의 건전한 발전과 토지가격의 안정적 상승에 도움을 주게 될 것이다.

■ 키워드: 도시지가, 토지가격과 주택가격의 비율, 임대료의 주택가격 비율

최근 몇 년 동안 국내외 경제환경의 복잡한 영향으로 인해 중국 부동산시장은 2007~2008년의 과열에서 냉각으로의 전환 그리고 2009~2010년의 냉각에서 과열로의 비교적 커다란 전환을 맞이하였다. 부동산시장의 건강한 발전과 국민경제의 안정적 운영을 위해, 2011년 이래 중국 정부는 금융, 통화, 토지 등에 관련된 일련의 조정정책을 펼쳤다. 전체적으로 보아, 발표된 일련의 정책들은 과열된 토지와 주택시장에 대하여 명확한 억제작용을 하여 기대했던 정책효과를 실현하였다.

1. 2011년 전국 주요 도시 토지시장 지가현황 분석

1) 지가수준 분석

(1) 2011년 전국 지가수준은 안정적 상승, 중점 관측도시의 각 용도별 지가수준은 주요 관측도시보다 높았음

2011년 전국 주요 관측도시의 지가수준은 안정적 상승을 보였다. 종합지가수준은 3,049위안/㎡였다. 그 중 상업서비스 용지 가격이 5,654위안/㎡으로 가장 높았고 그 다음으로는 주거용지가 4,518위안/㎡이었으며, 공업용지가 가장 낮아 652위안/㎡이었다.

전국 중점 관측도시의 종합지가는 4,201위안/㎡이었으며, 각 용도별 지가는 전국 수준보다 높았으나 전국의 용도별 지가 변화와 같은 추세를 보였다. 그 중 상업서비스 용지 가격은 7,176위안/㎡, 주거용지 가격은 6,165위안/㎡, 공업용지 가격은 807위안/㎡이었다(그림 1).

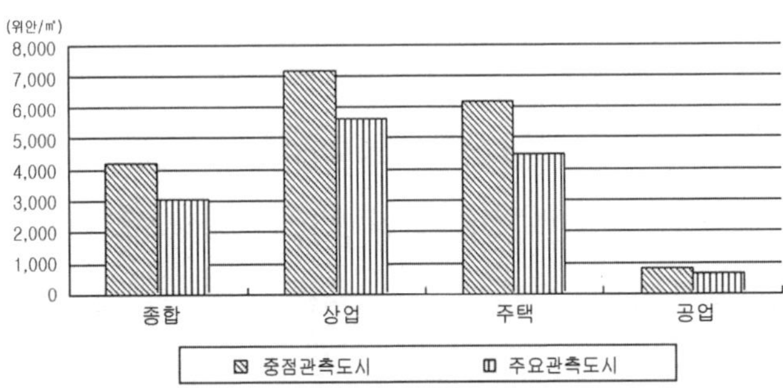

〈그림 1〉 2011년 전국 중점 관측도시와 주요 관측도시의 용도별 지가수준

(2) 동부·중부·서부 지역 간의 지가수준의 차이가 큼, 동고중저(東高中低) 현상이 나타남

전국 중점 관측도시 중 동부지역의 지가수준이 가장 높았고 종합지가는 6,129위안/㎡이었다. 중부와 서부 지역의 용도별 지가수준은 전국 평균보다 낮았고 동부지역보다는 크게 낮은 수준을 보였다. 그 중 중부지역의 종합지가는 2,052위안/㎡으로 가장 낮았다(그림 2).

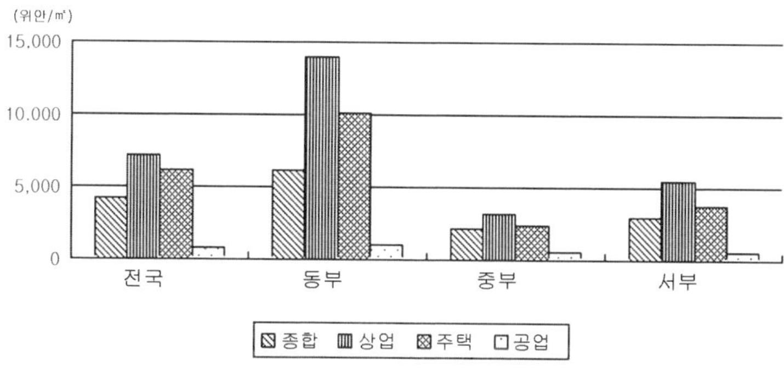

〈그림 2〉 2011년 전국 및 동부 · 중부 · 서부의 용도별 지가수준 비교

(3) 6대 권역별 지가수준은 남쪽에서 북쪽으로 갈수록 낮아지는 추세, 화동권역이 가장 높음

6대 권역을 종합지가 수준이 높은 순서로 배열하면 화동지역, 중남지역, 서남지역, 화북지역, 동북지역, 서북지역으로 각각의 종합지가는 7,415위안/㎡, 4,095위안/㎡, 3,870위안/㎡, 3,562위안/㎡, 2,209위안/㎡, 1,705위안/㎡이다. 그 중 화동지역 도시들의 종합지가가 대체적으로 높아 모두 전국 평균인 4,201위안/㎡보다 높은 5,000위안/㎡ 이상의 수준을 나타냈다. 반면 다른 지역들의 전국 평균보다 낮은 수준을 나타냈다. 지가의 지역분포를 보면 대체적으로 남쪽에서 북쪽으로 갈수록 지가가 낮아지는 추세를 보였다(그림 3).

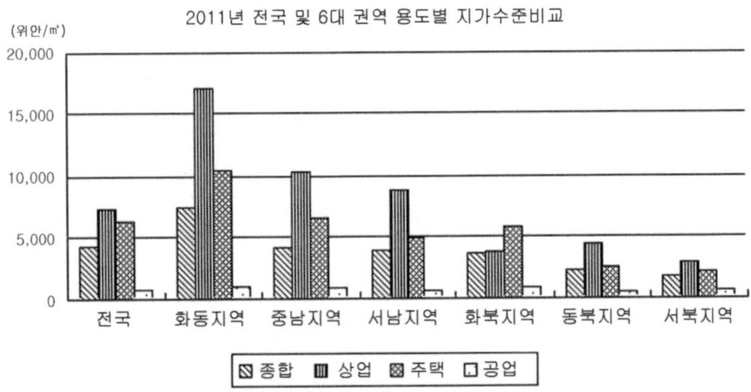

〈그림 3〉 2011년 전국 및 6대 권역 용도별 지가수준 비교

(4) 장강삼각주, 주강삼각주, 발해만 지역의 3개 중점지역 용도별 토지가격 중 장강삼각주 상업서비스용지 가격이 크게 높음

전국 주요 감측도시들 중, 위 3개 지역도시들의 종합지가수준은 전국 평균수준보다 높았다. 그 중 장강삼각주 지역의 종합지가는 4,582위안/㎡으로 가장 높았고, 주강삼각주 지역의 종합지가가 4,171위안/㎡으로 그 다음이었고, 발해만 지역이 3,329위안/㎡으로 가장 낮았다. 3개 중점지역의 상업서비스용지, 주거용지, 공업용지의 가격은 모두 전국평균수준보다 높았다. 작년의 추세를 이어 주강삼각주 지역의 상업서비스 용지의 가격은 주거용지와 공업용지 가격보다 높았고, 다른 두 개 지역의 상업서비스 용지 가격보다도 크게 높았다. 주강삼각주 지역 상업서비스 용지 가격은 14,822위안/㎡으로 전국 평균 수준의 2.6배에 달했다. 장강삼각주 지역의 주거용지와 공업용지 가격은 각각 7,499위안/㎡과 830위안/㎡으로 전국에서 가장 높은 수준을 보였다. 발해만 지역의 상업서비스용지, 주거용지, 공업용지 가격은 각각 6,001위안/㎡, 5,223위안/㎡ 그리고 669위안/㎡으로 3개 지역 중 가장 낮은 수준을 보였다(그림 4).

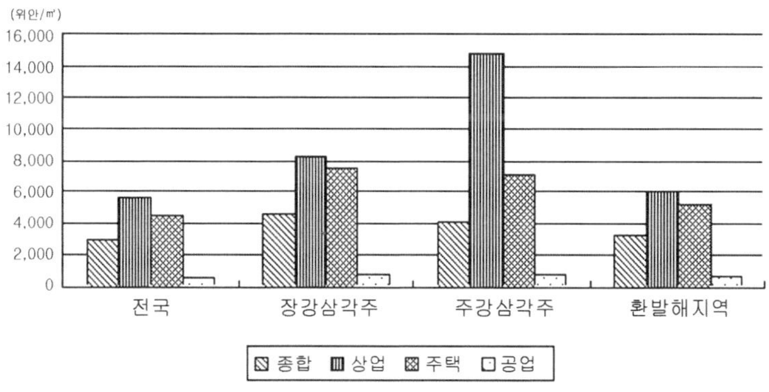

〈그림 4〉 2011 전국 및 3개 중점지역의 용도별 지가 비교

2) 지가상승률 비교

(1) 2011년 전국 지가수준의 상승률 둔화, 각 용도별 지가상승률은 모두 2010년보다 낮았음

2011년 전국 주요 감측도시의 종합지가상승률은 5.94%로 전년도와 비교하여 상승폭이 2.68%p 낮아졌다. 그 중 상업서비스 용지 가격 상승률은 9.02%로 전년도와 비교하여 1.01%p 하락하였다. 주거용지 가격 상승률은 6.58%로 전년도와 비교하여 4.44%p 하락하였으며, 공업용지 가격 상승률은 3.88%로 전년보다 1.41%p 하락하였다. 2008년 이래 주요 감측도시의 용도별 지가변화율 상황을 보면 2011년 중국 정부에서 강력한 조정정책을 발표한 이후에 각 용도별 지가상승률이 처음으로 하락하였다. 그 중 주거용지 가격 상승률의 하락폭이 가장 커서(그림 5), 중앙정부의 부동산시장에 대한 조정정책이 명확한 효과를 보였음을 반영하고 있다.

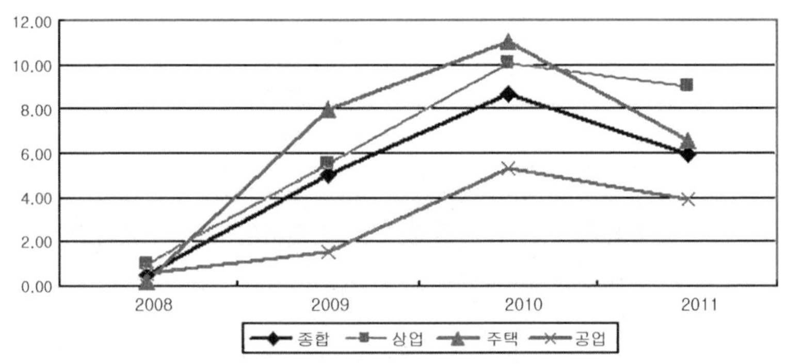

〈그림 5〉 2008~2011년 전국 주요 감측도시 용도별 지가상승률 추이

2011년 전국 중점 관측도시 종합지가상승률은 6.74%로 전년 대비 3.86%p 하락했다. 그 중 상업서비스 용지 가격 상승률은 9.79%로 전년 대비 2.18%p 낮아졌고, 주거용지 가격 상승률은 7.02%로 전년 대비 5.67%p 하락했다. 공업용지 가격 상승률은 4.96%로 전년 대비 2.4%p 하락했다.

역사적 수치들로 보면 2001~2006년까지 이들 중점 관측도시들의 지가상승률은 대체적으로 매년 5% 정도를 유지하다가 2007년도에 큰 폭으로 상승하여 각 용도별 지가상승률이 모두 10% 대를 나타냈다. 2008년 금융위기의 영향으로 지가상승률은 큰 폭의 하락을 보였고, 공업용지 가격의 경우 마이너스 상승을 나타냈다. 2009년과 2010년 다시 연속으로 토지가격 상승세가 나타났으나, 2011년에는 각 용도별 지가상승률이 명확히 하락하였다. 특히 주거용지 가격 상승률의 하락폭이 가장 커서 2004년, 2005년, 2009년, 2010년의 상승률보다 낮았다(그림 6).

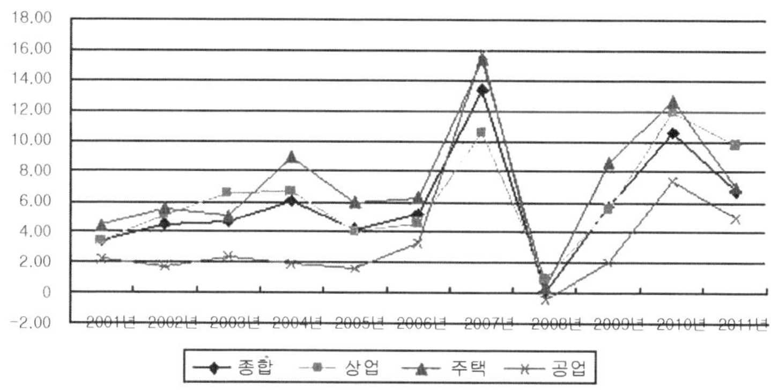

〈그림 6〉 2001~2011년 전국 중점 관측도시 용도별 지가상승률

(2) 2011년 전국 종합지가는 분기별로 하락

2011년 전국 주요 관측도시 분기별 종합지가의 전분기 대비 상승률은 각각 2.20%, 1.87%, 1.33%, 0.29%였다. 이에 비해 전국 중점 관측도시 분기별 종합지가의 전분기 대비 상승률은 각각 2.60%, 1.98%, 1.39%, 0.43%였다. 전체적으로 보면 2010~2011년 분기별 전국 주요 관측도시와 전국 중점 관측도시의 전분기 대비 지가상승률의 변화 추세는 일치하였고 단지 전국 주요 관측도시의 상승률이 좀더 높았다.

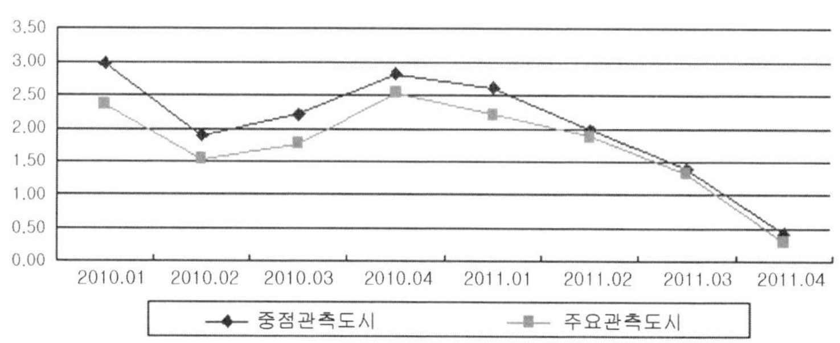

〈그림 7〉 2010~2011년 전국 주요 관측도시와 전국 중점 관측도시의 분기별 종합지가상승률

2011년 한 해 동안 종합지가상승률은 분기별로 점차 하락하는 추세를 보였고 중점 관측도시에서의 반응은 더욱 명확히 나타났다. 특히 2, 3분기에 변화 폭이 비교적 크게 나타났는데, 중국 일부 2~3급 도시들의 지가가 4분기에 들어서 다소 상승하면서 중점도시 지가상승률과 주요 도시 지가상승률 사이의 폭이 줄어들었다(그림 7).

주요 관측도시 중에서 2011년 각 분기의 용도별 지가의 전분기 대비 상승률 추세는 종합지가의 상승률 추세와 기본적으로 같은 추세를 보였다. 종합지가, 상업서비스용지 가격, 주거용지 가격, 공업용지 가격의 전분기 대비 상승률은 분기별로 하락하는 추세를 보였고 그 중 주거용지 가격의 4분기 상승률은 0으로 하락폭이 가장 컸다. 1~3분기까지 상업서비스용지 가격, 주거용지 가격 상승률은 종합지가상승률보다 높았지만, 4분기에는 주거용지 가격 상승률이 큰 폭으로 하락하면서 종합지가상승률보다 낮았다. 공업지가상승률은 비교적 안정적으로 움직였고 4분기 상승률은 종합지가와 주거용지 가격 상승률보다 높았다(그림 8).

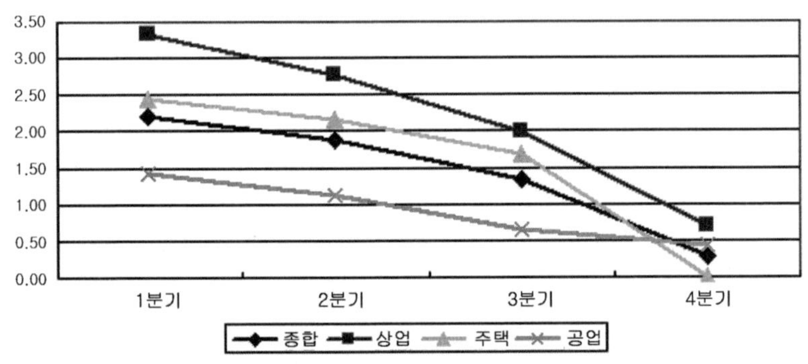

〈그림 8〉 주요 관측도시 분기별 · 용도별 지가상승률

(3) 동부·중부·서부 지역 지가상승률은 모두 하락

전국 중점 관측도시의 지역별 지가상승률을 보면 동부지역의 상업서

비스용지, 공업용지 지가상승률이 가장 높은 12.5%와 5.61%의 상승률로 중부와 서부 지역보다 높았다. 주거용지 가격 상승률의 경우 서부지역이 7.89%로 가장 높았다. 중부 지역의 지가상승률은 보편적으로 낮은 수준을 보여 종합지가상승률이 5.31%, 상업서비스용지, 주거용지, 공업용지 가격 상승률이 각각 5.75%, 6.19%, 3.49%로 동부와 서부 지역에 비해 명확하게 낮았다.

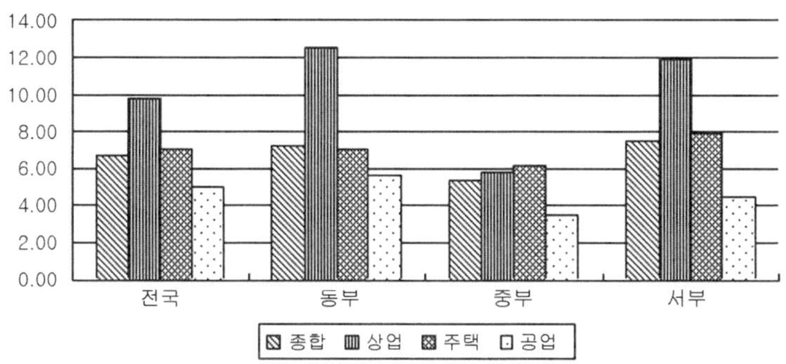

〈그림 9〉 2011년 전국 및 동부·중부·서부 지역의 용도별 지가상승률 비교

상승폭 측면에서 보면 서부지역 공업용지와 상업서비스용지 가격 상승률이 전년도에 비해서 다소 증가한 것을 제외하면 기타 지역 지가 상승폭은 모두 감소하였다. 동부지역 상승폭의 감소가 가장 커서 종합 지가상승률은 전년도에 비해 4.25%p 하락했고, 상업서비스용지, 주거용지, 공업용지 가격 상승률은 전년 대비 각각 4.56%p, 4.80%p, 3.64%p 하락했다. 중부지역 종합지가상승률은 전년 대비 2.97%p 하락하였고, 용도별 지가상승률 역시 모두 전년 대비 다소 하락하였다. 그 중 주거용지 가격 상승률이 전년 대비 4.59%p 하락하여 가장 큰 하락 폭을 나타냈다. 서부 지역 종합지가상승률은 전년 대비 4.02%p 하락하였고 상업서비스와 공업용지 가격 상승률은 다소 증가하였다. 그러나 주거용지 가격 상승률은 전년 대비 8.14%p의 큰 폭으로 하락하였다.

(4) 중남지역 종합지가 상승률이 가장 높음, 화북지역의 하락 폭이 가장 큼

6대 권역을 2011년 종합지가상승률이 높은 순서대로 배열하면 중남지역(9.46%), 서남지역(7.85%), 화북지역(5.9%), 서북지역(5.86%), 동북지역(4.57%), 화동지역(4.27%)이다. 그 중 중남지역, 서남지역 종합지가 상승률은 중점 관측도시 평균수준보다 높았다. 전년도와 비교하여 6대 권역 종합지가상승률은 모두 명확한 하락을 하였다. 화북지역의 종합지가상승률 하락 폭이 가장 커서 상승률이 6.91%p 하락했으며, 특이한 것은 화북지역의 스자좡(石家庄) 경우 종합지가상승률이 14.68%에 달하는 높은 수준을 보였지만, 화북 지역 다른 지역들의 종합지가상승률이 모두 4%에도 미치지 못했다는 것이다. 서남지역과 화동지역의 종합지가상승률은 전년 대비 각각 5.05%p, 4.10%p 하락하였다. 서북지역, 중남지역, 동북지역 종합지가상승률은 2.69%p, 2.38%p, 2.08%p 하락하여 하락폭이 비교적 작았다. 중점 관측도시 범위 내 대부분 도시의 종합지가상승률은 10% 이하였고 단지 9개 도시만이 10%를 넘었다. 그 중 선전시의 종합지가상승률은 18.93%로 가장 높았고 항저우의 경우 종합지가상승률이 -2.68%의 마이너스 상승이 나타났고 상업서비스와 주거용지 가격 상승률 모두 마이너스 상승이 나타났다. 상승폭 측면에서 보면 광저우, 충칭, 청두, 구이양, 시안의 종합지가 상승폭이 전년도보다 높게 나타났고, 기타 다른 도시 종합지가 상승폭은 모두 각기 다른 정도의 하락을 나타냈다. 특히 베이징의 경우 종합지가의 상승폭이 20.2%p 하락하였다.

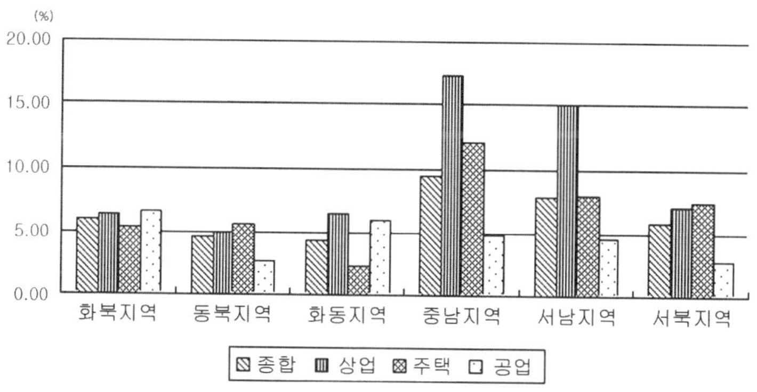

〈그림 10〉 2011년 중국 6대 권역 용도별 지가상승률 비교

(5) 장강삼각주 지가상승률이 비교적 낮고, 주강삼각주 상업서비스용지 가격의 상승률이 높음, 발해만 지역은 상승률이 하락함

전국 주요 감측도시의 3대 중점지역별 지가상승률을 보면, 2011년 장강삼각주 지역의 종합지가상승률은 4.48%로 전국 평균인 5.94%보다 낮았다. 또한 상업서비스용지, 주거용지 가격 상승률 역시 모두 8.40%와 2.27%로 전국 평균 수준보다 낮았다. 그 중 주거용지 가격 상승률은 다른 두 개 지역보다 낮았다. 반면 공업용지 가격 상승률은 4.57%로 전국 평균과 다른 2개 지역보다 높았다. 주강삼각주 종합지가상승률은 8.91%로 3개 지역 중 가장 높았고, 공업용지 가격 상승률은 4.38%로 중간 수준을 나타냈다. 상업서비스용지, 주거용지 가격 상승률은 각각 20.74%와 11.83%로 전국 평균 수준과 다른 2개 지역보다 높았다. 발해만 지역의 종합지가상승률은 4.62%로 중간 수준이었지만 전국평균보다는 낮았다. 상업서비스용지와 공업용지 상승률은 각각 6.80%와 3.65%로 전국 평균 및 다른 2개 지역보다 낮았다. 주거용지 가격 상승률 역시 전국 평균보다 낮은 4.88%였다.

상승폭 측면에서 보면 장강삼각주 상업서비스용지 가격과 주강삼각주 주거용지 가격 상승률이 전년도에 비해서 상승한 것을 제외하고는 다른 상승률은 모두 전년 대비 각기 다른 정도의 하락을 보였다. 그

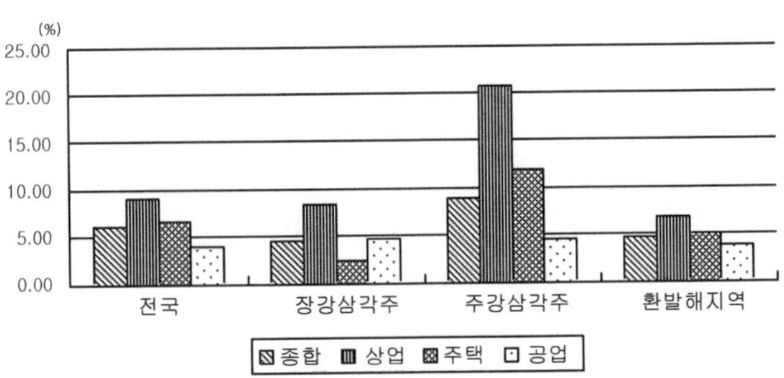

〈그림 11〉 2011년 전국 및 3개 중점 지역 주요 관측도시 용도별 지가상승률 비교

중 발해만 지역 주거용지 상승률의 하락폭이 가장 커서 8.9%p 하락하였다.

3) 지가지수 변화 분석

(1) 2000년을 기준으로 하였을 때 2011년의 주거용지 가격지수는 가장 높음

2000년을 기준으로 하였을 때, 2011년 전국 중점 관측도시 평균 지가지수는 193으로 기준년과 비교하여 93% 상승하였다. 각 용도별 지가 변화도 이와 유사한 추세를 보였고 지속적인 상승을 보였다. 공업용지 가격지수의 상승폭은 상업서비스용지와 주거용지의 가격지수보다 낮았다. 공업용지 가격지수는 157로 기준년 대비 57% 상승한 것에 비해, 상업서비스용지 가격지수는 202로 기준년 대비 1.02배 상승하였고, 주거용지 가격지수는 224로 기준년대비 1.24배 상승하였다. 역사적으로 보면 2006년 이전에는 용도별 지가지수가 안정적 상승을 보이다가 2007년 종합지가지수 상승폭이 사상 최대치를 기록했다. 2008년의 지가지수는 기본적으로 2007년의 수준을 유지하다가, 2009년은 주거용지였고 그 다음은 상업서비스용지, 공업용지의 순서였다.

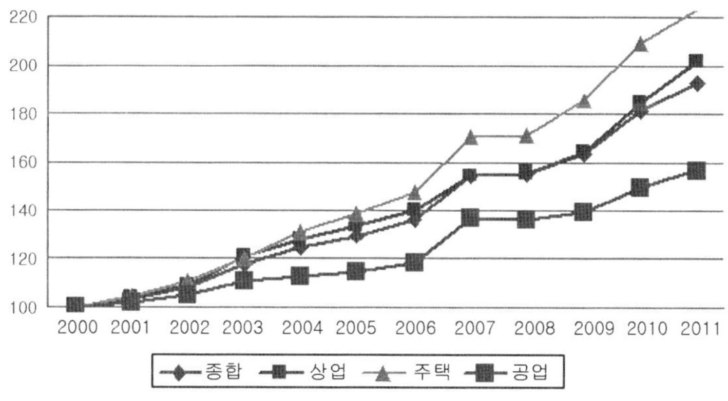

〈그림 12〉 2000년 이래 중점 관측도시 용도별 지가지수 추세

(2) 3대 중점도시 지가지수는 기본적으로 지속적인 상승 추세, 발해만 지역의 지가지수가 가장 높음

2011년 발해만 지역 중점 관측도시의 종합지가지수는 220으로 기준 년에 비해 약 1.2배 상승했다. 용도별로 보면 상업서비스용지, 주거용지, 공업용시 가격지수가 각각 211, 250, 194로 나타났다.

그 다음은 장강삼각주로 중점 관측도시 종합지가지수는 188로 기준 년에 비해 88% 상승했고, 상업서비스용지, 주거용지, 공업용지 가격지수는 각각 229, 228, 129로 나타났다. 주강삼각주가 가장 낮게 나타나서 종합지가지수는 184로 84% 상승했고, 상업서비스용지, 주거용지, 공업용지 가격지수는 각각 207, 204, 167로 나타났다. 발해만 지역 외에는 장강삼각주와 주강삼각주 지역의 지가지수는 모두 전국 평균 수준보다 낮게 나타났다.

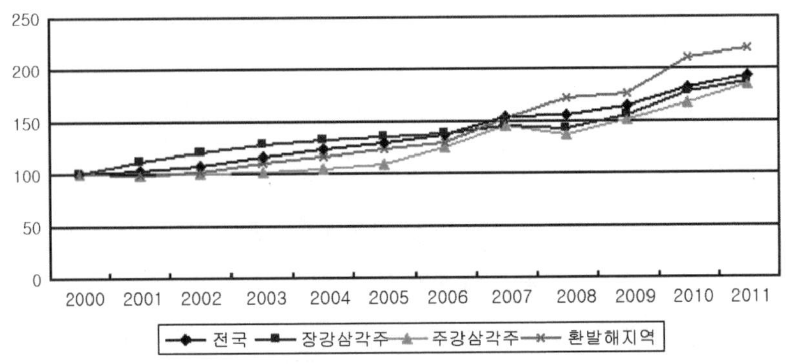

〈그림 13〉 2000년 이후 3대 중점지역 평균 지가지수 변화

(3) 35개 중점 관측도시 중 항저우를 제외한 각 도시지가지수는 지속적 상승, 선전시 지가지수가 가장 높고, 하얼빈시가 가장 낮음

2011년 전국 중점 관측도시 중 대다수의 도시들의 지가지수는 모두 200 정도를 나타났다. 단지 항저우만이 지가지수가 전년 대비 하락하였고, 나머지 도시들은 모두 상승하는 추세를 보였다. 그 중 선전시의 지가지수는 가장 높은 408로 기준년과 비교하여 3.08배 상승하였다. 그 다음은 쿤밍시로 지가지수가 383이었다. 지가지수가 가장 낮은 도시는 하얼빈시로 132의 지가지수를 나타내 기준년에 비해 단지 32%만이 상승하였다. 종합적으로 보면 11년의 시간 동안, 선전시의 지가지수는 2000~2005년까지 비교적 안정적인 상승을 하다가 그 후 지가가 빠른 상승을 보이면서 2011년에는 408인 사상 최고치를 기록하면서 비교적 큰 지가 변화의 폭을 나타냈다. 쿤밍시의 경우 2000~2006년까지 안정적인 상승 추세를 보이다가 그 후 지가지수가 큰 폭의 상승을 보였다. 특히 2009~2010년 지가지수는 209에서 376으로 상승하였고, 2011년에는 383을 기록했다.

2. 2011년 전국 도시지가와 부동산시장 간의 관계

1) 상업용 건축물과 주택의 종합지가와 상품건물 분양가격은 상승 추세 지속, 상승폭은 하락

2011년 전국 상업서비스용지와 주거용지의 평균가격은 4,811위안/㎡으로 전년 대비 7.20% 상승하였으며, 상승폭은 3.56%p 감소하였다. 전국 상품건물 판매가격은 5,377위안/㎡으로 전년 대비 6.92% 상승했고 상승폭은 0.19%p 감소하였다. 상품건물가격 상승률이 지가상승률보다 다소 낮았다.

2001년 이래 전국의 상업건축물 및 주택용지 가격은 매년 상승하였다. 2001~2006년은 기본적으로 이들 토지가격이 안정적인 기간이라고 할 수 있다. 그러나 최근 몇 년 동안에 들어서 비교적 큰 변동 폭을 보였다. 2007년 큰 폭의 상승이 나타났고 2008년에는 금융위기의 영향으로 다소 하락이 나타났다가 2009년과 2010년에 강한 반등을 하였고 2011년에는 여전히 상승세가 유지되었지만 상승폭은 하락하였다. 전국 상품건물 판매가격의 추세는 지가 추세와 기본적으로 일치한다. 그러나 지가보다 상승폭이 더욱 컸다. 2001~2007년까지 상품건물가격은 매년 상승 추세를 보였다. 그 중 2004년, 2005년 그리고 2007년의 경우 상승률이 모두 10%를 넘는 큰 폭의 상승세가 나타났다. 2008년 소폭의 상승이 나타난 후 2009년에 빠른 속도로 반등하여 사상 최고점을 기록하였고 2010년에는 상승폭이 크게 줄어들었다. 2011년에는 전년도와 비슷한 수준을 보이면서 0.19%p 하락하였다.

[표 1] 2001년 이후 관측도시 상업주택 종합용지가격, 상품건물가격 증가율

연도	상업주택 종합용지가격 (위안/㎡)	지가상승률 (%)	상품건물가격 (위안/㎡)	상승률 (%)
2001	1,315		2,170	
2002	1,340	6.02	2,250	3.69
2003	1,663	6.3	2,359	4.84
2004	1,697	7.92	2,778	17.76
2005	2,070	5.27	3,168	14.04
2006	2,280	6.96	3,367	6.28
2007	2,613	14.92	3,864	14.76
2008	3,664	0.59	3,877	0.34
2009	4,053	7.31	4,695	21.10
2010	4,488	10.76	5,029	7.11
2011	4,811	7.20	5,377	6.92

2) 상품주택가격과 주거용지가격의 상승률은 대체적으로 근접, 부동산시장 조정 효과 명확

2011년 일련의 부동산조정정책의 영향으로 주거용지 상승률은 명확하게 둔화되어 6.58%의 상승률로 상승폭은 전년 대비 4.44%p 하락하였다. 상품주택가격 상승률은 6.08%로 지가상승률보다 다소 낮았다. 역사적으로 보면(그림 14), 전국 주거용지 가격과 상품주택가격은 매년 상승하였지만 상승률은 다른 모습을 보였다. 주거용지가격 상승률은 지속적인 상승 후 2011년 다소 하락을 하였고 상품주택가격 상승률은 2009년, 2010년의 큰 폭의 반등을 겪은 후 안정 추세를 보였다. 2011년의 상품주택가격과 주거용지가격 상승률은 기본적으로 매우 근접했다.

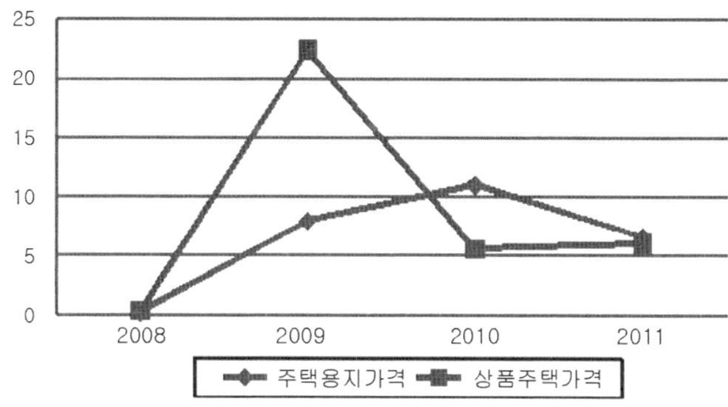

〈그림 14〉 2008년 이후 주거용지가격과 상품주택가격 상승률 비교

3) 중점 관측도시 주거용지와 주택가격 비율 간에 차이가 큼, 지가가 주택가격에서 차지하는 비율 하락

2011년 전국 중점 관측도시 주거용지 가격과 주택가격의 비율은 30.71%로 2010년의 31.64%에 비해 0.93%p 하락했다. 그 중 지가와 주택가격 비율이 비교적 높은 곳은 샤먼(廈門), 푸저우(福州), 닝보(寧波), 창춘(長春) 등으로 이들 지역은 50%가 넘게 나왔고, 충칭(重慶), 난닝(南寧), 시닝(西寧)의 지가와 주택가격 비율은 20%보다 낮았다(그림 15).

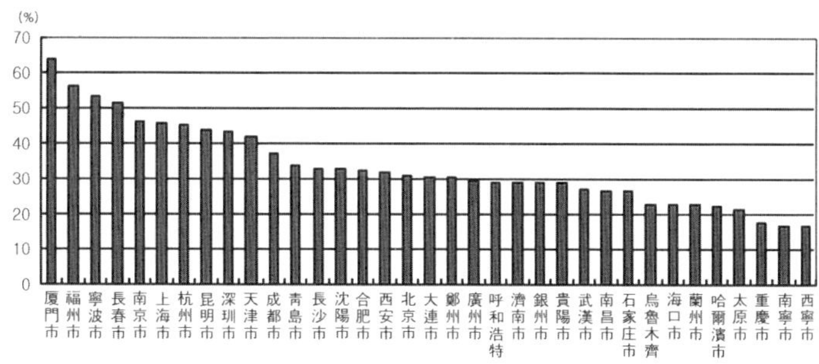

〈그림 15〉 2011년 35개 중점 관측도시 주택용지 가격과 주택가격 비율

4) 2011년 부동산 개발 투자 증가 폭 감소

2011년 전국 부동산 개발 투자액은 6조 1,740억 위안으로 전년 대비 27.9% 증가하였고 증가 폭은 전년 대비 5.3%p 감소하였다. 전국 주요 관측도시 종합지가상승률은 5.94%로 상승폭은 전년 대비 2.68%p 하락하였다. 엄격해진 부동산조정정책의 환경하에서 부동산 개발 투자와 종합지가상승률 모두 서로 다른 정도의 하락을 나타냈다. 2008~2011년 전국 부동산 개발 투자총액은 지속적으로 증가하면서 줄곧 높은 수준을 나타냈다. 단지 2009년의 증가율은 20%보다 낮았고 2010년에는 다시 크게 증가하였으며 2011년에도 높은 수준을 나타냈지만, 증가율은 감소했다. 종합적으로 볼 때 부동산 개발 투자총액과 전국 주요 관측도시 종합지가는 전체적으로 일치하는 추세를 보였기 때문에 부동산 개발 투자의 변화가 종합지가의 변화를 유발했다고도 해석할 수 있다.

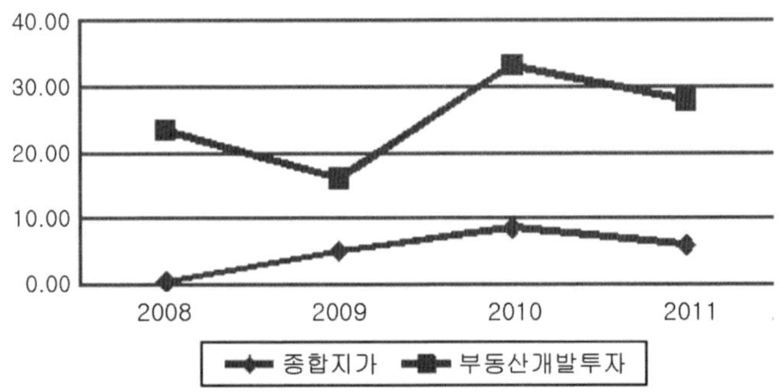

〈그림 16〉 2008년 이후 전국 주요 관측도시 종합지가상승률과 부동산개발 투자총액 증가율

5) 주거개발용지 공급은 다소 증가, 특히 보장성 주택용지 공급의 큰 폭 증가

2011년 전국 건설용지 공급은 총 59만 9천ha로 전년 대비 16.9%

증가하였다. 1분기에서 3분기까지 각각 10만 6천ha, 15만ha, 18만ha로 점차 증가하였지만, 토지공급 속도 조절을 위해 4분기에는 공급량이 다소 줄어 16만 3천ha가 공급되었다. 2011년 부동산개발용지의 공급합계는 17만 5백ha였다. 그 중 상업서비스용지는 4만 2천ha 전년 대비 2.1% 증가하였고, 주택용지 공급량은 12만 8천ha로 2010년에 비해 1.3% 증가하였다. 주택용지 중 보장성 주택용지의 공급이 2만 4천ha로 전년 대비 24.5% 증가하였고 전체 주택용지 공급 중에서 19.9%의 비중을 차지하였다. 중저가, 중소형 보통상품 주택용지는 3만 2천ha 공급되어 증가율이 42.3%에 달했다. 공장 및 창고용지는 19만 7천ha 공급되어 전년 대비 12.9% 증가하였다.[3)] 전체적으로 보아 이러한 토지 공급은 중국중앙정부의 정책 예측에 부합하는 것으로 주택용지 공급은 소폭 상승하고, 중저가, 중소형 보통상품주택의 공급은 명확하게 증가하였으며 특히 보장성 주택용지의 공급이 크게 증가했다.

6) 주택가격 임대료 비율은 5년 내에 처음으로 상승, 상업 및 공업 건축물 가격 임대료 비율은 다소 하락

주택은 최근 몇 년 동안 중국 정부가 지속적인 조정의 중점이 되어왔다. 이에 주택구매 제한, 주택가격 제한, 은행대출 제한 등의 조정정책과 더불어 토지공급 방면에서도 조정정책이 발표되었다. 이러한 조정정책의 영향을 받아 주택의 가격대비 임대료 비율은 최근 몇 년 동안 지속된 하락 추세에서 반전되어 상승 추세가 나타났다. 주택임대료의 상승은 시장수요 변화와 인플레이션의 영향을 받아 점차 상승 추세를 보여왔으며, 여기에 2011년 주택가격에 대한 엄격한 통제와 조정하에서 주택가격 상승률이 둔화되면서 임대료가 주택가격보다 빠르게 상승하여 전국 6대 도시[4)]에서의 주택가격 임대료 비율은 5년 만에 처음으로 상승하였다.

3) 국토자원부 수치

2011년 전국 상업서비스 건축물은 특이한 전환과 발전을 거치게 되었다. 중앙정부의 주택, 주상복합 프로젝트에 대한 조정정책이 전면적으로 심화되면서 부동산 투자는 상업용 부동산으로 시야를 돌리게 되었다. 우선 각 부동산개발회사들은 강력한 조정정책하에서 '피난처'가 필요했고, 공공재정 측면에 있어서도 엄격한 주택가격 조정정책하에서의 손실을 보전해야 할 필요가 있었다. 수급관계와 인플레이션의 영향으로 2011년 전국 상업서비스 부동산의 가격과 임대료는 비교적 큰 폭의 상승을 하였다. 6대 도시의 상업용 건축물 가격대비 임대료 비율은 전년 대비 보합세를 보이거나 다소 하락하였다.

[표 2] 2007년 이래 6대 도시 주택, 상업, 공업 건축물의 판매가격과 임대가격 비율

최근 몇 년 6대 도시 주택가격과 임대료 비율 (%)					
연 도	2007	2008	2009	2010	2011
베이징	4.83	4.59	3.81	3.44	3.55
선 전	4.34	4.17	3.62	3.35	3.38
상하이	5.50	4.71	3.75	3.30	3.51
항저우	5.28	5.57	3.84	3.21	3.35
톈진	5.11	4.58	3.97	3.53	3.81
칭다오	5.30	4.13	3.37	3.32	3.76
최근 몇 년 6대 도시 상가가격과 임대료 비율 (%)					
베이징	9.11	8.93	8.41	8.37	7.93
선 전	9.19	6.36	5.12	5.08	4.71
상하이	9. 32	7.59	7.01	8.04	7.57
항저우	7. 67	6.53	6.29	6.21	6.06
톈진	7. 42	8.05	7.91	7.76	7.54
칭다오	8. 27	6.17	5.73	5.24	5.21
최근 몇 년 6대 도시 공장가격과 임대료 비율 (%)					
베이징	5.83	6.48	6.67	6.76	6.94
선전	-	5.37	6.83	6.91	7.21
상하이	6.69	7.08	7.91	8.04	7.64
항저우	-	7.51	7.55	7.22	6.71
톈진	5. 70	5.74	6.31	6.09	5.54
칭다오	-	-	-	-	3.19

4) 6대 도시: 베이징, 상하이, 선전, 톈진, 항저우, 칭다오

3. 2011년 전국 도시지가 변화와 사회경제 발전 관계 분석

1) 종합지가 증가율은 GDP 증가율보다 낮음

국가통계국의 자료에 의하면 2011년 중국 GDP는 47조 1563억 7천만 위안으로 전년 대비 9.2% 증가하였다. 이는 동기간 종합지가 증가율보다 4.36%p 높은 것이며, 지가 변화와 경제 성장은 기본적으로 조화된 추세를 보였다(그림 17).

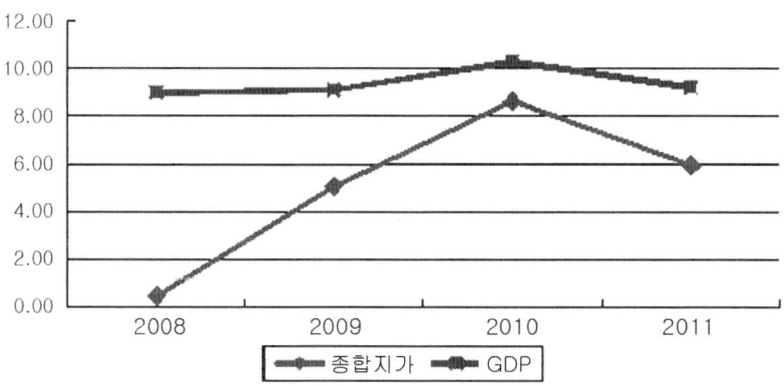

〈그림 17〉 2008년 이래 전국 주요 관측도시 종합지가상승률과 GDP 증가율

2008년 이래 전국 지가상승률은 점차 상승하였고 GDP는 8% 이상의 수준에서 움직였다. 지가 변화 추세와 GDP 변화 추세는 기본적으로 조화를 이루었다. 주요 감측도시의 지가상승률 상황을 보면 2008년에는 금융위기의 영향으로 인하여 중국 GDP가 다소 하락하였고, 종합지가의 상승률은 최저점을 보였다. 2009년 경기부양책의 영향으로 인해 GDP는 안정적 상승 추세를 보였고, 종합지가상승률은 명확한 상승추세를 보였다. 2010년 경제가 지속적으로 양호한 상태를 유지하면서 10.3%의 GDP 증가율을 보였고 종합지가상승률은 8.62%까지 상승하였다.

2011년에는 긴축적 거시경제정책과 조정정책의 영향으로 지가상승률은 하락하였다.

2) 고장자산투자의 빠른 증가가 지가 상승을 유발

2011년 도시고정자산투자 증가율은 25.8%로 기본적으로 전년도와 비슷한 수준을 보였다. 고정자산투자는 일정한 정도에 있어서 지가 상승을 유발하였다. 2011년 종합지가상승률은 5.94%였다(그림 18).

2008년 이래 전국 도시 고정자산투자는 지속적으로 높은 증가율을 보였다. 그 중 2009년 도시 고정자산투자 증가율은 30.52%로 가장 높았다. 전국 주요 감측도시의 종합지가상승률은 도시 고정자산투자의 증가율에 크게 못 미치는 것으로 나타났다. 2009년 도시 고정자산투자 증가율은 2008년에 비해 3.9%p 증가하였다. 이 기간에 있어서 고정자산투자 증가율이 크게 증가하면서 전국 종합지가상승률도 크게 상승하였다. 2010년 도시 고정자산투자와 종합지가는 모두 안정적 상승 추세를

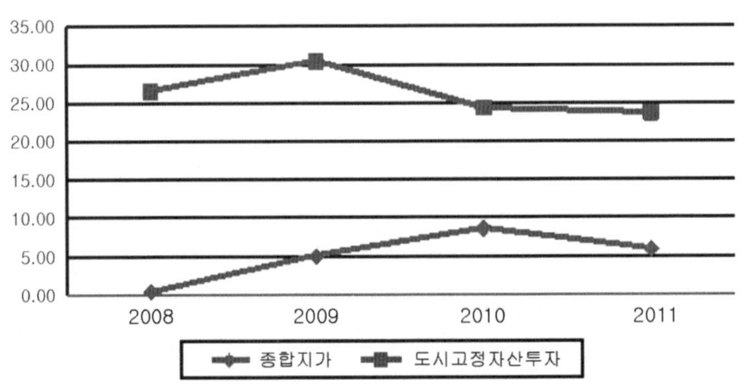

〈그림 18〉 2008년 이래 전국 주요 관측도시 종합지가상승률과 도시 고정자산 투자율

4. 2011년 전국 도시지가 변화의 주요 영향요인

1) 주택시장의 조정은 토지시장에도 영향을 끼침

2011년 부동산시장 조정은 2010년 조정정책의 연장과 심화라고 볼 수 있다. 2010년 나타났던 조정정책의 효과를 더욱 공고히 하기 위하여 중국 정부는 경제수단과 행정수단을 모두 사용하여 투기성·투자성 수요를 억제하고 공급을 증가시키려는 노력을 하였다. 2011년 1월 국무원 판공청이 발표한 「진일보한 효과적인 부동산시장 조정 업무에 관련된 문제에 대한 통지」는 2011년 한 해 동안의 부동산시장의 운영에 대한 전체적인 기조를 제시하였다. 이 문건에서는 "각 지방정부로 하여금 중앙정부가 제시한 부동산시장 안정적인 건강한 발전에 대한 책임을 분담할 것"을 명확히 요구하였다. 또한 2011년 전국적으로 1,000만 채의 보장성 주택과 천막촌 개량주택을 건설할 것을 요구하는 동시에 차별화된 대출정책, 엄격한 주택용지 공급구조 관리, 합리적인 주택수요 유도 등 일련의 정책을 통하여 주택가격의 빠른 상승을 억제하려 하였다. 이러한 정책의 영향 아래 전국 주요 감측도시 지방정부는 지속적으로 연도별 주택가격 억제 목표와 중앙정부의 주택가격 억제 정책을 실행하기 위한 구체적인 조치를 내놓아 주택가격의 빠른 상승에 명확한 억제작용을 하였다. 1선 도시 주택가격이 초보적인 통제효과를 보이자, 일부 유휴자금들은 2선, 3선 도시들로 유입되었다. 이에 따라 2~3선 도시의 주택가격이 빠른 상승을 보이자 이에 대하여 국무원은 7월 12일 회의를 열고 주택가격 상승이 빠른 2~3선 도시들에 대하여 주택구매제한 정책을 실시할 것을 요구하였다. 통계수치에 의하면 2011년 9월 분, 70개 중대형 도시 중 신규상품 주택가격 전년 동기 대비 증가율이 하락한 도시가 59에 달하여 주택가격 급등이 초보적으로 억제되었다. 일련의 조정정책의 영향으로 토지시장은 역시 위축된 모습을 보였다. 2011년 전국 주요 감측도시의 종합, 상업, 주택, 공업용지 상승률은 전년도와 비교하여 각각 2.68%p, 1.01%p, 4.44%p, 1.41%p 하락하였다. 지가상승률의 하락은 특히 주택가격용지의 하락이 두드러졌다.

2) 지속적 · 긴축적 통화정책의 영향

2011년 유동성을 회수하고 인플레이션을 방어하기 위하여 중국 정부는 지속적으로 긴축적인 금융정책을 구사하였고 대출정책을 조정하였다. 중앙은행은 연속하여 6차례에 걸쳐서 지준율을 인상하였고 3차례 걸쳐서 금리를 인상하였으며, 이는 유동성에 명확한 작용을 하였다. 8월에 중앙은행은 상업은행의 예금보증금을 예금준비금의 범위에 포함시켜 일선 상업은행의 상당부분의 자금을 동결시켰고 은행대출은 더욱 어려워져 부동산기업의 자금난은 심해졌다.

11월에 인플레이션 압력이 완화되면서 중앙은행이 지준율을 0.5%p 인하하였지만 20% 이상의 지준율은 여전히 예년에 비해 높은 수준이었다. 은행감독위원회는 2011년 1월 18일 발표를 통하여 2011년에도 2010년에 이어 지속적으로 차별화된 대출정책을 구사하여 은행으로 하여금 부동산 영역에 있어서의 리스크를 관리할 것을 요구하였다. 중국 인민은행이 발표한 수치에 의하면 2012년 말, M2는 85조 1,600억 위안으로 전년 대비 17.33% 증가하였고, 이 증가 폭은 전년도에 비해서 1.61%p 감소한 것이다. 일련의 금융조정정책의 영향으로 하반기 거시경제를 점진적으로 예측했던 효과가 나타나게 하였다. 12월 CPI는 전년 대비 4.1% 상승을 보였고 이는 2011년 8월 이래 5개월 연속 하락 추세를 유지한 것이었다. 지가수준은 이에 따라서 변화를 보였다. 2011년 1분기와 2분기 전국 종합지가의 전분기 대비 증가율은 각각 2.2%, 1.87%였고, 3분기 종합지가상승률은 전분기 1.33%였다. 4분기에 들어서는 종합지가가 기본적으로 안정적인 추세를 보여 전분기 대비 상승률이 0.29%를 기록하면서 2011년 종합지가의 전분기 대비 상승률은 지속적인 하락 추세를 보이면서 금융조정정책의 효과가 토지시장에서도 나타났다.

2011년 부동산기업 현황

펑린린, 리우샤오[1)]

개요 2011년은 중국 부동산개발산업의 전환기였다. 내우외환의 경제환경 속에서 '역사상 가장 강력한' 규제정책 시행으로 부동산 산업의 환경은 급격히 악화되었다. 재원 마련이 어려워지고 개별 기업의 실적이 분화되었으며 토지확보에도 신중해졌고 기업의 전략조정속도가 빨라졌다.

■ 키워드: 규제, 구조전환, 월동

2011년 세계 각국의 정국이 불안했고 유럽 국채 위기가 불거졌으며 구미 경제가 침체의 늪에 빠졌다. 중국 국내에서는 경제성장속도가 둔화되었고 경착륙을 우려하는 리스크와 함께 물가상승 압력이 병존해 거시경제정책은 선택의 어려움에 처했다. 이처럼 내우외환의 악조건에서 중국 부동산 산업은 '역사상 가장 강력한' 규제정책의 충격을 받았다. '민생 보호와 집값의 원상복귀', 구조 조정과 산업의 건전한 발전 도모', '거품 제거와 거시경제 안정'을 주요 목표로 하는 시장관리정책과 토지정책, 세수정책, 보장성 주택정책 및 통화정책 등 다양한 정책의 영향으로 부동산시장은 규제를 해도 값이 오르던 과거의 비정상적인 패턴에서 벗어나 전국적으로 부동산가격이 정체되거나 하락한 지역이 많았고 투기현상도 사라졌다.

가장 강력한 규제정책은 최악의 시장환경을 만들어 부동산기업의

1) 펑린린(彭凜凜): 북경사범대학 경제학 석사, 리우샤오(劉曉): 중국인민대학 부동산경제학 석사, 두 사람 모두 현재 위엔양띠찬(Sino-Ocean, 遠洋地産) 근무

실적이 극명하게 엇갈렸고 업계는 생존 자체를 장담할 수 없는 상황이 되었다. 이처럼 환경이 악화되자 일부 기업은 구조를 전환하거나 전환의 속도를 높였고 상업용 부동산이나 관광용, 산업용 부동산은 물론 에너지 및 광산자원도 새로운 투자대상으로 떠올랐다. 또 일부 기업은 엄동설한을 무사히 이겨내기 위해 몸집을 줄였다. 이처럼 생존을 위한 '고분분투'는 2011년 부동산업계의 화두였다.

1. 부동산 산업 외부환경: 악화

1) 경제성장률 둔화, 인플레이션 상승, 거시경제정책 진퇴양난

국제경제의 상황을 보면 2011년에는 유럽 국채위기가 악화되었고 미국 실물경제의 회복속도가 부진했으며 미국 국가신용등급 하향조정 및 중동지역 정치불안 지속으로 세계 경제와 금융시장에 악영향을 가져왔고 세계 경제는 스태그플레이션 위험에 직면했다. 유럽과 미국, 일본 등 선진국들은 경제를 부양하기 위해 저금리기조를 유지했지만 경기전망에 대한 불확실성으로 인해 자금의 위험회피심리가 팽배했고 핫머니가 달러화 지역으로 돌아가자 중국의 수입 인플레이션 압력이 어느 정도 해소되었다. 그러나 해외 수요 부진의 영향으로 수출 증가율이 둔화되었으며 수출형 기업들의 상황이 어려워졌다.

국내 상황을 보면 2011년 상반기에 통화정책은 긴축기조를 유지했고 유동성 과잉 국면이 신속하게 전환되었으며 자산가격 하락에 대한 예측이 팽배해졌고 거시경제는 하향기조를 보였다. 주식시장은 계속해서 저조했고 자산효과 감소로 국내 소비가 위축되었다. 고속철도 건설속도 조정과 부동산시장 규제조치로 인해 건축자재와 기계 등 기간산업의 생산력 과잉문제가 불거졌고 투자가 감소했으며 유동성 감소와

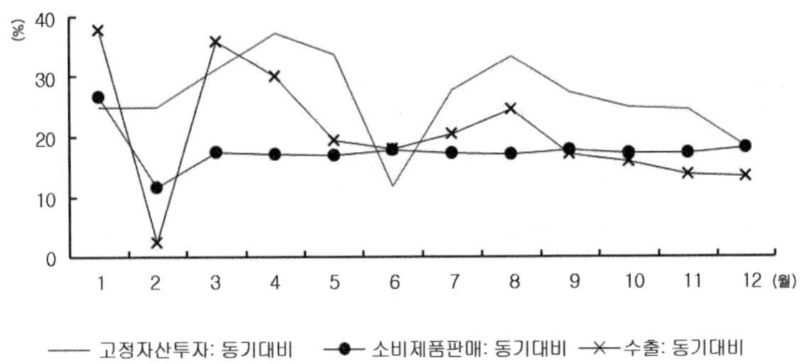

〈그림 1〉 2011년 삼두마차의 운행 상황

부동산 규제효과가 겹쳐 투자증가속도가 둔화되었다. 경제성장이란 마차를 이끄는 세 마리 말이 동시에 속도를 늦추자 거시경제는 하반기로 갈수록 완만한 경사를 그리며 하강했다(그림 1 참조).

이처럼 국내외에서 악재가 쏟아지자 하반기에는 GDP와 CPI가 동반 하락했다. 4분기 동기 대비 GDP 성장률은 8.9%로 9분기 이래 최저치를 기록했다. CPI는 올해 7월 정점을 찍은 후 점차 낮아져 10월부터는 예상보다 많이 하락했고, 12월 CPI는 4.1%로 2개월 연속 악성 인플레이션의 경계선인 5%보다 낮았지만 여전히 높은 수준을 유지했다(그림 2 참조).

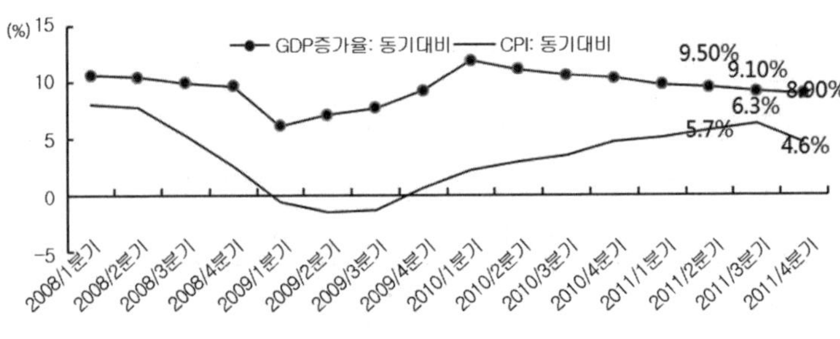

〈그림 2〉 2008~2011년 분기별 GDP 현황

2011년을 돌아보면 경제성장률 하락으로 경착륙 위험에 직면했고 다른 한편으로는 인플레이션 압력 상승으로 통화정책을 완화할 수도 없어 거시경제정책은 적극적인 재정정책과 긴축적인 통화정책 사이에서 진퇴양난에 직면했었다. 이런 경제환경과 함께 중국 공산당 18차 전국대표대회를 앞둔 정치환경 속에서 부동산 분야에서 이미 확정된 규제정책은 민생을 고려해 더욱 엄격하게 시행할 것으로 보인다.

그 이유는 3가지로 요약할 수 있다. 첫째, 민생 보호와 주택의 주거기능 회복이다. 이는 집값이 너무 많이 올랐고 상승속도가 너무 빨라 국민들이 감내할 수 있는 범위를 벗어났기 때문에 집값문제는 '민생' 보장 차원의 정치적 화두로 떠올랐다. 둘째, 구조조정과 산업의 건전한 발전이다. 부동산 과열은 경제 구조조정에 불리하게 작용해 부동산 산업의 투자와 투기 비율이 과도하게 높을 경우 산업기반의 건전한 발전에 불리하며 '경제성장 구조조정'이란 거시정책 기조에도 어긋난다. 셋째, 거품 제거와 경제적 안정 도모이다. 이는 계속해서 부동산 거품이 확대되면 향후 거품이 꺼질 경우 사회와 경제에 심각한 타격을 가져올 것이므로 사전에 예방해야 한다.

2) 집중적인 규제정책 발표로 부동산시장 냉각

2010년부터 시작된 부동산시장 규제는 2011년에 더욱 내용이 추가되고 세분화되어 주택매입과 은행대출 제한하는 행정적 규제정책을 핵심으로 세무와 토지, 대출 등 다양한 경제정책을 병행해 수요 억제와 공급 증대를 동시에 추진했으며 최근 들어 가장 엄격한 정책적 환경을 조성했다.

2011년 정부에서 발표한 부동산 관련 정책을 분석하면 시정거래행위를 겨냥한 시장관리정책과 토지시장을 겨냥한 토지정책, 세수정책, 통화정책 및 보장성 주택정책 등 5개 분야로 나눌 수 있었다. 2011년 정부부처는 총 67개 부동산 관련 정책을 발표했는데 특히 하반기에 집중적으로 쏟아져 부동산시장은 급속히 냉각되었다(그림 3 참조).

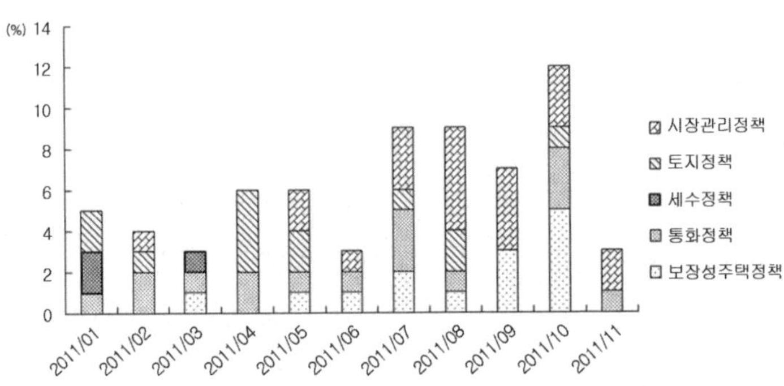

〈그림 3〉 2011년 주요 부동산 관련 정책

이처럼 험난한 정책환경 속에서 전국의 부동산시장에서는 부동산투자와 상품건물 분양면적 증가율 및 토지 거래량과 거래가격 등 각종 핵심지표가 하락하기 시작했다. 연말에 이르러 각 지표는 마이너스를 기록하진 않았지만 동향을 분석하면 시장 전반의 수급구조가 역전된 것을 알 수 있다.

① 부동산투자와 분양의 동기 대비 증가 폭이 크게 하락했다. 2011년 전국의 부동산 개발투자는 61,740억 위안으로 동기 대비 27.9% 늘었지만 증가율은 5.3%p 감소했다. 전국 상품건물 분양면적은 10.99억㎡로 동기 대비 4.9% 늘었고 증가율은 5.7%p 줄었다. 상품건물 분양금액은 59,119억 위안을 기록해 동기 대비 12.1% 늘었지만 증가율은 6.8%p 하락했다.

② 신축상품 주택가격의 하락세가 명확했다. 2011년 3분기 이후 제반 정책의 효과가 동시다발적으로 가시화되자 전국의 부동산시장은 실질적으로 하강했다. 7월부터 70개 대도시와 중간 규모 도시의 신축상품 주택가격은 직전 동기에 비해 상승폭이 감소했고 12월이 되자 구이양

(貴陽)시와 인촨(銀川)시 등 두 지역만 약간 상승하는 데 그쳤다.

③ 토지시장의 거래량과 거래가격이 위축되었다. 2011년 전국 130개 지역에서 거래된 주택용지는 7.5억㎡로 동기 대비 11.0% 하락했고 출양금총액은 1.1억 위안으로 15.4% 하락했다. 거래가 이루어진 토지의 건축면적당 거래가격은 1,462위안/㎡로 동기 대비 9.9% 하락했다. 4분기 이후 토지시장의 거래량이 급속하게 위축되어 10월부터 12월의 동기 대비 하락 폭이 각각 30%와 55%, 47%를 기록했다. 토지시장이 냉각되자 여러 지역에서 토지출양계획을 완수하지 못했다. 베이징의 경우 2011년 한 해 동안 공급을 계획했던 상업용지 가운데 70.34%만 거래가 이루어져 건축면적과 출양금액이 각각 27.3%와 36.1% 하락했다.

2. 부동산 산업 자금 상황: 부족

부동산 산업의 재원조달금액과 조달구조의 변화와 함께 주요 기업의 재무상황 등 각 지표를 종합하면 유동성 긴축과 동일 기조의 규제정책의 작용으로 2011년 부동산업계의 자금 상황은 2008년 수준으로 악화되었다.

1) 재원조달금액 증가율 둔화, 기업의 자기조달자금 비중 상승

2011년 전국 부동산개발기업이 조달한 자금은 83,246억 위안으로 동기 대비 14.1% 늘었지만 증가율은 2010년에 비해 12.1%p 떨어졌다. 이는 지난 2008년 5.7% 이후 최근 10년 동안 두 번째로 낮은 비율이다(그림 4).

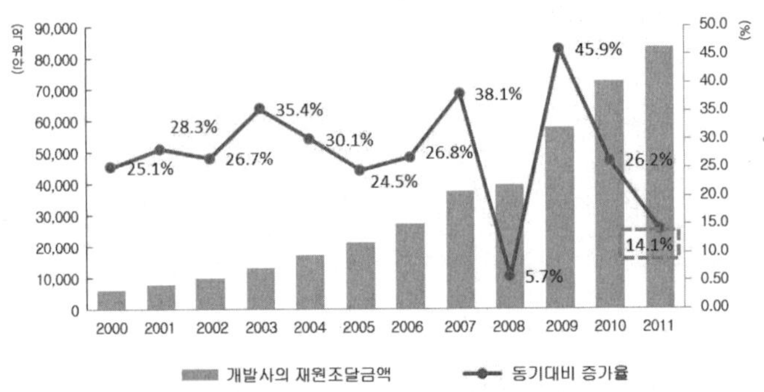

〈그림 4〉 2000~2011년 부동산개발회사 재원조달금액

증가율이 하락함과 동시에 자금원의 구조에도 변화가 발생했다. 2011년 기업의 자기조달자금은 34,093억 위안으로 동기 대비 28% 늘어 전체 재원조달금액에서 41.0%를 차지해 2010년 38.8%보다 4.2%p 늘었고 2008년 부동산시장이 위축되었을 당시의 38.7%보다 높은 비율을 보였다. 기업의 자기조달자금은 업계의 투자레버리지와 반비례해 해당 자금의 절대적 규모와 상대적 규모가 증가함으로써 과거 부동산 개발회사가 '투입은 적고 산출은 많은' 폭리를 거두던 시대가 끝난 것을 보여주었다(표 1 참조).

[표 1] 2011년 부동산개발회사의 재원조달금액 구조

자 금 원	금액(억 위안)	동기 대비 증가율	점유비
국내 대출	12,564	0.0%	15.1%
기업 자기조달	34,093	28.0%	41.0%
기타 자금	35,775	8.6%	43.0%
외자 유치	814	2.9%	0.9%
합 계	83,246	14.1%	100%

부동산 담보대출 정책을 정비하고 부동산 개발대출이 규범화되면서 부동산 개발회사들의 재원조달금액에서 국내 대출이 차지하는 비중이 해마다 하락하는 추세를 보였다. 2011년에는 국내 대출이 재원조달

금액에서 차지하는 비중이 15.1%까지 내려가 사상 최저치를 기록했다. 분양대금과 개인주택대출 위주의 기타 자금 비중은 시장 상황과 정비례해서 2011년 시장의 활력이 떨어지고 부동산개발회사의 분양대금 회수가 순조롭지 않자 43.0%까지 떨어졌고 2008년과 비슷한 수준이었다(그림 5 참조).

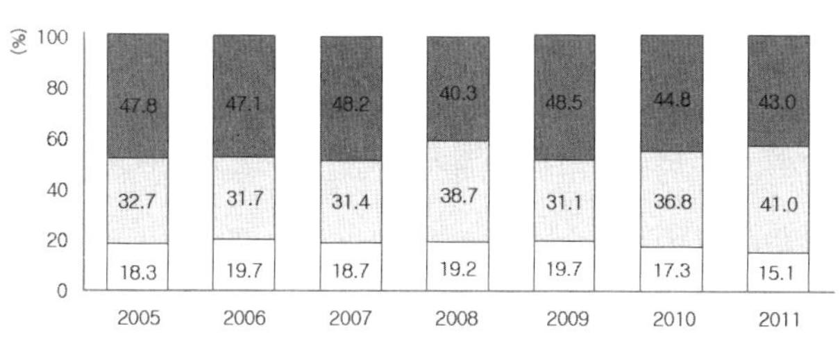

〈그림 5〉 2000~2011년 부동산개발기업의 자금조달금액 구조 변화

2) 자금 투입은 계속해서 증가세 유지, 자금리스크 가중

2011년 전국적으로 부동산개발에 투자한 자금은 61,740억 위안으로 동기 대비 27.9% 늘고 2010년에 비해서 5.3%p 하락했지만 최근 10년 평균 수준보다 높았다(그림 6 참조).

부동산개발회사의 연도별 재원조달금액과 투자액 증가율은 부동산 산업의 자금수요에 대한 재원조달 상황을 일정 정도 반영해준다. 자금조달금액의 증가율이 투자금액 증가율보다 낮을 경우 업계의 자금이 부족해 개발회사들은 자금압박을 받게 된다. 2011년 부동산개발회사의 자금조달금액과 투자금액의 증가율 비율은 0.51까지 떨어졌다. 2008년에 비하면 높은 수준이지만 업계 전체를 놓고 보았을 때 지금의 자금조달금액은 규모의 성장을 실현하기 위해서는 부족한 수준이다(그림 7 참조).

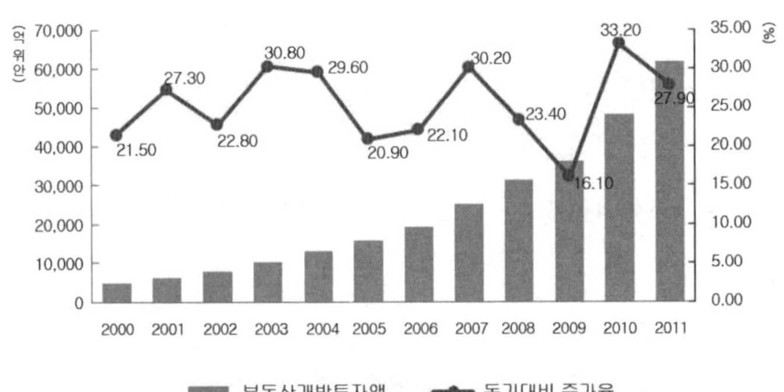

〈그림 6〉 2000~2011년 부동산개발 투자액 증감 상황

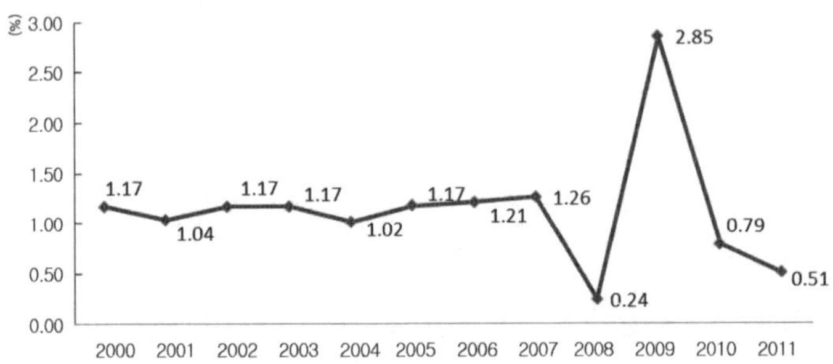

〈그림 7〉 2000~2011년 부동산개발회사의 재원조달금액과 투자액 증가율 비교

3) 기존 재원조달 방식 부진, 새로운 재원조달 방식 규제

금융기관대출과 자본시장을 통한 재원마련은 개발회사들이 가장 많이 의존하는 방식이며 지금까지 부동산에 대한 규제정책을 시행할 때마다 가장 먼저 손을 대는 분야였다. 2011년 통화정책 긴축과 토지에 대한 규제를 강화한 상황에서 상업은행은 부동산개발 대출을 대폭 축소했다. 부동산개발회사의 국내 자본시장을 통한 자금조달 역시 지난 2010년 4월 이후 막혀 자본시장을 통한 자금조달이 불가능해졌다. 기존의 재원마련 경로가 막히자 신탁이나 해외자본시장을 통한 재원마련이 개발회사의 자금난을 완화할 수 있는 유일한 희망으로 남았다.

2011년 2분기에 부동산신탁은 1,242억 위안을 발행해 은행감독위원회에서 2010년에 이어 업계지도에 나섰고 신탁회사에 '향후 모든 부동산 관련 업무를 보고해 허가받도록' 요구했다. 하반기에는 더욱 직접적으로 일부 부동산신탁 업무를 중단시켰다. 이처럼 관리감독을 강화하자 4분기 부동산신탁 발행금액은 399억 위안으로 급감했고 2011년 전체 발행금액은 2,864억 위안을 기록, 동기 대비 43.7% 상승했다(그림 8 참조).

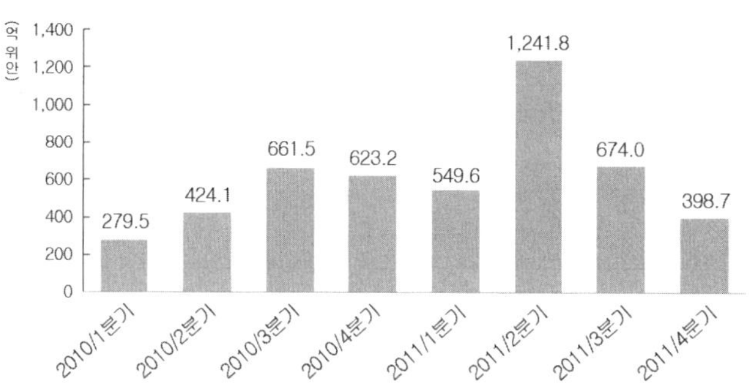

〈그림 8〉 2010~2011년 분기별 부동산신탁 발행 상황

기업의 자금조달 규모를 보면 2011년 완다그룹(萬達集團)은 신탁상품 10종을 발행, 71.76억 위안을 조달해 1위를 기록했다. 그 다음은 완커그룹(萬科集團)으로 8종을 발행, 48.93억 위안을 조달했다. 발행상품 수량이 가장 많은 기업은 헝따그룹(恒大集團)과 중하이띠찬(中海地産)으로 각각 13종을 발행해 35.05억 위안과 27.13억 위안을 마련했다.

[표 2] 2011년 개발회사 신탁 발행 현황

기 업 명	발행수량	발행규모(억 위안)
완다그룹(萬達集團)	10	717,600
완커그룹(萬科集團)	8	489,300
뤼청그룹(綠城集團)	11	470,850
바오리띠찬(保利地産)	11	441,370

[표 2에서 계속]

기 업 명	발행수량	발행규모(억 위안)
헝따그룹(恒大集團)	13	350,500
신후그룹(新湖集團)	9	276,400
판하이건설(泛海建設)	13	271,280
주하이화파(珠海華發)	4	214,370
중화기업(中華企業)	5	208,000
중난그룹(中南集團)	8	175,250
허성촹잔(合生創展)	2	170,000
스마오팡띠찬(世茂房地産)	8	141,290
줘다띠찬(卓達地産)	5	140,000
양광200(陽光100)	6	137,000

*자료: Use Trust Studio(用益信託工作室)

부동산신탁의 대상부동산을 보면 상품주택이 수익률 하락 리스크에 직면했지만 회전주기가 비교적 짧아 단체신탁 발행요건에 부합하기 쉽기 때문에 여전히 가장 많은 비중을 차지했다. 한편 상품주택에 대한 매입제한조치가 엄격해지자 상업용 빌딩과 보장성 주택개발의 신탁발행이 증가했다.

[표 3] 2011년 부동산신탁 발행 동향

대상부동산	발행수량	발행규모(억 위안)	점유비
상품주택	502	14,222,553	49.7%
상업용 빌딩	140	3,557,671	12.4%
종합형	127	3,764,801	13.1%
토지펀드	72	2,590,812	9.1%
보장성 주택	98	2,759,362	9.6%
토지개발	6	268,450	0.9%
기 타	58	1,477,271	5.2%
합 계	1,003	28,640,920	100.0%

*자료: Use Trust Studio(用益信託工作室)

중국 신탁업협회의 자료에 따르면 2011년 현재 국내 부동산신탁 규모는 6,882억 위안으로 2012년 또는 2013년 내에 상환해야 할 신탁은 각각 1,519억 위안과 1,503억 위안이다. 부동산신탁의 재원마련 비용이 15% 이상인 점을 감안하면 같은 기간 은행대출금리보다 높다.

단체신탁 발행을 통한 재원조달에 비해 해외자본시장을 통할 경우 재원조달 비용이 낮고 기한이 길며 관련 제도의 융통성이 높은 장점이 있다. 그러나 회사의 지배구조나 재무상황, 담보물 유통 등 기본 조건 때문에 국내 중소형 개발회사들은 접근하기 힘들다. 최근에는 홍콩거래소에 상장된 기업이 국제적인 지위와 위안화 금리차를 이용해 해외자본시장에서 채권을 통한 재원마련을 시도하고 있다.

[표 4] 2011년 개발회사의 해외 재원 조달 활동 현황

회사명	시기	재원조달방식	조달금액	금리	기한
화난청(華南城)	1월	선순위채권	2.5억 달러	13.50%	6년
중쥔쯔이에(中駿置業)	1월	채권	20억 위안	10.50%	5년
헝따띠찬(恒大地産)	1월	채권	92.5억 위안	7.5%/9.25%	3/5년
허성촹잔(合生創展)	1월	선순위채권	3억 달러	11.75%	6년
자짜오예(佳兆業)	1월	채권	20억 위안	8.50%	3년
삐궤이웬(碧桂園)	2월	선순위채권	9억 달러	11.13%	7년
스마오팡띠찬(世茂房地産)	3월	선순위채권	3.5억 달러	11%	7년
바오룽띠찬(寶龍地産)	3월	선순위채권	7.5억 위안	11.50%	3년
허징타이푸(合景泰富)	3월	선순위채권	3.5억 달러	12.75%	5년
룽후띠찬(龍湖地産)	3월	선순위채권	7.5억 달러	9.50%	5년
성까오쯔띠(盛高置地)	4월	선순위채권	2억 달러	13.50%	5년
야쥐러(雅居樂)	4월	전환가능채권	5억 달러	4.00%	5년
팡싱띠찬(方興地産)	4월	선순위채권	5억 달러	6.75%	10년
푸리띠찬(富利地産)	4월	선순위채권	5.5억 달러	7%/10.875%	3/5년
위엔양띠찬(遠洋地産)	5월	영구후순위채권	4억 달러	—	5년
화룬쯔띠(華潤置地)	5월	선순위채권	7.5억 달러	4.625%	5년
SOHO China	6월	신디케이트론	6.05억 달러	—	3년
화룬쯔띠(華潤置地)	7월	선순위채권	2.5억 달러	4.625%	5년
〃	9월	신디케이트론	10억 홍콩달러	—	3년

*자료: 각 기업 공고

2011년 1월부터 화룬쯔예(華潤置業)와 야쥐러(雅居樂), 삐궤이웬(碧桂園), 위엔양띠찬(遠洋地産), 스마오팡띠찬(世茂房地産) 등 대형 개발회사들이 해외재원조달을 시작했다. 8월 말 현재 재원조달 규모가 1,000억 위안을 넘겼다. 2010년 한 해 동안 560억 위안에 머물렀던 것에 비하면 두 배 가까운 금액이다.

2011년 부동산신탁과 해외자본시장을 통한 재원마련은 절대적 규모가 크게 성장해 4,000억 위안을 넘어섰다. 그러나 부동산업계의 전체 재원조달금액에서 차지하는 비율은 5%에도 못 미친다. 이는 저조한 분양과 대출축소로 인한 자금부족을 메우기에 턱없이 부족한 규모라서 일부 부동산개발회사는 금리가 높은 민간사채를 끌어오거나 회사 일부를 매각하는 방식으로 위기를 극복했다. 베이징과 상하이 자산거래소의 자료를 보면 2011년 부동산업계의 일정 규모 이상 지분변동이 124건이 넘었고 거래금액은 471.76억 위안을 기록해 2010년 대비 각각 47.6%와 185.5% 늘었다.

4) 개발회사 재무상황 악화, 단기채권 상환능력 감소

대출축소와 자본시장을 통한 재원마련이 난항을 겪고 분양대금에 대한 관리감독이 엄격해지자 상장 부동산개발회사의 재무리스크가 누적되었다. 2011년 3분기까지 118개[2] 상장 개발회사의 평균부채비율이 63.58%까지 상승해 2009년 이후 최고치를 기록했으며 계속해서 상승했다. 2008년 3분기에 기록한 최고치를 넘어서진 않았지만 계속된 규제정책이 시장 거래량에 미친 영향이 가시화되고 향후 분양자금 회수에 어려움이 가중될 것을 감안하면 개발회사의 재무상황은 2008년과 비슷해지고 기업의 장기적 경영리스크가 증대될 것으로 보인다(그림 9 참조).

2) 상해, 심천거래소에서 2008년부터 재무재표를 입수할 수 있는 상장 개발회사, ST(관리대상)기업은 제외

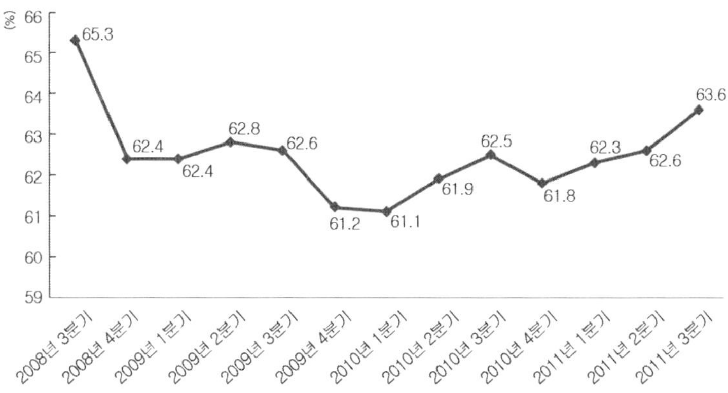

*자료: Wind Information Co., Ltd

〈그림 9〉 2008~2011년 118개 상장 개발회사의 부채비율 변화

또 2010년 2분기부터 상장 개발회사의 유동비율과 당좌비율이 전반적으로 하락했고 2011년 이후 하락 추세가 가속화되었다. 3분기 말에는 당좌비율이 2008년에 기록한 최저치에 근접해 기업의 단기채무 상환능력이 큰 폭으로 하락한 것을 보여준다(그림 10 참조).

현금과 단기채무 비중은 기업의 단기채무상환 압박을 더욱 직관적으로 보여준다. 일부 기업이 발표한 공고를 보면 완커와 바오리, 자오상,

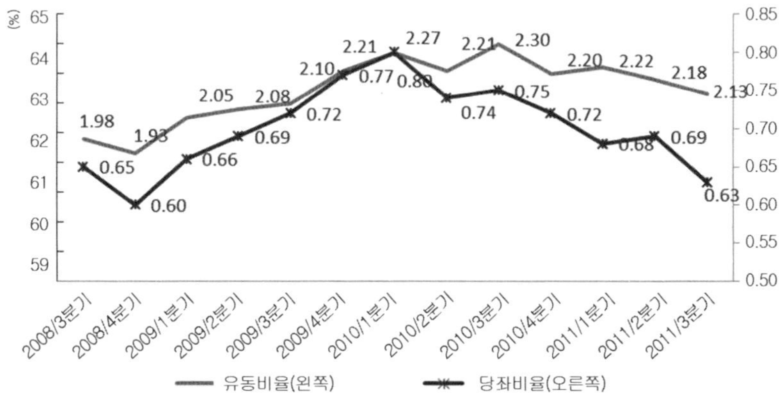

〈그림 10〉 2008~2011년 118개 상장 개발회사 유동비율과 당좌비율 변동 현황

진띠 등 대형개발회사들은 현금이 충분하고 단기자금도 여유가 있었다. 반면 셔우두개발(首都開發股份有限公司 BCDC) 등 확장초기단계에 있는 중형 기업은 2011년에 규모 확장에 주력했던 결과 단기채무를 상환할만한 현금자금이나 단기자금이 부족했다.

[표 5] 일부 개발회사의 현금 및 단기채무 현황

기업명	현금	현금/단기채무
완커그룹(萬科集團)	339	1.4
바오리띠찬(保利地産)	220	1.8
자오상띠찬(招商地産)	123	1.8
진띠띠찬(金地地産)	178	1.5
화룬쯔띠(華潤置地)*	187	1.0
푸리띠찬(富利地産)*	96	1.3
진룽제(金融街)	130	2.0
셔우두카이파(首都開發)	57	0.6
신청띠찬(新城地産)	16	0.6
루자쭤이(陸家嘴)	12	0.2
빈장그룹(濱江集團)	16	0.7

*자료: 각 기업 2011년 3분기 실적보고서, 화룬(華潤)과 푸리(富利)는 2011년 반기보고서
**주: 기업 단기채무는 1년 이내에 만기 도래하는 장기대출과 단기대출, 지급어음의 합산

3. 기업 분양실적: 분화

지난 10년은 중국 부동산 산업의 '황금시기'였다. 기업들은 빠르게 성장했고 특히 회전율이 빠른 유형의 기업은 일반적인 기준을 넘어 더욱 빠른 속도로 확장했다. 하지만 국내외 환경이 급속하게 변하고 부동산규제가 장기화되면서 기업들은 '규제정책에 적응하고 미분양을 해소하며 차입금 비율을 낮춰야 하는' 3가지 압박에 직면했고 실적 역시 명백하게 양극화되었다.

1) 산업집중도 제고, 기업실적 양극화

엄격한 규제가 지속되는 상황에서도 2011년 부동산업계의 매출은 성장세를 유지했고 대형 개발회사의 매출실적은 상승했다. 2011년 매출이 백억 위안을 돌파한 개발회사의 수가 2010년 35개사에서 41개사로 늘었고 그 가운데 6개 개발회사가 500억 위안을 넘겼다. 완커그룹이 1,215억 4천만 위안을 기록해 다시 한 번 매출 1위를 차지했고 유일하게 매출액이 천억 위안을 넘어섰다.

[표 6] 2011년 부동산개발회사 매출액 TOP 20 순위

순위	기업명	매출액 (억 위안)	동기 대비 증가율	매출 달성률
1	완커그룹(萬科集團)	1215.4	12.4%	86.8%
2	헝따띠찬(恒大地産)	803.9	59.4%	114.8%
3	뤼띠그룹(綠地集團)	776	15.0%	-
4	바오리띠찬(保利地産)	732	18.8%	91.5%
5	중하이띠찬(中海地産)	720	26.5%	108.8%
6	완다그룹(萬達集團)	560	-	-
7	삐궤이웬(碧桂園)	430	31.3%	100.5%
8	롱후(龍湖集團)	381	14.9%	95.7%
9	화룬쯔띠(華潤置地)	366	66.4%	122.0%
10	스마오띠찬(世茂地産)	315	0.7%	85.35
11	야쥐러(雅居樂)	310	-2.4%	85.2%
12	뤼청그룹(綠城集團)	300	-47.1%	64.2%
13	진띠띠찬(金地地産)	290	2.5%	77.3%
14	푸리띠찬(富利地産)	287	-6.9%	93.9%
15	위엔양띠찬(遠洋地産)	270	25.0%	90.0%
16	중신띠찬(中信地産)	255	-33.2%	-
17	자오상띠찬(招商地産)	210	44.0%	105.0%
18	룽촹차이나(融創中國)	193	130.0%	104.9%
19	룽차오그룹(融僑集團)	185	-	-
20	화차오청(華僑城)	180	38.5%	100.0%

거시경제조정의 여파로 부동산개발회사의 양극화가 가중되었고 대기업은 더욱 막강해지고 산업의 집중도가 높아졌다. 매출액 상위 10대 기업의 매출총액이 6,299.3억 위안, 규모 확장이 545억 위안으로 중국

전체 시장에서 10.43%를 차지해 전년도보다 0.32%p 상승했다(그림 11 참조).

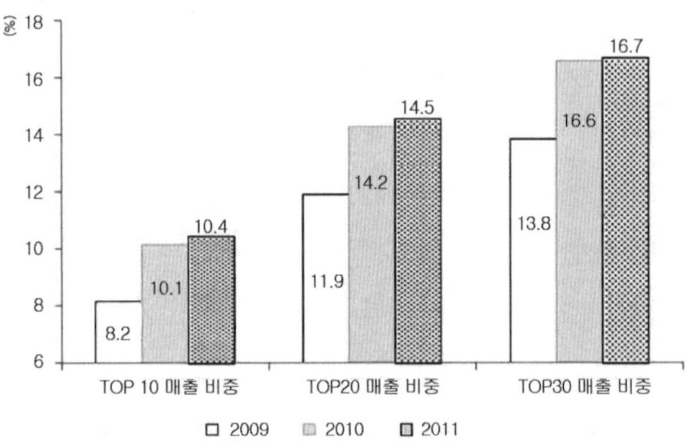

〈그림 11〉 2009~2011년 부동산 산업의 집중도

산업의 집중도가 부단히 상승한 이유를 두 가지로 살펴볼 수 있다. 첫째, 업계를 대표하는 대기업은 재원조달방식이 다양하고 다양한 분야에 고르게 분포해 시장환경이 혹독해져도 안정적인 매출을 유지했다. 둘째, 거시경제조정으로 인해 시장자원을 다시 정비해 대기업이 업계의 인수합병을 주도했다. 때문에 앞으로도 집중도가 계속 높아질 것으로 보인다.

이에 반해 매출규모가 100억 위안 이하인 중소형 개발회사의 실적은 눈에 띄게 하락했다. 2010년 매출액이 크게 늘었던 빈장그룹(濱江集團)과 쑤닝환치우(蘇寧環球), 지아카이청(嘉凱城)의 동기 대비 매출액은 큰 폭으로 하락해 매출목표 달성률이 50%에도 못 미쳤다. 이런 현상이 나타난 원인을 보면 중소형 개발회사는 개발분야와 지역적 분포가 단조롭고 시장 변화에 대한 대응력이 부족해 거시경제조정으로 인한 매출 불황 현상이 더욱 두드러졌다. 갈수록 부동산시장의 활기가 떨어지고 대출이 줄어드는 상황에서 대기업과 중소형 기업의 실적이 양분되어 앞으로 인수합병이 늘어날 것으로 보인다.

[표 7] 일부 중소형 개발회사의 매출목표달성 현황

기 업 명	매출액 (억 위안)	매출액 동기 대비 변화	매출목표 달성률
쑤닝환치우(蘇寧環球)	31	-28%	44%
쑤저우까오신(蘇州高新)	20	-33%	44%
거리띠찬(格力地産)	18	-10%	45%
이청그룹(億城集團)	20	-6%	50%
빈장그룹(濱江集團)	55	-53%	55%

2) 실적이 양호한 기업의 공통점

매출실적이 양호한 개발회사들은 다음과 같은 특징을 보였다. 먼저 회전율이 빠르고 자금을 효율적으로 사용했다. 회전율을 높이거나 안정적인 이윤을 확보하는 것은 기업경영에서 추구하는 두 가지 핵심 모델이다. 대다수 기업들은 이 두 방법 사이에서 균형을 잡으려고 노력한다. 2011년에는 자금코스트가 상승하고 가격이 반전될 것이란 전망이 우세하며 비탄력적 수요가 주도하는 열악한 시장에서 '합리적인 이윤 추구와 속도를 높이는' 고속 회전율을 추구하는 방식은 기업의 재무리스크를 줄이고 자본수익률을 높이는 데 유리하게 작용했다. 2011년 매출액이 500억 위안을 초과한 개발회사의 평균 재고자산 회전율은 57.7%였고 매출실적이 가장 빠르게 성장한 헝따와 룽촹의 회전율은 무려 77.0%와

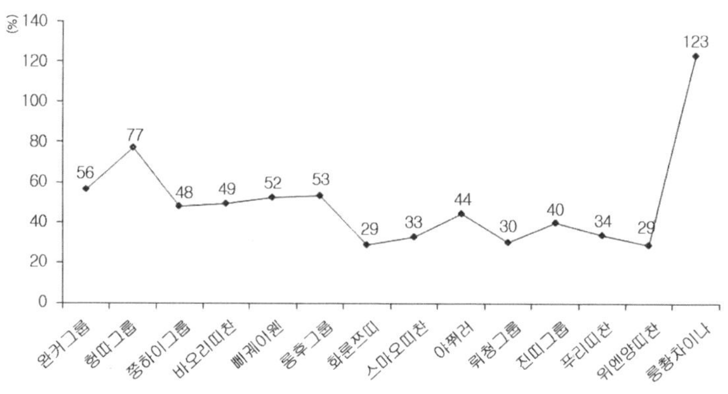

〈그림 12〉 주요 개발회사의 재고자산회전율

122.9%에 달했다(그림 12 참조).

둘째, 투자를 분산해 단일지역에 대한 의존도가 낮았다. '달걀을 한 바구니에 담지 마라'는 말은 시장리스크에 대응하는 적절한 전략이다. 규제정책의 집중 포화를 받은 1선 대도시의 경우 2011년도 상품주택거래가 20% 하락했다. 베이징과 상하이, 광저우에 공을 들였던 푸리띠찬(富利地産)과 허성촹잔(合生創展) 등 대표적인 기업 역시 이로 인해 실적향상에 힘을 잃었다. 반면 중소도시인 2, 3선 도시로 진출했던 삐궤이웬과 완커, 헝따 등은 상대적으로 분산되어 있어 1선 대도시시장에 대한 의존도가 30% 미만이었고 내부자원 조정을 통해 일부 리스크를 억제할 수 있었다.

셋째, 시장에 빠르게 반응하고 즉각적으로 가격을 조정했다. 부동산시장의 장기 침체에 대비해 시장반응에 따라 발 빠르게 분양가격과

[표 8] 부동산개발회사의 지역별 분포

기업명	진출한 도시 수	매입제한 정책대상 도시 수	매입제한 도시비율	1선 대도시 매출	1선 대도시 매출 점유비
헝따띠찬(恒大地産)	103	34	33.0%		
뤼띠그룹(綠地集團)	54	23	42.6%		
완커그룹(萬科集團)	46	33	71.7%	287.2	23.6%
삐궤이웬(碧桂園)	44	10	22.7%		
바오리띠찬(保利地産)	40	21	52.5%	213.2	29.1%
스마오띠찬(世茂地産)	40	20	50.0%		
뤼청그룹(綠城集團)	39	19	48.7%		
중하이띠찬(中海地産)	35	28	80.0%		
화룬쯔띠(華潤置地)	35	27	77.1%		20.2%
진띠그룹(金地集團)	19	16	84.2%		
위엔양띠찬(遠洋地産)	19	15	78.9%	97.0	35.9%
야쥐러(雅居樂)	18	9	50.0%		
룽후띠찬(龍湖地産)	14	11	78.6%		
푸리띠찬(富利地産)	13	12	92.3%		

*자료: 각 기업 사업보고서/반기보고서 공개 자료

**주: 삐궤이웬, 뤼청그룹은 2011년도 실적, 나머지 기업은 2010년도 실적

구조를 조정한 기업은 본격적인 가격경쟁이 시작되기 전에 자금을 회수해 손실을 최소화했다. 2011년 10월 시장거래가 한층 더 침체되기 전 룽후(龍湖)는 화동지역을 정리하는 전략을 구사했다. 상하이 뤄청(酈城)과 하오왕산(好望山) 및 항저우 샹티시안(香醍溪岸) 등 3개 단지에서 1주일 만에 20억 위안을 분양해 1년 전체 실적 향상의 기반을 마련했다. 완커와 헝따, 바오리, 중하이 역시 연말이 다가오기 전 전국 각지에서 분양가격을 인하해 적체된 분양물건을 해소함으로써 연도 실적의 성장폭을 확보했다.

4. 기업의 토지비축전략: 신중

1) 대기업은 신중하게 혹한 준비, 2선 및 3선 도시 진출전략 수립

분양대금 회수가 주춤해지고 미분량 물량이 늘어나며 재원마련경로가 줄어들자 부동산 산업의 엄동설한이 시작되었다. 연말에 이르자 완커와 헝따, 완다 등 대표적 대기업들은 시장의 조정국면이 장기화되면서 신중하게 관망하는 자세로 돌아서 토지매입의 속도를 늦췄지만 시장의 기회를 예의주시했다.

완커가 가장 먼저 '혹한론'을 제기해 3분기 보고서에서 '놓치는 한이 있어도 잘못된 선택은 하지 않겠다'는 신중한 토지매입원칙을 지킬 것이라고 밝혔다. 다만 토지시장의 조정이 지속될 것으로 보이는 상황에서 경영의 안정성을 확보하는 전제 아래 합리적인 투자기회를 주시하겠다는 여지를 남겼다. 이런 원칙을 견지하면서 완커는 지난 11월 상하이와 주하이, 구이양 등 3곳에서 토지를 매입했지만 완커의 몫으로 돌아오는 건축면적은 54.051만㎡에 불과해 토지매입대가로 12.25억 위안만 지불했다.

2011년 11월 헝따띠찬(恒大地産)의 쉬자인(許家印) 대표는 앞으로 수개월 동안 헝따는 새로운 토지를 매입하지 않을 방침이라고 밝혔다. 그러나 매출실적이 향상되자 헝따는 사업실적을 발표한 자료에서 '적당량을 보충'하는 원칙을 지켜 장기적으로 지속가능한 성장을 도모할 것이라고 밝혔다. 결국 2011년 한 해 동안 헝따는 상당 수량의 토지를 매입해 2011년 신규로 매입한 토지비축규모가 4,086만㎡에 달해 다른 대표적인 개발회사가 확보한 전체 토지물량에 근접하거나 초과했다.

2012년 초 뤼띠그룹(綠地集團) 대표는 언론 인터뷰에서 뤼띠는 리스크를 통제한다는 전제하에 적극적이면서 신중한 토지매입전략을 실시하겠다고 밝혔다. 각지의 시장 동향에 따라 조건이 훌륭한 토지를 선별적으로 매입하고 비탄력적 수요가 강한 성장잠재력이 있는 지역으로 진출할 것이라고 말했다.

이처럼 업계를 대표하는 대기업들이 '신중하게 혹한에 대비하겠다'는 전략을 발표한 배후에는 두 가지 정보가 있다. 먼저 최근 몇 년 동안 빠르게 확장하는 동안 대기업 개발회사들은 향후 3~5년 동안 매출 성장을 보장할 수 있는 충분한 토지를 확보했고, 둘째 시장규제로 인해 대형 개발회사들의 자금리스크가 커졌지만 이는 동시에 토지시장에서 적당한 기회를 가져올 수 있다.

2011년 대형 개발회사들이 '신중하게 혹한에 대비'하면서도 중소도시로 진출하는 전략을 멈추지 않았다. 대형 개발회사들의 향후 전략은 부동산시장의 발전단계를 따라가고 있다. 1선, 2선 도시는 수년 동안 발전을 거듭해 이미 포화상태에 이르렀고 가격 상승에 대한 기대치가 이미 현실에 반영된 상태이다. 게다가 강도 높은 규제 정책이 앞을 가로막고 있다. 이에 반해 중서부 지역의 2선 도시나 동부지역 3, 4선 도시는 도시화를 시작하는 단계라 더 많은 개발이 필요하고 가격 상승에 대한 가능성이 크다. 토지시장도 기회가 많고 정책환경도 상대적으로 관대한편이다.

[표 9] 대형 개발회사의 토지비축규모

기 업 명	토지비축규모[3)](만㎡)
완커그룹(萬科集團)	3,581(2011년 3분기 현재)
헝따띠찬(恒大地産)	13,670(2011년 말 현재)
바오리띠찬(保利地産)	6,102(2011년 3분기 현재)
중하이띠찬(中海地産)	3,661(2011년 2분기 현재)
삐궤이웬(碧桂園)	5,485(2011년 2분기 현재)
롱후그룹(龍湖集團)	3,325(2011년 2분기 현재)
화룬쯔띠(華潤置地)	2,610(2011년 3분기 현재)
스마오띠찬(世茂地産)	3,810(2011년 2분기 현재)
야쥐러(雅居樂)	3,144(2011년 말 현재)
뤼청그룹(綠城集團)	4,069(2011년 2분기 현재)

*자료: 각 기업 분기보고서/반기보고서/실적보고서 공개 자료

[표 10] 대형 개발회사의 2011년 신규 진입 지역

기 업 명	2011년 신규 진입 지역
완커그룹(萬科集團)	진중(晋中), 친황다오(秦皇島)
헝따띠찬(恒大地産)	둥관(東莞), 자싱(嘉興), 롄윈강(連雲港), 루안(六安), 우란하오터(烏蘭浩特), 우후(蕪湖)
뤼띠그룹(綠地集團)	하얼빈(哈尔滨),하이커우(海口), 충칭(重慶)
중하이띠찬(中海地産)	창사(長沙), 허페이(合肥), 란저우(蘭州), 난창(南昌), 난닝(南寧), 우한(武漢), 샤먼(廈門), 지린(吉林), 옌타이(煙臺)
바오리띠찬(保利地産)	구이양(貴陽), 허페이(合肥), 정저우(鄭州), 츠시(慈溪), 더양(德陽), 퉁화(通化), 스자좡(石家莊)
야쥐러(雅居樂)	시안(西安), 딩안(定安)
뤼청그룹(綠城集團)	선양(瀋陽), 라이우(萊蕪), 신양(信陽)
자오상띠찬(招商地産)	우한(武漢), 전장(鎭江), 비제(畢節)

2) 성장단계에 있는 기업은 확장과 진출

부동산시장이 하향세로 돌아서면서 기업들은 대부분 비관적이거나 신중한 관망세로 돌아섰지만 일부 실적이 성장단계에 있는 기업은 적극적으로 토지를 매입해 시장흐름에 역행하는 모습을 보였다. 자오상띠찬(招商地産)과 룽촹차이나(融創中國)가 대표적으로 2011년 매출액이 큰 폭으로 상승하자 적극적으로 토지를 매입했다.

3) 건축계획면적 기준

룽촹차이나는 이미 진출한 지역에서 공을 들였다. 상반기에 41.9억 위안을 투자해 톈진과 충칭에서 5곳의 주거용지를 매입했다. 9월 16일에는 바오리띠찬과 함께 29.9억 위안으로 톈진시 핵심지역에서 총 건축면적이 32만㎡에 달하는 주거 및 상업금융용지를 확보했는데 시장의 예상보다 낮은 가격이었다. 12월 16일에는 다시 팡싱띠찬(方興地産)과 손잡고 30.67억 위안으로 베이징시 차오양구(朝陽區) 라이광잉(來廣營)에서 주거 및 금융용지를 매입했다. 해당 토지는2011년 베이징 토지공개시장에서 조건이 가장 훌륭하다고 손꼽히는 지역이었다. 실제 거래된 건축면적당 토지가격은 10,807위안/㎡으로 시장의 예상보다 낮았다.

자오상띠찬(招商地産)은 대대적으로 각지로 진출해 과거의 명성을 되찾고자 노력했다. 2012년 2월까지 96억 위안을 투자해 8개 지역에서 15건을 매입했고 전체 건축면적이 300만㎡를 넘겼다.

[표 11] 자오상띠찬 2011년 토지매입현황

매입시기	지 역	건수	지 분	건축면적(만㎡)	토지가격 (억 위안)
2011년 1월	푸산(佛山)	1	100%	8.92	6.0
2011년 4월	우한(武漢)	1	100%	4.39(토지면적)	4.1
2011년 5월	전장(鎭江)	2	100%	55	30.1
2011년 7월	선전(深圳)	1	100%	15.8	2.5
2011년 12월	우한(武漢)	3	100%	109.52	34.1
2011년 12월	칭다오(靑島)	4	100%	29.46	2.9
2012년 1월	비제(畢節)	2	100%	71.73	3.3
2012년 2월	베이징(北京)	1	50%	18.93	23.7
합 계		15			94.9

3) 홍콩계 기업 대거 진입, 토지시장 바닥세

중국 국내 대형 개발회사들이 토지매입을 줄이겠다고 밝힌 것과 대조적으로 3분기부터 창장스예(長江實業)와 허찌황푸(和記黃埔), 신스지파잔(新世界發展), 자리건설(嘉里建設), 헝룽(恒隆), 루이안그룹(瑞安集團), 런헝쯔띠(仁恒置地) 등 7개 홍콩계 개발회사가 국내 상업용지를 매입했다. 총 투자금액은 150억 위안이었다.

9월 헝룽띠찬(恒隆地産)은 43.97억 위안으로 쿤밍시 정부 소유의 상업용지 2건을 매입해 쿤밍시에서 올해 전체가격이 가장 비싼 땅이 되었다.

10월 런헝쯔띠(仁恒置地)는 다른 두 기업과 손잡고 30억 위안을 투자, 주하이시의 상업용지 2건을 매입해 주하이시에서 올해 단위면적이 가장 비싼 땅값을 기록했다. 또 자리건설(嘉里建設)은 4.55억 위안으로 푸젠성 푸톈(莆田)지역의 상업용지 1건을 매입했다.

11월 허찌황푸(和記黃埔)는 8억 위안을 투자해 푸산시 난좡생태구의 상업 및 주거용지를 낙찰받았고 루이안그룹(瑞安集團)은 31.98억 위안을 투자해 난징시에서 2011년 덩치가 가장 컸던 기린과학기술원(麒麟科技園)의 상업 및 주거용지를 얻었다.

12월에는 창장스예(長江實業)와 허찌황푸(和記黃埔)가 19억 위안으로 다롄시 시강(西崗)지역에서 상업용지 1건을 확보했고, 신스지파잔(新世界發展)은 14억 홍콩달러를 투입해 상하이실업(上海實業) 자회사가 보유하고 있던 칭다오 필지에 대한 지분 50%를 인수했다.

상술한 토지는 모두 경제성장속도가 빠르고 소비력이 막강하며 관광자원은 부족한 2선 도시이다. 시장동향 파악과 상업용 토지운영에 경험이 풍부한 홍콩계 기업이 대거 중국 국내시장에 진출한 이유를 살펴보면 부동산시장 규제로 인한 가격적인 장점 외에도 장기적으로 국내 부동산시장의 잠재력을 높게 평가했기 때문이다.

4) 개발회사들이 연합해 혹한을 이겨낼 준비

2011년 엄격한 부동산 규제와 시장경쟁 속에서 개발회사들은 '경쟁'

에서 '경쟁적 협력'으로 돌아서 공동으로 토지를 매입했다. 이는 시장리스크를 분산시키고 자금부족문제를 해결하기 위한 선택이었다. 또 개발회사들의 규모 확장을 위해서도 필요했고 토지획득을 통해 향후 개발이익을 얻고 회사 자산을 합리적으로 배분해 혹한을 이겨내기 위해서였다.

베이징의 경우 2011년 한 해 동안 공개시장에서 거래된 주택용지 60건 가운데 17건(3, 4분기에 6건과 5건이 집중)을 기업 공동으로 낙찰받았으며 30%를 차지했다. 특히 2011년에 출양한 10억 위안 이상의 주택용지 14건 가운데 11건을 기업 공동으로 낙찰받아 개발회사들의 공동연합현상이 두드러졌다.

5. 기업전략의 전환: 가속화

2010년은 토지개발업계의 전환기로 많은 부동산개발회사들이 전략적 방향과 운영방침을 조정했다. 이어서 2011년에는 강력한 규제정책과 함께 시장환경이 냉각되었고 부동산개발회사들은 전환 속도를 높여 업계의 새로운 성장동력을 분석했고 새로운 분야로 진출해 난국을 극복할 돌파구를 모색했다.

1) 상업용 부동산에 대한 투자 확대

선진국의 부동산 산업 발전 경험을 참고해 대형 개발회사들은 상업용 부동산에 진출하기 시작했고 보유형 부동산에 대한 투자를 확대했다. 상품주택에 대한 규제가 엄격해지자 이런 움직임은 더욱 빨라졌다. 주택개발분야에 주력하겠다고 여러 차례 천명했던 완커그룹 역시 2009년 말부터 상업용 부동산에 진출하겠다고 선언했고 현재 완커는 선전과 상하이, 둥관, 시안, 베이징에서 상업용 주상복합사업을 추진해 투자금액이 200억 위안을 넘어섰다.

국내 부동산업계 매출순위 20대 기업은 대부분 상업용 부동산 운영과 주택개발을 병행하는 전략을 수립했지만 구체적인 방향은 각자 조금씩 다르다. 뻬궤이웬과 헝따띠찬은 상업용 부동산 분야에서 호텔운영에 주력하고 있다. 뻬궤이웬의 경우 2011년 말 현재 27개 고급호텔을 보유하고 있고 영업수입은 총 8.0억 위안에 달해 동기 대비 69.8% 성장했다.

푸리와 위엔양, 중량, 바오리 등 기업들은 홍콩 개발회사들의 경험을 참고해 도시 핵심지역에 있는 호텔과 대형쇼핑몰, 오피스를 보유하고 분양하는 사업에 주력했다. 푸리쇼핑몰(Viva, 富力廣場)과 따위에청(Joy City, 大悅城), 바오리국제플라자(保利國際廣場) 등은 이미 시장에서 지명도가 높다.

화룬과 롱후는 각 지역에서 출양하는 토지가 외곽에 위치하고 기능이 복합적인 특징을 감안해 '도시복합단지'라는 개념을 만들었다. 즉, 주택과 비즈니스, 사무 및 교통시설까지 포함한 다양한 형태를 유기적으로 결합시킨 것이다. 또 다양한 공공시설을 통해 주택의 기반시설을 확충했고 주택분양을 통해 상업용 부동산의 임대를 촉진하는 방식이다. 화룬우차이청(華潤五彩城)과 완샹청(萬象城), 롱후톈지에(龍湖天街) 등이 대표적 브랜드다. 2011년 주택분양이 저조한 상황에서 충칭과 청두, 베이징 등 5개 지역에 진출한 '톈지에'를 통해 롱후그룹(龍湖集團)은 85억 위안의 매출을 창출했다.

그러나 금융시장의 재원조달방식이 단조로운 상황에서 기업경영 측면에서 보면 주택을 분양하던 방식에서 상업용 부동산을 보유하는 방식으로 전환할 경우 리스크가 따른다. 기업의 향후 현금흐름 안정과 고정적인 임대수익을 기대할 수 있지만 자금이 묶이게 되어 기업 전체의 회전율이 낮아지고 순자산수익이 줄어들어 기업의 단기경영에 일정 부분 리스크로 작용하기 때문이다. 현재 상업용 부동산을 확대하고 있는 중량띠찬(中糧地産)과 푸리띠찬(富利地産)의 경우 부채와 현금흐름에 대한 부담이 커졌다. 때문에 국내 부동산개발회사들의 발전단계와 재원조달능력의 한계로 인해 상업용 부동산 진출을 순차적으로 진행하고 주택개발규모와 균형을 맞추어야 한다.

2) 관광용 부동산 진출

부동산은 엄격하게 규제한 반면 12차 5개년 계획에서 관광산업을 '산업구조조정 지도목록' 중 장려형 산업으로 지정하는 상대적인 특성과 함께 중국 관광산업이 급속하게 성장하는 추세를 고려해 국내 대형 개발회사와 산업자본이 관광용 부동산 개발로 눈을 돌리고 있다.

완다그룹(萬達集團)은 관광용 부동산의 절대적 비중을 차지해 2007년부터 관광산업 발전을 그룹의 향후 10년 내지 20년을 겨냥한 주요 전략으로 선정했다. 또한 관광용 부동산을 새로운 성장동력으로 삼고 상업용 부동산과 함께 추진해왔다. 2008년부터 지금까지 완다그룹은 총 1,700억 위안을 투자해 관광용 부동산을 개발했다. 대표적인 사례로 백두산국제관광리조트(長白山國際旅游度假區) 개발회사업은 국내에서 유일하게 1회 투자금액이 200억 위안을 초과했고 다롄 진스국제관광리조트(金石國際旅游度假區) 개발회사업은 총 투자금액이 500억 위안이었다. 백두산국제관광리조트의 경우 2011년부터 선분양을 시작했고 다롄 진스국제관광리조트는 공사를 시작했다.

룽후띠찬 역시 관광용 부동산에 대거 진출했다. 2011년 3월 23일 룽후띠찬은 베이징에서 리조트 상품 발표회를 열고 '중국 여가문화의 새로운 전기 마련'이란 주제로 산과 바다, 호수를 배경으로 하는 리조트인 청두의 샤오웬칭청(Jade Town, 小院青城)과 옌타이 푸티하이완(Banyan Bay, 葡醍海灣), 위시 셴후진시우(仙湖錦繡) 등 세 곳의 건설계획을 발표했다. 이는 룽후띠찬의 향후 전략을 보여준다. 2011년 7월 30일 옌타이 푸티하이완이 처음으로 분양을 시작했는데 분양 첫날

옌타이 부동산시장에서 최단시간에 분양 완료와 가장 높은 분양가격, 가장 큰 분양규모 등 여러 가지 신기록을 수립했다.

푸리띠찬(富利地産)은 하이난 지역을 공략했다. 푸리띠찬은 독특한 안목으로 하이난다오 지역의 관광자원을 선점해 2006년부터 진출했다. 2011년 말 푸리띠잔은 하이난에서 2만 묘(畝) 이상 규모의 토지를 매입했고 건축면적이 200만㎡가 넘었다. 하이난다오 외에도 다른 지역에서 관광용 부동산에 진출했는데 룽먼 용한온천생태리조트(永漢溫泉生態旅游度假區) 사업이 대표적인 사례다.

앞서 소개한 기업 외에도 스마오와 야쥐러, 헝따띠찬, 바오리그룹 등 대기업 역시 관광용 부동산에 진출해 2011년 말 현재 스마오띠찬의 경우 총 28개 사업을 추진하고 있고 헝따띠찬은 토지비축 가운데 약 20%가 관광용 부지다.

3) 보장성 주택건설에 참여

12차 5개년 계획에 따르면 2011년부터 5년 동안 전국적으로 보장성 주택을 약 3,600만 채 이상 보급할 예정이다. 그 가운데 대부분은 신축 형식으로 보급된다. 지방정부 입장에서 보면 재원마련 부담을 줄이고 공급속도를 앞당길 수 있어 개발회사들이 보장성 주택건설에 참여하는 것을 반기고 있다. 현재 완커그룹과 헝따띠찬, 뤄띠그룹, 룽후그룹, 위엔양띠찬 등 일부 대기업이 대규모 보장성 주택건설에 참여하고 있다.

민생사업이기 때문에 보장성 주택은 수익이 적어 기업의 적극적인 참여를 유도할 매력이 적다. 하지만 중앙정부나 지방정부 모두 대출지원이나 토지정책의 혜택, 다른 분야에서 보상 등 일정한 인센티브 시스템을 마련했다. 때문에 기업들은 토지매입 후 일정 부분 의무건설 말고도 재원조달방식을 확대하고 정부와 관계를 돈독하게 만들기 위해 보장성 주택건설에 참여하고 있다. 그밖에도 진오우그룹(金隅集團)이나 중젠띠찬(中建地産) 등 건축시공업무를 포함하고 있거나 전체 수익률 향상을 겨냥해 참여하는 기업도 있다.

4) 다원화된 경영노선 개척

2009년과 2010년에는 부동산이 본업이 아닌 중앙국유기업과 온라인 쇼핑, 식품기업까지도 대거 진출했던 상황과 대조적으로 2011년부터는 부동산개발을 본업으로 하는 기업들이 다른 업종에 진출했다. 반대로 부동산업이 본업이 아닌 기업들은 개발회사업을 줄이거나 시장에서 손을 뗐다.

① 일부 부동산개발회사는 시장을 떠났다. 2011년 베이징에서만 217개 외자부동산기업이 시장에서 철수했고 총 473개 부동산기업이 폐업을 신고했다. 일부 핵심지역에서도 개발회사가 부동산시장에서 철수해 2011년 말 현재 수에징팡(水井坊), 홍다주식유한공사(宏達股份), 헝순그룹(恒順集團) 등 16개 기업이 철수했다.

② 광산에너지자원 분야에 진출했다. 톈예주식유한공사(天業股份), 두어룬주식유한공사(多倫股份), 중홍주식유한공사(中弘股份) 등 많은 A주 상장사들이 진출했다.

③ 부동산기업이 산업용 부동산을 개척했다. 리엔샹그룹(Lenovo)은 산업용 부동산 업무를 전국 범위로 확대해 쿤밍과 난창, 난닝, 장저우 등지에서 산업단지를 건설해 산업과 부동산을 결합한 새로운 방식을 시도했다. 완통띠찬(萬通地産)은 TCL와 손잡고 산업용 부동산에 진출, 공동으로 산업단지투자회사를 설립했다. 위엔양띠찬 역시 산업용 부동산을 향후 중점적으로 추진할 신규업무로 확정하고 베이징과 다롄, 허베이성 랑팡시(廊坊市)에서 대형 산업용 부동산 사업을 시작했다. 스마오그룹은 난징시 하이샤청(海峽城) 산업단지에 거액을 투자했다.

뤼띠그룹은 정저우에서 130억 위안 규모의 뤼띠빈호(綠地濱湖) 국제지역본부경제 산업단지 사업을 체결했고, 2011년 말 저장성 광샤주식유한공사(廣廈股份)는 120억 위안을 투자해 황이산석유중계비축사업(黃澤山石油中轉儲運項目) 1기 공정을 착공했다. 셔우두 개발(首都開發)은 칭다오에 상업지구를 개발해 자원과 산업, 부동산을 결합한 발전방향을 확정했다.

PART 3

금융 편

2011년 부동산 투자와 재원조달 현황

딩싱차오[1)]

개요 여기에서는 다양한 각도의 관련 자료를 이용해 2011년 부동산 산업의 투자와 재원조달 현황을 분석했다. 2011년에는 부동산투자 증가율이 둔화되고 재원조달 방식을 개선해 과도하게 은행대출에 의존하던 국면이 달라졌다. 또 보장성 주택의 재원조달 현황과 문제점을 분석한 결과 재원조달이 어렵고 재원조달 경로가 단일한 문제점이 여전히 보장성 주택건설을 가로막는 최대 문제였다.

■ 키워드: 부동산, 재원조달, 추세

1. 2011년 부동산 투자

2011년에는 부동산 규제 정책의 성과를 확대하고 부동산시장이 이성을 회복하도록 만들기 위해 중국 정부는 규제수준을 높여 행정과 경제적 수단을 종합적으로 동원했다. 주택매입제한과 가격제한 정책을 통해 비합리적인 수요를 억제하는 한편 적극적으로 보장성 주택건설을 추진해 공급을 늘렸다. 그 결과 부동산시장에서 가시적인 효과를 거둘 수 있었다. 2011년 부동산투자와 주택투자는 증가 폭이 다소 둔화되었고 투자구조가 변모했다. 지역적인 분포를 보면 전국을 동부와 중부, 서부 등 3개 지역으로 구분한 결과 각 지역의 부동산투자는 모두 하락했지만 지역마다 명확한 차별성을 보였다.

---

1) 딩싱차오(丁興橋): 중국 사회과학원대학원 도시발전과, 연구생. 연구방향은 도시경제학, 토지 및 부동산 개발 관리

1) 부동산 개발투자와 주택투자 증가율은 하락세

2011년 부동산 개발투자 금액은 약 61,740억 위안으로 동기 대비 27.9% 증가해 증가율이 2010년에 비해 5.3%p 낮았다. 또 같은 기간 도시 고정자산 투자의 증가율보다 2.8%p 높아 도시고정자산투자에서 차지하는 비중이 0.5%p 상승했다. 그 가운데 주택투자가 44,308억 위안으로 동기 대비 30.2% 늘어 같은 기간 부동산투자 증가율보다 2.3%p 높았으나 증가율은 동기 대비 2.6%p 하락했다(표 1 참조). 2011년 부동산 증가율을 보면 주택투자가 차지한 비중이 상승했다. 주택투자 증가율은 1월을 제외하면 부동산 개발투자 증가율보다 평균 2.6%p 이상 높아 2010년 부동산 개발투자 증가율이 주택투자 증가율보다 높았던

[표 1] 1998~2011년 전국 도시 고정자산 투자, 부동산투자 및 성장률

(단위: 억 위안, %)

연 도	도시고정자산 투자금액	부동산개발 투자금액	#주택투자 금액	도시고정자산 투자증가율	부동산개발 투자증가율	주택투자 증가율	부동산개발 투자비중
1998	22,491	3,614	2,082				16.1
1999	23,732	4,103	2,638	5.5	13.5	26.8	17.3
2000	26,222	4,984	3,312	10.5	21.5	25.5	19.0
2001	30,001	6,344	4,217	14.4	27.3	27.3	21.2
2002	35,489	7,791	5,228	18.3	22.8	24.0	22.0
2003	45,812	10,154	6,777	29.1	30.3	29.6	22.2
2004	59,028	13,158	8,837	28.9	29.6	30.4	22.3
2005	75,095	15,909	10,861	27.2	20.9	22.9	21.2
2006	93,369	19,423	13,638	24.3	22.1	25.6	20.8
2007	117465	25289	18005	25.8	30.2	32.0	21.5
2008	148738	31203	22441	26.6	23.4	24.6	21.0
2009	193920	36242	25614	30.4	16.2	14.1	18.7
2010	241431	48259	34026	24.5	33.2	32.8	20.0
2011	301933	61740	44308	25.1	27.9	30.2	20.5

현상을 뒤집었다. 경제실용 주택투자의 증가율은 기복이 커서 1월부터 3월까지 2010년 하반기부터 지속되었던 마이너스 성장세를 뒤집었다. 1월부터 4월까지 최대 14%를 기록했고 그 이후에는 증가 폭이 점차 줄어들었다. 오피스투자의 증가율은 1분기에는 하락세를 보였지만 2분기부터 상승했고 상업용 및 업무용 빌딩 투자 증가율은 하락세를 보였고 하락폭이 35~40%를 오갔다.

2) 부동산투자에서 주택투자 비중 상승

부동산투자에서 주택투자가 차지하는 비중은 동기 대비 1.3%p 상승해 6년 연속 70%를 넘었다. 그 가운데 90㎡ 이하 주택과 별장 및 고급아

[표 2] 1998~2011년 전국 부동산개발 투자 현황

(단위: %)

연도	주택투자 금액	세부분야				오피스 투자	상업용 및 업무용 빌딩 투자	기타
		#90㎡ 이하 주택	#140㎡ 이하 주택	#경제 실용주택	#별장, 고급아파트			
1998	57.6	-	-	7.5	5.0	12.0	13.2	17.2
1999	64.3	-	-	10.7	4.4	8.3	11.8	15.6
2000	66.5	-	-	10.9	5.4	6.0	11.6	15.9
2001	66.5	-	-	9.5	5.8	4.9	11.9	16.8
2002	67.1	-	-	7.6	6.6	4.9	12.0	16.0
2003	66.7	-	-	6.1	6.2	5.0	12.8	15.4
2004	67.2	-	-	4.6	8.2	5.0	13.1	14.8
2005	68.3	-	-	3.3	6.6	4.8	12.8	14.1
2006	70.2	-	-	3.6	7.4	4.8	12.1	12.9
2007	71.2	16.6	-	3.2	7.1	4.1	11.0	13.7
2008	71.9	20.9	12.2	3.1	6.5	3.7	10.8	13.6
2009	70.7	23.0	14.3	3.1	5.7	3.8	11.5	14.0
2010	70.5	22.1	13.7	3.7	5.9	3.7	11.7	14.0
2011	71.8	22.1	14.7	1.8	5.5	4.1	11.9	12.2

파트의 비중은 각각 22.1%와 5.5%를 기록해 변화가 크지 않았다. 140㎡ 이상 주택의 비중은 14.7%로 1%p 상승했다. 반면 경제실용주택의 비중은 1.8%로 1.9%p 하락했다. 1998년부터 2011년까지 부동산기업의 개발투자에서 주택투자가 차지한 비중은 대체로 상승했다. 그 가운데 경제실용 주택투자의 비중은 2000년부터 계속해서 하락했고 2011년에는 사상 최저점인 1.8%를 기록했다. 빌라와 고급아파트 비중은 U형 변화를 보여 2004년 8.2%로 최고점을 기록했다. 오피스투자의 비중 역시 하락세를 보였다. 1998년부터 2001년 사이에 하락세가 두드러졌고 2008년과 2010년이 가장 낮아 3.7%를 기록했다. 상업용 및 업무용 빌딩의 투자 비중은 상대적으로 안정적이어서 12% 수준을 오갔다(표 2 참조). 2011년 부동산 개발투자 가운데 주택투자의 비중은 매월 상승세를 보였고 90㎡ 이하 주택의 비중이 상승했다. 경제실용주택 비중은 1.7~1.8% 사이를 오갔다. 140㎡ 이상의 주택과 빌라, 고급아파트의 비중은 하락세를 보였고 오피스와 상업용 및 업무용 빌딩의 비중은 변화가 없어 각각 4.0~4.1%와 11.9~12.0% 수준을 유지했다(표 3 참조).

최근 들어 특히 2011년부터 시작된 일련의 부동산 규제정책이 점차 가시적인 효과를 거두면서 부동산시장의 과열국면은 진정되었다. 일반주택시장에 대한 정부 규제로 인해 시장은 이성적인 방향으로 선회했다. 하지만 정부가 경제실용주택을 포함한 보장성 주택건설에 대한 지원강도를 높였어도 여전히 부족했고 주택보장체계 역시 미흡한 부분이 많았고 관련 정책을 더욱 강도 높게 집행해야 할 필요성이 있었다. 정부는 관련 정책을 개선해 부동산 개발회사가 중저가, 중소형 주택을 더욱 적극적으로 투자하도록 독려해야 한다.

[표 3] 2011년 전국 부동산기업 투자 현황

(단위: %)

기간	주택	세부분야				오피스	상업용 및 업무용 빌딩	기타
		90㎡ 이하 주택	140㎡ 이상 주택	경제실용 주택	빌라, 고급 아파트			
1~2	70.9	21.2	16.5	1.4	7.5	4.5	11.9	12.6
1~3	70.7	20.4	15.7	1.7	6.9	4.1	12.0	13.3
1~4	71.2	20.7	15.3	1.8	6.2	4.1	11.6	13.2
1~5	70.9	20.9	14.9	1.8	6.0	4.0	11.7	13.4
1~6	71.0	21.2	14.5	1.8	5.7	4.1	12.0	12.9
1~7	71.5	21.5	14.5	1.7	5.6	4.0	11.9	12.5
1~8	71.8	21.7	14.6	1.7	5.6	4.0	11.9	12.3
1~9	71.9	21.9	14.6	1.7	5.6	3.9	11.9	12.3
1~10	71.8	22.0	14.4	1.8	5.5	4.1	11.9	12.3
1~11	71.8	22.0	14.6	1.8	5.6	4.1	11.9	12.1
1~12	71.8	22.1	14.7	1.8	5.5	4.1	11.9	12.2

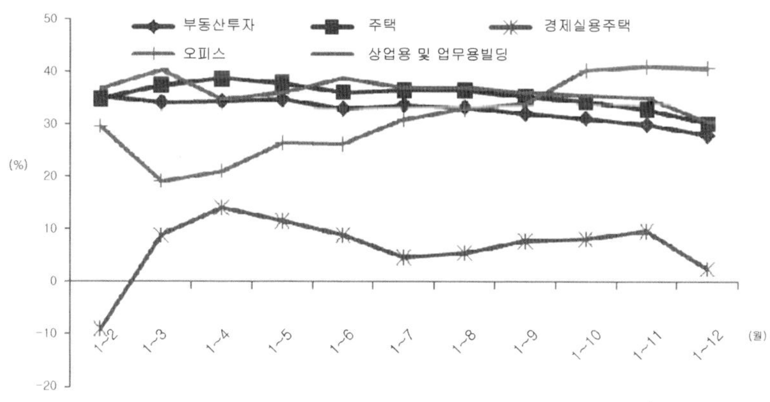

〈그림 1〉 2011년 전국 부동산투자 증가율

3) 지역별 투자 격차

2011년 동부와 중부, 서부 지역 부동산투자액은 각각 35,407억 위안과 13,197억 위안, 12,936억 위안으로 동기 대비 각각 27.1%와 25.5%, 32.8% 증가했다. 동부와 중부 지역의 증가율은 전국 평균 증가율에 못 미쳤고

서부지역의 경우 전국 평균보다 높았다. 동부와 중부, 서부 지역 등 각 지역의 투자 증가율은 2010년보다 각각 5.6%p와 6.9%p, 2.5%p 하락했다. 분기별로 보면 동부와 중부, 서부 지역의 부동산투자와 주택투자 증가율 역시 하락세를 보였지만 서부지역의 증가율은 전국 평균이나 동부, 중부 지역보다 높았다. 동부와 중부, 서부 지역의 경제실용 주택투자 증가율은 격차가 크고 하락세를 보였다(표 4 참조). 각 지역 부동산투자가 전체 부동산투자에서 차지하는 비중은 각각 57.7%와21.4%, 21.0%였다. 각 지역의 주택투자와 경제실용주택투자가 전체 주택투자와 경제실용 주택투자에서 차지하는 비중은 동부지역은 하락세를 보였고 중부와 서부 지역은 상승했다(표 5 참조). 지역별 격차가 줄어들긴 했지만 동부지역의 비중이 절대적으로 많은 현상은 바뀌지 않았다.

[표 4] 2011년 동부와 중부, 서부 지역 부동산투자 증가율

(단위: %)

구분	부동산투자				#주택투자				경제실용 주택투자			
지역	1~3월	1~6월	1~9월	1~12월	1~3월	1~6월	1~9월	1~12월	1~3월	1~6월	1~9월	1~12월
전국	34.1	32.9	32.0	27.9	37.4	36.1	35.2	30.2	8.8	8.9	7.7	2.5
동부	31.2	30.2	29.2	27.1	36.0	35.5	34.9	31.1	14.7	9.0	4.4	-2.4
중부	39.3	35.7	33.1	25.5	38.7	36.9	33.0	25.3	4.7	-5.7	5.7	3.7
서부	39.0	38.5	38.8	32.8	40.4	37.1	38.5	33.3	-3.5	24.5	18.2	14.0

[표 5] 2011년 동부와 중부, 서부 지역 부동산투자가 전체 투자에서 차지하는 비중

(단위: %)

구분	부동산투자				#주택투자				경제실용 주택투자			
지역	1~3월	1~6월	1~9월	1~12월	1~3월	1~6월	1~9월	1~12월	1~3월	1~6월	1~9월	1~12월
동부	61.8	58.8	57.6	57.7	61.2	58.3	57.2	56.9	61.8	56.1	53.0	53.3
중부	18.6	20.6	21.3	21.4	19.2	21.3	22.0	22.2	18.9	19.8	23.5	23.2
서부	19.6	20.6	21.1	21.0	19.7	20.5	20.8	20.9	19.3	24.1	23.5	23.5

각 성과 시의 경제실용 주택투자 증가율은 큰 격차를 보여 연초 1월부터 2월까지 증가율이 가장 컸던 지역은 간쑤(197.8%)와 허난(138.1%), 랴오닝(90.2%), 산동(38.2%), 산시(33.0%)였고 14개 지역에서는 마이너스 증가율을 보였다. 그 가운데 마이너스 폭이 20%를 넘긴 지역을 보면 신장(-87.0%)과 허베이(-79.5%), 베이징(-62.4%), 톈진(-61.6%), 쓰촨(-52.6%), 상하이(-42.4%), 후난(-42.2%), 장시(-36.3%) 순서였다. 1월부터 12월까지 동기 대비 투자증가율이 가장 높았던 5개 지역을 살펴보면 시짱 (476.7%)과 하이난(125.6%), 광둥(92.6%), 안후이(67.7%), 헤이룽장(65.9%) 순서였고 15개 지역에서는 마이너스 성장률을 기록했는데 20% 이상 하락한 지역은 장시(-83.2%)와 칭하이(-77.8%), 톈진(-53.1%), 후난(-31.7%), 닝샤(-28.5%), 산시(-27.2%)였다.

2. 2011년 부동산 재원조달

2011년에는 중국 정부가 가장 혹독한 규제정책을 시행해 부동산투자의 과열현상이 사라졌고 가파르게 상승하던 부동산가격은 억제되었으며 부동산시장이 침체되었고 부동산 재원조달은 어려움에 직면했으며 부동산 재원조달과 관련된 내부구조와 지역구조 모두 일정 정도 변화가 생겼다. 인민은행은 2011년 한 해 동안 3차례나 금리를 인상했고 6차례나 지급준비율을 인상했으며 긴축적인 통화정책으로 방향을 선회해 부동산의 재원조달은 더욱 어려워졌다. 공급을 늘리고 중저소득 계층의 주택에 대한 기본 수요를 충족하기 위해 은행대출은 보장성 주택에 대한 지원을 늘렸다.

1) 재원조달구조의 변화와 함께 자기조달자금 비중 상승

2011년 부동산개발회사는 총 83,246억 위안의 재원을 조달해 동기대비 14.1% 늘었지만 2010년에 비해 증가율이 12.1%p 하락했다. 그 가운데 국내대출이 12,564억 위안으로 2010과 비슷했고 외국자본은 814억 위안으로 2.9% 늘었다. 기업의 자기조달자금은 34,093억 위안으로 28.0% 늘었고 기타 자금은 35,775억 위안으로 8.6% 늘었다. 기타자금 가운데 계약금과 분양대금 선수금이 21,610억 위안으로 12.1% 늘었고 개인 모기지대출은 8,360억 위안으로 12.2% 감소했다.

[표 6] 1998~2011년 전국 부동산개발 자금구조 현황

(단위: 억 위안, %)

연도	자금소계	국내대출 비중	외자유치 비중	자기조달 비중	기타자금 비중	#계약금 및 분양대금 비중	#개인 모기지 대출비중
1997	3,817	23.9	12.1	25.5	38.1	-	-
1998	4,415	23.9	8.2	26.4	41.0	-	-
1999	4,796	23.2	5.4	28.0	43.0	-	-
2000	5,998	23.1	2.8	26.9	47.0	-	-
2001	7,696	22.0	1.8	28.4	47.7	-	-
2002	9,750	22.8	1.6	28.1	47.4	-	-
2003	13,197	23.8	1.3	28.6	46.3	38.7	-
2004	17,169	18.4	1.3	30.3	49.9	43.1	-
2005	21,398	18.3	1.2	32.7	47.8	36.6	-
2006	27,136	19.7	1.5	31.7	47.1	30.2	9.5
2007	37,478	18.7	1.7	31.4	48.2	28.5	13.1
2008	39,619	19.2	1.8	38.6	40.3	24.6	9.8
2009	57,799	19.7	0.8	31.1	48.5	28.1	14.8
2010	72,944	17.2	1.1	36.5	45.2	26.1	12.6
2011	83,246	15.1	1.0	41.0	43.0	26.0	10.0

부동산의 자금원 가운데 국내대출과 외국자본, 자기조달자금, 기타자금이 소계에서 차지하는 비중은 각각 15.1%와 1.0%, 41.0%, 43.0%였다. 부동산자금의 내부구조는 2010년의 추세를 이어받아 자기조달자금의 비중이 계속해서 상승해 2010년보다 4.5%p 늘었다. 자기조달자금 외에 국내대출과 외국자본, 기타자금의 비중은 각각 2.1%p와 0.1%p, 2.2%p 하락했다. 기타자금에서 개인 모기지대출의 비중은 2.6%p 떨어졌다(표 6 참조).

월별 통계를 보면 2011년 부동산개발자금은 전반적으로 증가세를 유지해 1~2월에는 16.3% 증가했고 1~12월 사이에는 동기 대비 14.8% 늘었다. 그러나 부동산개발자금의 내부구조는 격차가 컸다(1~6월의 경우). 외국자본과 자기조달자금이 큰 폭으로 늘어 각각 75.5%와 32.7% 증가했고 기타자금 가운데 계약금과 분양대금 선수금은 26.9% 늘었다. 반면 국내대출 증가율은 6.8%에 그쳤고 기타자금 가운데 개인 모기지대출은 마이너스를 기록해 -7.9%였다(표 7 참조).

[표 7] 2011년 전국 부동산개발자금 현황

(단위: %)

기간	자금 소계	국내대출	외국 자본유치	자기조달 자금	기타자금	#계약금 및 분양대금 선수금	#개인 모기지 대출
1~2	16.3	7.7	61.5	21.4	16.6	28.9	-11.3
1~3	18.6	4.4	45.2	27.2	18.7	28.7	-5.3
1~4	17.4	5.4	62.3	27.2	14.8	23.1	-6.8
1~5	18.5	4.6	57.3	30.9	14.6	23.3	-8.0
1~6	21.6	6.8	75.5	32.7	17.8	26.9	-7.9
1~7	23.1	6.4	65.8	34.0	20.4	29.1	-5.1
1~8	23.4	5.1	71.5	33.8	21.5	30.9	-4.2
1~9	22.7	3.7	50.1	33.5	20.7	29.3	-3.2
1~10	20.2	1.0	32.4	30.8	18.8	25.6	-4.9
1~11	19.0	1.2	16.6	30.6	16.2	20.7	-5.5
1~12	14.8	0.2	2.3	27.7	10.2	13.6	-12.2

2) 지역별 격차 축소, 동부 지역 비중 최대

2011년 동부와 중부, 서부 지역의 부동산자금은 각각 49,945억 위안과 15,985억 위안, 17,314억 위안으로 전체 재원에서 차지하는 비중이 각각 60.0%와 19.2%, 20.8%였다. 동부와 중부, 서부 지역의 부동산자금은 동기 대비 10.5%와 19.7%, 24.1% 늘었고 증가율을 보면 동부지역이 전국 평균보다 낮았고 중부와 서부지역은 전국 평균을 웃도는 흐름을 이어갔다. 지역별 격차는 다소 줄었지만 동부지역이 여전히 절대적으로 많은 비중을 차지했다. 전국적으로 부동산자금의 비중이 컸던 상위 5개 지역을 보면 장쑤(9.5%)와 광둥(8.3%), 저장(7.2%), 랴오닝(6.7%) 그리고 베이징(6.4%)으로 이 가운데 4곳이 동부에 몰려 있고 서부지역은 1곳이었다(표 8 참조).

[표 8] 2011년 중부 및 서부 지역 부동산개발자금 현황

(단위: %)

구분	자금원		국내대출		외국자본		자기조달자금		기타자금	
지역	비중	증가율	비중	증가율	비중	증가율	비중	증가율	비중	증가율
전국	100.0	14.8	100.0	0.2	100.0	2.3	100.0	27.7	100.0	10.2
동부	60.0	10.5	68.9	-2.1	65.7	-2.1	55.5	21.6	61.0	7.9
중부	19.2	19.7	13.6	4.2	17.0	21.2	23.0	31.9	17.6	11.2
서부	20.8	24.1	17.5	6.7	17.3	3.9	21.5	41.0	21.4	16.7

3) 은행대출 지원 감소, 주로 보장성 주택에 집중

부동산시장화 개혁을 추진한 후 부동산시장은 순조롭게 발전했고 부동산개발 역시 호황을 누렸다. 이렇게 부동산 산업이 고속성장을 유지할 수 있었던 주요 원인은 은행대출이었다. 부동산개발회사 개발대출과 최종적으로 분양대금, 즉 개발회사의 매출이 된 개인 모기지대출

이다. 오래 전부터 중국 부동산 산업은 은행대출에 과도하게 의존했는데 이런 재원조달 방식이 출연한 것은 중국 특수의 금융시장 환경 때문이었다. 어떤 의미에서 보면 합리적이지만 일정 부분 리스크를 갖고 있다. 부동산금융리스크를 억제하고 부동산금융의 건전한 발전을 도모하기 위해 인민은행과 은행관리감독위원회는 「주택금융업무 규범화에 관한 통지」(2001년)와 「부동산 신용대출 업무관리 강화에 관한 통지」(2003년), 「상업성 부동산 신용대출 관리 강화에 관한 통지」(2007년), 「상업용 부동산 신용대출 관리강화에 관한 추가 통지」(2007년) 등을 발표했다. 그러나 부동산시장이 고속성장을 유지했고 부동산대출수입이 안정적이며 수익률 역시 높았기 때문에 금융시장에서 최대 자금공급책인 은행은 적극적으로 부동산대출을 제공했고 부동산 산업은 줄곧 은행대출에 의존했다.

그러나 2011년 주택매입 제한정책을 비롯한 혹독한 부동산 규제정책을 시행하자 과열되있던 부동산투자 열기가 식었고 치솟던 부동산 가격 역시 안정세를 찾았다. 그러나 시장은 더 큰 불확실성에 직면했고 부동산 관련 은행대출이 줄었다. 전국 금융기관의 각종 위안화 대출잔액은 54.79조 위안으로 동기 대비 15.8% 증가해 7.47조 위안이 늘었다. 반면 부동산대출 잔액은 10.73조 위안으로 19.6%를 차지해 동기 대비 13.9% 늘었다. 2010년 말에 비하면 13.5 %p 줄어든 것으로 같은 기간 위안화대출 증가율보다 1.9%p 낮았다. 그 가운데 토지개발 대출잔액은 7,680억 위안으로 동기 대비 7.9% 하락했고 부동산개발 대출잔액은 2.72조 위안으로 동기 대비 17.1% 늘었지만 전년도 말에 비하면 5.9%p 낮았다.[2)]

중국 정부는 국민들의 주거환경을 개선하고 특히 중산층 및 저소득자의 주거환경을 개선하기 위해 최근 몇 년 동안 보장성 주택건설을 확대했

---

2) 「2011년 금융기관대출방향 통계보고」, 중국 인민은행 홈페이지(www.pbc.gov.cn)

다. 2011년에 1,000만 채를 착공했고 12차 5개년 계획 기간에 총 3,600만 채를 건설할 계획이다. 이를 위해 인민은행은 '경제실용주택개발대출 관리방법'(2008년)과 '저가 임대주택건설 대출 관리방법'(2008년) 등 관련 정책을 발표해 보장성 주택건설에 대한 대출지원을 강화했다. 2011년 말 현재 보장성 주택개발 대출 잔액은 3,499억 위안으로 전국적으로 1,751억 위안 늘었고 같은 기간 부동산 개발대출 증가분의 50.1%를 차지해 연초보다 31.7%p 증가했다.[3] 부동산 신규대출의 절반 이상이 보장성 주택건설에 투입된 것은 부동산 개발대출의 축소를 의미한다. 또 어쩔 수 없이 은행대출에 대한 의존도를 낮추게 된 현실을 말해주기도 한다.

부동산 산업의 재원을 조달하는 과정에서 은행대출에 대한 의존도가 줄어든 것은 은행이 리스크를 회피하기 위해 자발적으로 축소한 결과라고 볼 수 있다. 구체적인 원인을 살펴보면 먼저 은행대출 업무 자체를 축소한 결과 부동산에 대한 대출도 감소했다. 인플레이션에 대응하기 위해 은행은 대출을 줄였고 한 해 동안 지급준비율을 6차례나 인상함으로써(표 9 참조) 1.8조 위안에 해당하는 자금을 동결한 효과를 가져왔다. 은행의 대출정책 역시 긴축으로 돌아서 은행대출에서 가장 많은 비중을 차지했던 부동산대출 역시 영향을 받았다.

둘째, 은행이 부동산 산업의 리스크를 회피하기 위해 부동산 산업에 대한 대출이 줄었다. 2011년 주택매입제한을 포함한 가장 엄격한 규제정책을 실시했고 정책효과가 뚜렷해 부동산개발회사는 주택가격 하락과 자금난, 부채비율 상승 등 일련의 문제에 직면했다. 때문에 은행이 부동산개발회사에 대출해줄 경우 리스크가 커졌고 전체 대출한도가 줄어든 상황에서 부동산 산업에 대한 대출한도를 크게 줄였다.

셋째, 개인 모기지대출이 큰 폭으로 줄었다. 2011년 차별화된 대출정

---

3) 「2011년 금융기관대출방향 통계보고」, 중국 인민은행 홈페이지(www.pbc.gov.cn)

책을 실시해 1가구 3주택 및 그 이상의 주택매입에 대한 대출을 잠정 중단하고 1년 이상 현지 납세증명이 없거나 사회보험 납부증명이 없는 외지 주민의 주택매입대출을 잠정 중단했으며 첫 번째 상품주택을 매입할 경우 대출에 대한 최초상환금 비율을 30% 이상으로 인상했고 두 번째 주택을 매입하는 가구에 대해서는 최초상환금 비율을 50% 이상, 대출금리도 기준금리의 1.1배 이상인 기준을 엄격하게 적용했다.[4] 그밖에도 2011년 한 해 동안 3차례나 은행 예금 및 대출 기준금리를 인상했다(표 10 참조). 이는 일정 정도 개인의 주택대출비용을 증대시켜

[표 9] 2011년 중국 지급준비율 조정 현황

순서	시 기	조정 전	조정 후	조정폭 (단위: %p)
1	2011년 12월 5일	(대형금융기관) 21.00%	21.00%	-0.5
		(중소금융기관) 17.50%	17.50%	-0.5
2	2011년 6월 20일	(대형금융기관) 21.00%	21.50%	0.5
		(중소금융기관) 17.50%	18.00%	0.5
3	2011년 5월 18일	(대형금융기관) 20.50%	21.00%	0.5
		(중소금융기관) 17.00%	17.50%	0.5
4	2011년 4월 21일	(대형금융기관) 20.00%	20.50%	0.5
		(중소금융기관) 16.50%	17.00%	0.5
5	2011년 3월 25일	(대형금융기관) 19.50%	20.00%	0.5
		(중소금융기관) 16.00%	16.50%	0.5
6	2011년 2월 24일	(대형금융기관) 19.00%	19.50%	0.5
		(중소금융기관) 15.50%	16.00%	0.5
7	2011년 1월 20일	(대형금융기관) 18.50%	19.00%	0.5
		(중소금융기관) 15.00%	15.50%	0.5

[표 10] 2011년 중국 예·대출기준금리 조정 현황

순서	시 기	조정 현황
1	2011년 2월 9일	금융기관 1년 만기 예금 및 대출기준금리를 각각 1.25%p 인상
2	2011년 4월 6일	금융기관 1년 만기 예금 및 대출기준금리를 각각 1.25%p 인상
3	2011년 7월 7일	금융기관 1년 만기 예금 및 대출기준금리를 각각 1.25%p 인상

---

4) 「차별화된 주택대출정책 개선과 주택수요 조절 및 유도에 관한 인민은행과 은행감독위원회의 결정」, 중국인민은행홈페이지(www.pbc.gov.cn)

2011년 말 개인 모기지대출 금액은 8,360억 위안으로 2010년 같은 기간보다 12.2% 줄었다.

3. 중국 보장성 주택 재원조달 문제

주택개혁 이후 상품주택시장은 신속하게 발전했지만 중산층 및 저소득 가구의 기본적인 주택수요에 부합하는 보장성 주택은 부진했다. 2007년 국무원은 "도시 저소득가구의 주택난 해결을 위한 약간의 의견"(24호 문건)을 필두로 보장성 주택건설을 위한 정책적 기반을 마련했다. 2008년 금융위기가 발생하자 경제성장을 촉진하는 동시에 주택에 대한 기본적인 수요에 부합하는 복합기능을 가진 보장성 주택에 주목해 다시 발전 속도가 빨라졌다. 그러나 아직까지 초기단계인 보장성 주택건설은 적지 않은 문제에 직면했는데 그 가운데 재원조달이 가장 크고 해결하기 어려운 문제였다.

1) 보장성 주택 발전 현황

보장성 주택에 대한 논의는 오래 전부터 시작돼 1998년부터 저가임대주택과 경제실용주택 및 상품건물을 포함한 주택체계를 제시했지만 보장성 주택건설은 줄곧 부진했다. 2007년 국무원에서 「24호 문건」을 발표하고 전국적으로 저가임대주택을 건설해야 한다는 의견을 밝혔다. 각지의 지방정부 역시 주택보장 발전계획을 수립해 2008년 말까지 모든 '생활고와 주택난에 시달리는 가구'가 보장을 받을 수 있도록 요구해 보장성 주택건설은 새로운 발전단계에 진입했다. 보장성 주택은 저가임대부동산을 주축으로 저가임대주택과 공공임대주택, 경제실용주택, 가격제한 상품주택 및 도시계획구역 안에 있는 농촌 마을과 판자촌지역 재개발에 따른 정착용 주택 등으로 구성된 주택보장체계를 확립했다. 최근 들어 중앙정부의 강력한 지원 아래 보장성 주택건설이 크게 늘어 2009년 387만 채, 2010년 580만 채였던 목표가 2011년에는 1,000만 채로 늘었다. 2011년「국민경제와 사회발전을 위한 12차 5개년 계획요강」에서 향후 5년 동안 3,600만 채 이상의 보장성 주택을 신축해 계획이 완료되는 시점에 보장성 주택 비중을 20%까지 끌어올리겠다고 밝혔다. 주택건설부에서 발표한 자료에 따르면 2011년 10월 말 현재 전국적으로 1,033만 채를 착공해 목표를 조기에 달성했다.

2) 보장성 주택의 재원조달 문제

도시화에 따라 보장성 주택에 대한 수요가 부단히 늘었지만 보장성 주택이 가진 공익성과 보장성으로 인해 투자수익이 낮거나 심지어 마이너스를 기록했다. 때문에 순수한 시장의 방식으로 보장성 주택의 재원조달문제를 해결하기란 불가능했고 공공재정자금으로만 충당하는 것도 비현실적이었다. 결국 재원문제가 보장성 주택건설을 추진하는 과정에서 직면한 최대 복병이었고 시장과 정부의 손을 동시에 적용해 각종 재원조달방식을 확대하는 방안이 유일한 해결책으로 떠올랐다.

현재 보장성 주택을 지원하는 자금을 보면 중앙정부의 재정보조금과 지방정부의 예산 내 재정지출, 주택공적금의 부가수익, 토지출양금 순수입의 일정 비율, 금융기관대출, 지방정부 산하 재원조달을 책임진 기업에서 발행한 기업채권 등이다. 2011년 중앙정부는 1,520억 위안을 투자해 당초 계획했던 1,030억 보다 47.6%를 초과 지출했고 지방정부는 4,000억 위안 이상을 투입할 계획이었다. 또 은행 역시 보장성 주택건설에 대한 대출을 늘려 부동산개발관련 신규대출 가운데 절반 이상을 보장성 주택에 할당했다. 2011년 6월 9일 발전개혁위원회는「채권을 통한 보장성 주택건설 지원 문제에 관한 통지」에서 기업채권 발행을 통한 재원조달의 길을 열어줬고 공공재정과 유동적인 지방정부의 토지 수입, 주택공적금에 의존하던 단조롭던 구조를 개선했다. 이처럼 2011년에는 보장성 주택건설과 관련된 재원조달경로가 한층 다양해졌지만 여전히 많은 문제점이 나타났다.

(1) 재원조달경로가 단조롭고 안정성 부족

중앙정부가 최근 보장성 주택건설에 대한 지원을 강화했지만 재정의 한계로 인해 투자가 부족했고 정부정책의 영향을 받아 안정성이 부족했다. 지방정부는 재정이 부족해 최근 몇 년 동안 지방정부 채무위기의 위험성으로 인해 투자가 부족했다. 또한 보장성 주택에 대한 투자는 수익률이 낮고 회수주기도 길어서 지방정부의 적극성이 부족했다. 부동산시장에 대한 규제정책이 가시적인 효과를 거두고 토지시장에서 경매가 유찰되는 사례가 거듭되자 토지출양금이 큰 폭으로 줄었고 국제적인 금융위기와 국내 인플레이션 위험의 영향으로 주택공적금 운영도 어려워졌다. 또 국내금융시장의 한계로 인해 일부 채권발행 등 직접금융이 단기간에 발전을 거두지 못했다. 그 결과 아직까지 보장성 주택건설은 은행 대출에 크게 의존하고 있어 리스크 역시 은행에 집중된 상황이다. 게다가 은행대출은 금융정책의 영향으로 다분히 불확실성을 갖고 있어 보장성 주택의 지속적인 개발과 관리를 위한 재원조달에도 불확실성이 많다.

(2) 재원조달 절차가 복잡하고 부작용이 따르기 쉬워

보장성 주택을 위한 재원조달은 정부의 직접금융이나 사회적인 재원조달을 불문하고 정부와 밀접한 관련이 있다. 때문에 절차가 복잡하고 효율이 낮다. 토지출양금 순수익을 통한 재원조달의 경우 지방정부는 반드시 국세와 지방세, 지방재정 부서 등 각종 부처의 비준과 심의를 통과해야 해서 큰 어려움이 따른다. 보장성 주택은 그 자체만으로도 건설주기가 긴데 재원조달에 소요되는 기간이 길어질수록 시의성이 떨어진다. 또 정부 주도의 재원조달은 뇌물이나 인맥 등 비합법적인 방법으로 이익을 추구하는 비리가 생겨나기 쉬워 보장성 주택 추진에 불리하게 작용한다.

(3) 정책적 담보시스템 미흡

미국은 1934년에 「국민주택법」을 발표하고 정부 주도의 담보대출보험제도를 확립해 미국 연방주택청(FHA)이 대출담보기능을 수행했지만 중국에는 그런 시스템이 부족하다. 정책적 담보시스템의 부재로 인해 보험사와 은행, 정부 산하 재원조달 전담 회사가 공동으로 지급을 보장하는 시스템도 마련하지 못했다. 때문에 보장성 주택자금의 리스크가 주로 지방정부 산하 기관과 은행에 집중되어 있고 합리적이고 효과적인 리스크 분담 시스템이 없다. 정부가 정책으로 대출에 대한 담보를 제공할 경우 일부 리스크를 분담할 수 있고 중산층 및 저소득 가구가 대출을 받을 경우 최초납입금 비율 및 건축 과정에서 발생하는 경제적 부담을 낮출 수 있다. 이는 동시에 수많은 도시와 농촌 주민들이 주택 및 다른 분야에서 소비수요를 진작시키는 데 도움이 될 것이다.

(4) 건전한 제도적 계획과 책임기관 부재

중국은 부동산시장화를 비교적 늦게 시작했고 최근에 이르러 보장성 주택건설이 주목을 받기 시작했다. 일정 부분 성과를 거두었지만 보장성 주택과 관련된 정책이 임시방편인 경우가 많고 필수불가결한 장기적 제도와 전담부처가 없는 실정이다. 외국의 경험을 참고할 수 있는데 미국의 경우 주택보장은 연방정부 소속 주택도시개발부(HUD)에서 일괄적으로 관리한다. 주택도시개발부는 전국적으로 3,000여 개 지역에 대표부를 설립하고 각 지역의 보장성 주택 개발과 건설, 관리를 책임진다. 공공주택건설에 직접 자금을 지원하는 것 외에도 미국 정부는 전국의 저소득가구를 위해 주택담보 대출보험을 제공하고 있고, 저가임대주택 및 임대료 보조금을 지급해 각종 보장성 주택의 소비 과정에서 대출을 지원한다.

2011년 개인주택 대출 현황과 분석

린동[1)]

개요 2011년 개인주택 대출정책은 연속성과 안정성을 유지했다. 주택대출금액의 증가율은 하락했고 최초납입금 비율이 상승했으며 금리가 오르고 대출기간이 길어진 특징을 보였다. 2012년에도 주택대출정책이 긴축기조를 유지할 것으로 보이지만 유동성이 풀리면서 대출부족 현상은 완화될 것으로 보인다.

■ 키워드: 개인주택 대출, 현황 분석, 전망

2011년에는 각종 규세성책을 엄격하게 시행해 가시적인 성과를 거두었다. 상반기에 상승세를 보였던 일부 지역 집값도 상승세가 꺾였고 일부 지역에서는 집값이 일정 정도 하락하기도 했다. 중국 통계국이 발표한 70개 대도시 및 중형도시의 주택가격 동향을 보면 12월 현재 55개 지역에서 신규주택가격의 동기 대비 증가율이 하락했고 9개 지역에서는 가격이 하락했다. 기존주택의 경우 33개 지역에서 동기 대비 증가율이 떨어졌고 29개 지역에서는 가격이 하락했다. 각종 규제정책 가운데 주택매입자의 재원조달비용과 결정에 직접적인 영향을 미친 개인주택 대출정책은 투자와 투기 수요를 억제해 주택의 소비 속성을 되돌리는 데 중요한 역할을 했다. 여기에서는 2011년 주택대출정책과 대출현황을 분석하겠다.

---

1) 린동(林東): 중국농업은행본점 부동산대출부

1. 2011년 개인주택 대출정책

2011년 개인주택 대출정책은 전체적으로 안정적이었고 '차별화'와 '수요억제'라는 규제의 핵심을 견지했다. 1월 국무원판공청은 「부동산 시장 조정 업무 개선을 위한 통지」(국판발[2011]1호)를 발표하고 두 번째 주택을 매입하는 가구에 대한 대출금 최초납입금 비율을 최저 60% 이상으로 인상하고 대출금리는 기준금리의 1.1배 이상을 적용하도록 규정했다. 또 인민은행의 각 기관은 현지 정부의 신규주택가격통제 목표와 정책수요, 중앙정부의 일관된 대출정책에 따라 두 번째 주택대출의 최초납입금 비율과 대출금리를 인상하도록 요구했다. 이에 따라 2011년 개인주택대출정책의 기본 틀이 확정되었는데 첫 번째 주택의 최초납입금 비율을 30% 이상, 두 번째 대출의 최초납입금 비율은 60% 이상으로 인상하고 대출금리는 기준금리의 1.1배 이상을 적용하는 것이다. 세 번째나 그 이상 주택에 대한 대출은 잠정 중단해 정책강도가 시장의 예상을 뛰어넘었다.

[표] 개인주택 대출의 차별화 대출정책 추이

시　　기	대 출 정 책
2003년 6월	거주용 첫 번째 주택 최초납입금 비율 20%, 기준금리에서 10% 할인 혜택
2005년 3월	집값 상승폭이 큰 지역에 한 해 최초납입금 비율을 20%에서 30%로 인상
2006년 8월	대출금리 할인율을 10%에서 15%로 확대
2007년 9월	90㎡ 이하 거주용 첫 번째 주택의 최초납입금 비율 20%, 90㎡ 이상은 30%, 두 번째 주택의 최초납입금 비율은 40%, 금리는 기준금리의 1.1배로 인상
2008년 10월	첫 번째 주택 및 주거환경 개선형 주택의 최초납입금 비율 20%, 금리 할인폭은 15%에서 30%까지 확대
2010년 4월	90㎡ 이상 주택의 최초납입금 비율을 30%까지 인상
2010년 5월	1년 이상 현지 납세증명 또는 사회보험 납부증명을 할 수 있는 타 지역 주민들에게만 주택대출 신청 허용, 두 번째 주택에 대해 차별화된 주택대출 정책 적용
2010년 9월	첫 번째 주택 최초납입금 비율을 일괄적으로 30%로 인상, 두 번째 주택의 최초납입금 비율은 40%에서 50%로 인상
2011년 1월	두 번째 주택의 최초납입금 비율을 60%로 인상

2. 2011년 개인주택 대출 특징

1) 전체 증가율 하락

2011년 말 현재 개인주택 구입대출 잔액[2]은 7.14조 위안으로 연초보다 0.94조 늘었고 2010년에 비해 0.42조 위안이 적었다. 2010년 증가분의 2/3에 해당하며 증가율은 15.5%로 2010년 같은 기간보다 14%p 떨어졌다. 월별 추이를 보면 개인 모기지대출[3]은 상반기에 많았다가 갈수록 줄어들었고 11월과 12월에 약간 반등했지만 매월 신규 증가분은 작년 동기보다 적었다.

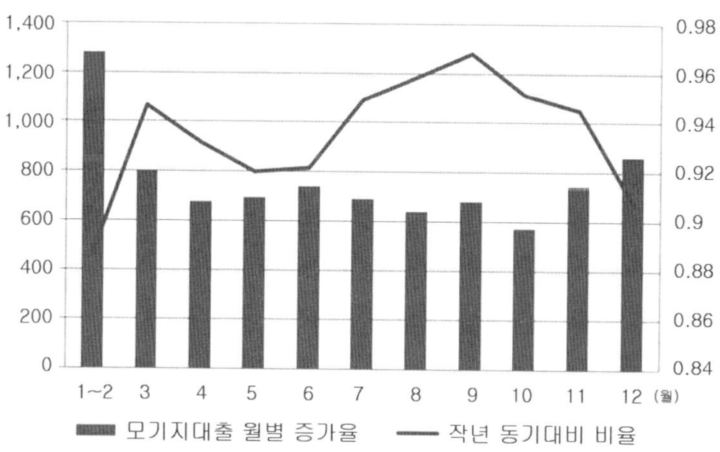

〈그림 1〉 2011년 부동산개발 투자자금 중 개인 모기지대출 비중

대출구조를 보면 개인 주택구입 대출 증가율이 하락해 전체 금융기관 위안화 대출 증가분에서 차지하는 비중이 2010년 17.6%에서 2011년에는 13.1%로 줄었다. 또 입주민 대출 증가분에서 차지하는 비중도 2010년 45.5%에서 2011년 41.8%로 떨어졌다.

---

2) 자료: 중국인민은행「2011년 4분기 중국통화정책집행보고」

3) 월별 개인주택대출 통계를 확보할 수 없어 부동산개발 투자자금 중 개인 모기지대출로 대체함.

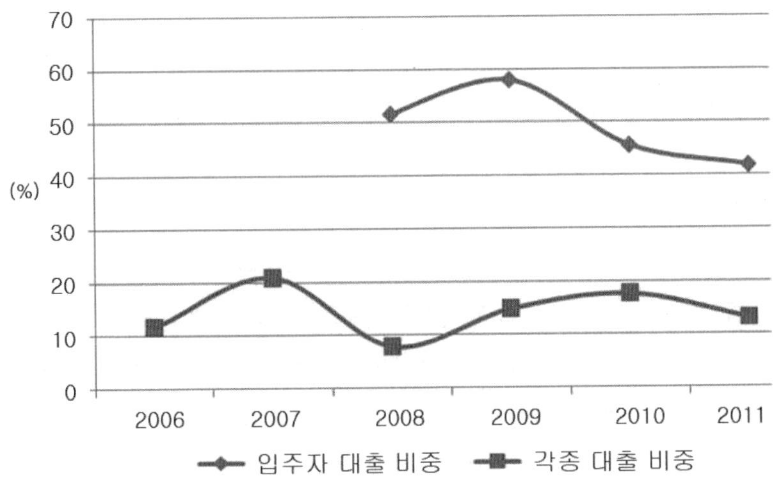

〈그림 2〉 2006~2011년 개인주택구입 대출의 입주자 대출 및 각종 대출 비중

2) 최초납입금 비율 상승

인민은행이 29개 도시의 대출현황을 표본조사한 결과 2010년 평균 최초납입금 비율은 38.6%로 2009년에 비해 1.5%p 높았다.[4] 차별화된 주택대출정책을 실시함에 따라 2011년 평균 최초납입금 비율은 계속해서 상승했다. 이런 추세는 부동산개발자금의 구조를 보면 두드러지는데 2011년 계약금 및 분양대금 선수금의 월별 누적금액과 개인 모기지대출의 비율이 전년 동기보다 높았다.

대출금 상환방식을 보면 일시상환과 분할상환 고객 비중이 현저하게 상승했다. 베이징의 경우 2011년 일시상환과 분할상환 고객이 각각 22%와 3%로 2010년보다 4%p와 1%p 올랐고 2009년 이후 최고수준을 기록했다. 상업성 개인주택대출과 공적금대출의 혼합 방식의 대출고객 비중이 56%로 2010년과 비슷했고 순수한 상업성 개인주택대출 고객의 비중이 현저하게 줄어들어 11%를 기록해 2010년보다 7%p 떨어졌다.

---

4) 부동산금융분석팀의 『중국부동산금융보고, 2010』 참조, 중국금융출판사, 2011년, 77쪽

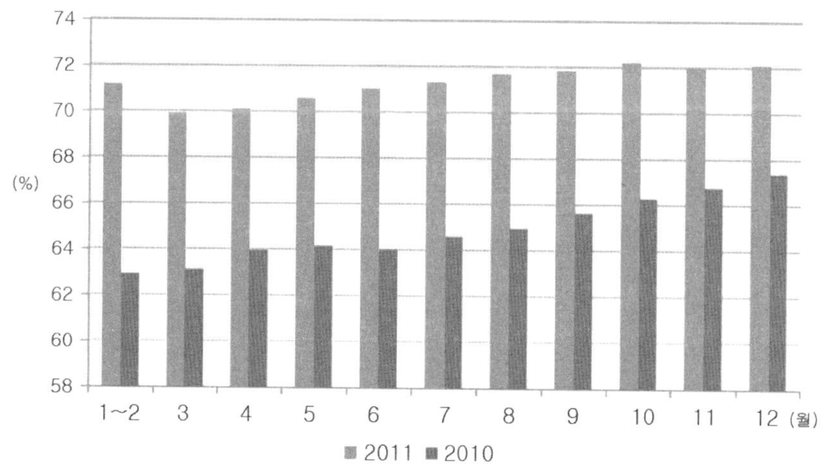

〈그림 3〉 2010~2011년 계약금 및 분양대금 선수금과 개인 모기지대출의 비율 추이

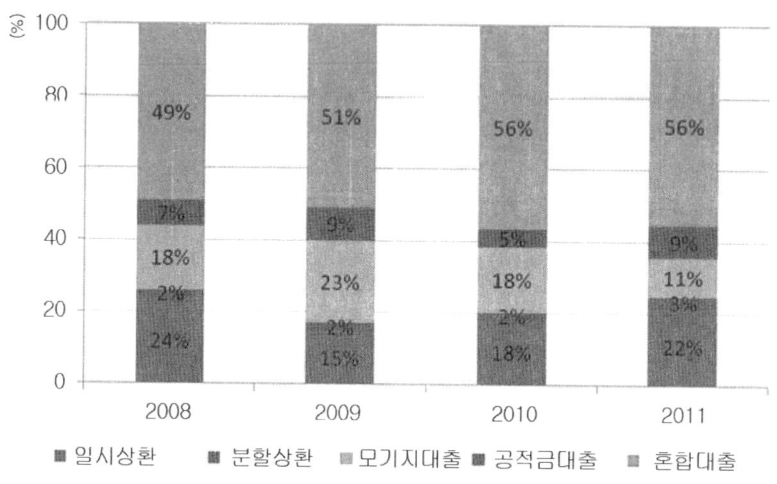

〈그림 4〉 2008~2011년 베이징 주택매입자의 상환 방식

3) 금리 인상

우선, 금리 변동폭이 커졌다. 2010년 말 통화정책이 긴축으로 돌아선 후 상업은행대출에 대한 관리감독이 엄격해졌고 자금압박이 강해졌다. 또 부동산대출 리스크에 대비하기 위해 은행은 개인주택대출의 금리를 인상했다.

언론보도[5]에 따르면 10월 13일 중국 건설은행 베이징지점은 첫 번째 주택에 대한 대출금리를 기준금리의 1.05배로 인상했고 그 후 전국 각지 은행들이 부동산대출금리를 인상했다. 현재 베이징과 상하이, 광저우, 선전, 항저우 지역 은행들의 인상폭은 5~10%에 이르고 칭두와 지난은 5~20%에 이른다. 창사와 우한은 10~30%, 창춘의 일부 주식회사형 은행의 경우 최고 50%까지 올라갔다.

둘째, 대출기준금리를 인상했다. 2011년 인민은행은 세 차례 위안화 대출 기준금리를 인상했고 그 가운데 5년 이상 대출의 기준금리는 연초 6.40%에서 7.05%까지 올라 인상폭이 65bp에 달했다. 그 결과 2011년 신규 개인주택대출의 적용금리가 큰 폭으로 상승했고 2010년에 비해 100bp 이상 오른 것으로 보인다.

4) 대출심사기간 연장

2010년 4분기부터 2011년 1분기까지 주택분양금액이 전년도 같은 기간에 비해 큰 폭으로 늘었다. 그러나 같은 기간 통화정책은 온건한 쪽으로 돌아갔고 M2의 동기 대비 증가율이 하락하기 시작해 대출규모가 축소되었으며 대출자금이 부족해졌다. 2011년 6월부터 9월에도 비슷한 상황이 연출되었었다. 이런 상황에서 상업은행이 접수한 일부 개인주택대출 신청에 대한 대출심사가 누적되었고 제때 대출을 승인해

5) 자료: http://www.cs.com.cn/fc/12/201110/t20111017_3090042.html

주지 못했다. 상반기에 한 달 정도 소요되었던 모기지대출의 심사기간이 3개월까지 늘었고 더 심한 경우도 있었다.

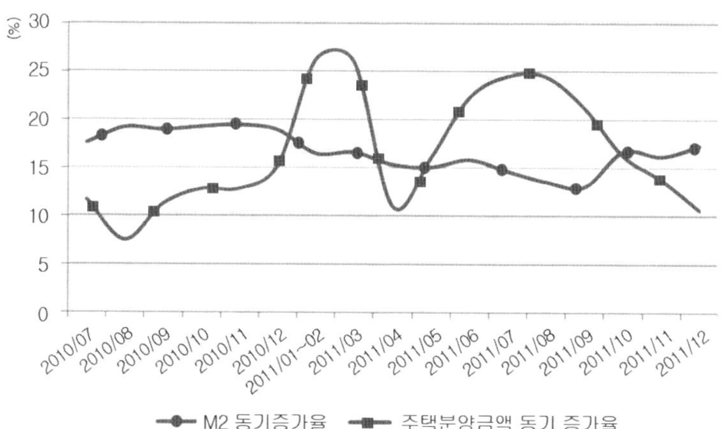

〈그림 5〉 2010~2011년 주택분양금액과 M2의 동기 대비 증감 현황

5) 외지 주민의 주택매입 비중 하락

차별적인 주택대출정책과 매입제한정책을 실시한 결과 외지인의 주택매입 비중이 현저하게 줄었다. 베이징의 경우 2011년 베이징 이

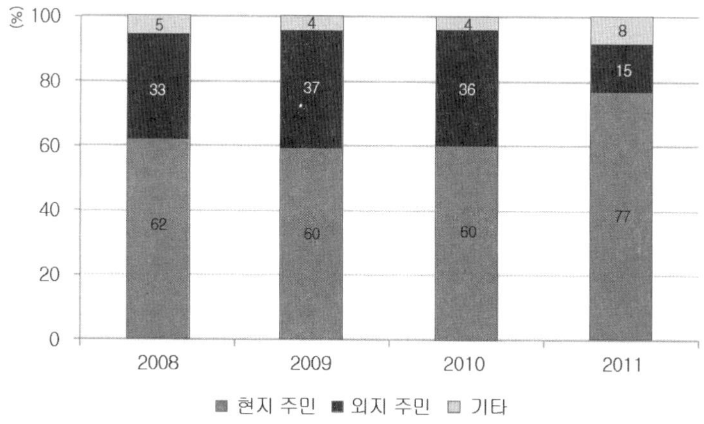

〈그림 6〉 2008~2011년 베이징 주택매입자의 호적 구조

외 지역 주민(호적지 기준)이 매입한 주택의 비중은 15%에 불과해 2010년보다 21%p 하락했다. 반면 현지인의 매입 비중은 2009년과 2010년의 60%에서 17%p 오른 77%를 기록했다.

PART 4
시장 편

2011년 주택시장 추세 분석

2011~2012년 베이징 미분양주택시장 분석

2011년 주택시장 추세 분석

리우린, 런롱롱[1)]

개요 2011년 주택시장의 운영경기는 하방 추세를 보였다. 상품주택 시공면적과 신규 착공면적은 전년 동기 대비 감소했다. 주택투자 증가율은 여전히 높은 수준을 보였지만 증가율은 하락을 보였다. 상품주택 판매면적은 3.9%의 소폭 증가를 하였고 주택용지 가격 상승률은 점차 하락하였다. 주택가격은 안정적인 상황에서 하락하는 도시가 점차 증가하였다.

■ 키워드: 주택시장, 가격, 예측

1. 거시적 배경

1) 2011년 거시조정정책은 인플레이션 억제에 중점, 부동산 조정정책의 지속

2011년 거시조정정책의 주요한 임무는 거시경제정책의 연속성, 안정성, 목표성, 유효성을 유지하여 경제의 안정적이고 지속적인 발전을 유지하고, 경세구조를 조정하며, 인플레이션 예측심리를 적절히 관리하는 것에 있었다. 그 중 특히 안정적인 물가관리에 중점을 두어 인플레이션으로 인한 경제에 대한 충격을 방지하는 데에 있었다. 12월 말 M2는 85조 2천억 위안으로 전년 말 대비 13.6% 증가하였고 증가 폭은 전년도 말에 비해 6.1%p 하락하였다. M1의 경우 29조 위안으로 7.9%

1) 리우린: 국가발전개혁위원회 투자연구소 부동산실 주임, 런롱롱: 국가발전개혁위원회 투자연구소 연구원

증가하였고 증가 폭은 13.3%p 하락하였다. M0는 5조1천억 위안으로 전년 대비 13.8% 증가하였고, 증가 폭은 2.9%p 하락하였다. 중앙은행에서는 유동성 관리를 강화하여 연 내에 6차례에 걸쳐서 지준율을 상승시켰고, 1차례에 걸쳐 지준율을 하향조정하였다. 그리고 연 내에 3차례에 걸쳐서 금리를 상승시켰다. 현재 금융기관 예금지준율을 21%이고 1년 만기 예금 및 대출금리는 각각 3.5%와 6.56%였다.

2011년 부동산시장은 2010년 이래의 '공급증가, 투자억제, 관리강화, 보장성 건설투자'의 기본적 기본 기조를 연속하였다. 2011년 1월 국무원에서 '신국8조'를 발표한 후 중앙정부에서는 4월과 7월에 부동산조정정책의 성과를 공고히 할 것과 조정정책 기조를 견지할 것을 강조하였다. 조정정책의 환경하에서 2011년 부동산시장의 경기는 점차 하향하였다.

2) 2011년 국민경제 증가속도의 둔화, 인플레이션 압력 상승

2011년 국민경제는 비교적 빠른 속도의 증가를 보이긴 했지만, GDP 증가율은 점차 둔화되었다. 초보적인 계산에 의하면 2011년 국내총생산은 471564억 위안으로 전년 대비 9.2% 증가하였다. 분기별로 보면 1분기 증가율은 9.7%, 2분기는 9.5%, 3분기 9.1%, 4분기에는 8.9%로 증가율이 점차 둔화되었다. 구체적으로 보면 2011년 고정자산투자는 비교적 빠른 증가를 유지하여 전체 사회고정자산투자(농촌 제외)는 명목수치로 전년도 대비 23.8% 증가하였고, 가격요인을 제외한 실질증가율은 16.1%를 기록하여 실질증가율의 증가 폭은 3.4%p 하락했다. 시장판매는 안정적 증가를 하여, 전체 사회소비 소매판매총액은 전년도에 비해 17.1%였고, 실질증가는 11.6%로 전년도 대비 3.2%p 감소하였다. 수출입 무역은 비교적 빠른 성장을 유지한 가운데 무역흑자는 지속적으로 축소되었다.

2011년 인플레이션 압력은 상승되었다. 2011년 주민소비가격은 전년도에 비해 5.4% 상승하여, 상승폭은 전년도보다 2.1%p 증가하였다. CPI의 월별 수치로 보면 상반기 7개월의 주민소비가격지수는 점진적으로 상승하는 추세를 보였다. 7월에 주민소비자가격지수의 증가율은 최고점인 6.5%를 기록한 후 점차 하락하는 추세를 보여 12월에는 4.1%를 기록했다.

도농주민소득은 지속적으로 증가했다. 농촌주민의 소득증가는 도시보다 빨랐다. 2011년 도시주민의 1인당 가처분소득은 21,810위안으로 명목가격으로 전년 대비 14.1% 증가했고 실질증가율은 8.4%로 증가 폭이 0.6%p 증가하였다. 농촌주민의 평균 순수입은 6,977위안으로 명목증가율은 17.9%였고 실질증가율은 11.4%로 증가 폭이 0.5%p 증가하였다.

3) 2012년 지속적으로 적극적인 재정정책과 안정적인 통화정책을 운영, 부동산정책은 불변

2011년 12월 12~14일 열린 중앙경제공작회의에서, 현재 중국 경제발전과정에서 불균형, 부조화, 지속불가능한 모순과 문제가 여전히 존재하고 있고, 경제성장의 하방압력과 물가상승의 압력이 병존하고 있다는 것. 그리고 일부 기업들의 경영이 어려움에 직면하였고, 에너지 절약문제가 심각하며, 경제금융 영역 등에 있어서 무시할 수 없는 잠재적 리스크가 존재하고 있다는 점을 지적하였다. 회의에서는 2012년 경제사회발전을 추진함에 있이시 안정 속에서 성장을 추구하는 기조를 강조하여, 성장보장, 물가통제, 산업구조조정, 민생, 개혁, 사회조화 등을 효율적으로 결합할 것을 강조하였다. 이를 위해 적극적인 재정정책과 안정적인 통화정책을 지속적으로 실시하여 경제성장과 물가안정을 동시에 실현하고 또한 사회조화 실현 역시 도모하려 하였다.

회의에서는 또한 부동산조정정책을 흔들림 없이 지속적으로 실시하여 주택가격이 합리적인 수준으로 회귀하도록 하고 보통상품주택의 건설을 확대하여 유효공급을 증가시키고 부동산시장의 건강한 발전을 촉진시킬 것을 요구하였다.

2. 2011년 주택시장 운용 상황

엄격한 조정환경 상황에서 2011년 주택시장의 경기는 하향하였다. 총체적으로 보면 상품주택 시공면적과 신규 착공면적의 증가 폭은 감소했다. 주택투자 증가율은 여전히 높은 수준을 보였지만 증가 폭은 감소하였다. 상품주택 판매면적은 소폭 증가하였고 주택가격의 상승폭은 감소하였다. 주택가격은 안정적인 가운데 하향한 도시가 점진적으로 증가하였고, 주택용지 가격은 분기별로 점차 하락하였다.

1) 상품주택 시공면적과 신규 착공면적 증가 폭의 감소

2006~2010년 상품주택 시공면적, 신규 착공면적과 준공면적의 연 평균 증가율은 각각 20.1%, 19.5%, 9.1% 였다. 주택시장 공급량 총체적으로 상승하는 추세를 보였다. 2011년 한 해 동안 상품주택 시공면적, 신규 착공면적, 준공면적은 각각 38억 8천만㎡, 14억 6천만㎡, 7억 2천만㎡로 증가율은 각각 23.4%, 12.9%, 13%였다. 그 중 시공면적과 신규 착공면적의 증가 폭은 전년 대비 1.9%p와 25.9%p 감소하였고, 준공면적의 증가 폭은 10.3%p 증가하였다.

2011년 상품주택 각 건설지표의 월별 변화를 보면, 주택 시공면적의 전년 동기 대비 상승률은 1~2월의 38.9%에서 점차 하락하여 1~12월에는 23.4%였다. 주택신규 착공면적은 9월 이후 점차 하락하는 추세를 보였다. 주택 준공면적 증가 폭은 하반기에 크게 증가하였다.

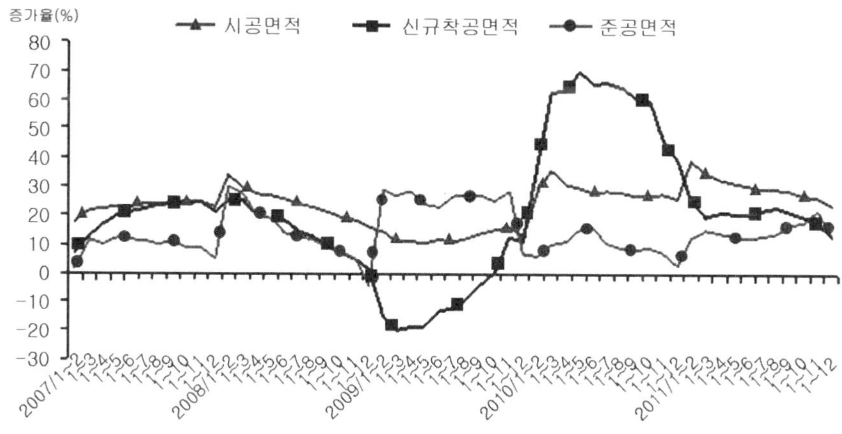

〈그림 1〉 상품주택 건설지표 변화

동부 · 중부 · 서부 지역의 주택신규 착공면적 증가 폭은 모두 비교적 큰 하락했고 특히 서부 지역의 하락 폭이 가장 컸다. 2011년 동부 · 중부 · 서부 상품주택 신규 착공면적 증가율은 각각 14.2%, 15.6%, 7.7%로 증가 폭은 각각 29.7%p, 9.7%p, 37.1%p 감소하였다.

2011년 보장성 주택의 건설규모는 지속적으로 확대되었다. 주택 도농부건설부의 통계에 의하면 최근 몇 년 동안 각 지역에서 보장성 주택의 건설이 크게 확대되었다. 2010년 580만 채의 보장성 주택을 건설한 기초 위에 2011년 10월 말에는 1,000만 채의 보장성 주택건설이 초과하였다.

2) 상품주택투자 증가 폭 둔화

2006~2010년 상품주택투자의 연평균 증가율은 25.8%였다. 그 중 2009년 상품주택 투자의 증가율이 가장 낮은 14.2%였다. 2011년 상품주택 투자는 44,308억 위안으로 전년 대비 30.2% 증가하였고 증가 폭은 2.7%p 감소하였다. 월별 변화로 보면 2011년 각 월별 상품주택투자

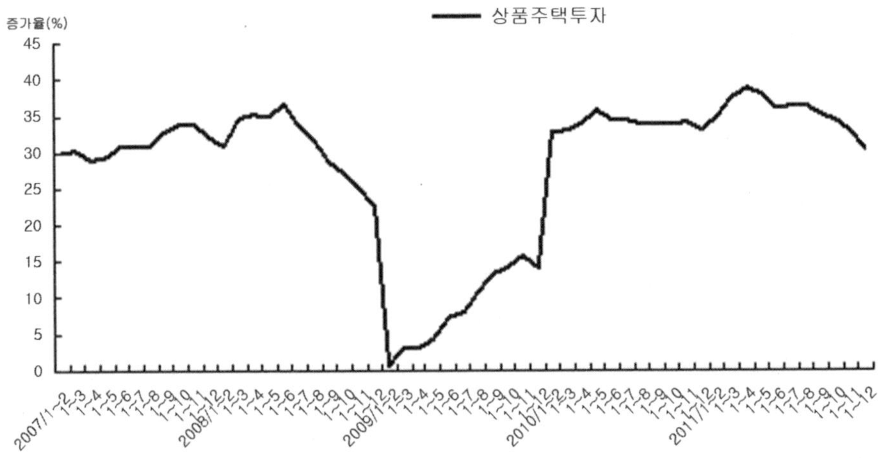

〈그림 2〉 상품주택투자액 변화, 상품주택투자, 왼쪽: 증가율

증가율은 비교적 높은 수준을 보였으며, 9월 이후 지속적으로 하락하였다.

동부 · 중부 · 서부 지역의 상품주택투자 증가 폭은 감소하였고 중부 지역의 감소 폭이 가장 컸다. 2011년 동부 · 중부 · 서부 지역의 상품주택투자는 각각 25,215억 위안, 9,832억 위안, 9,262억 위안으로 전년 대비 31%, 25.3%, 33.3% 증가하였고 그 증가 폭은 각각 2.1%p, 6.0%p, 0.5%p 감소하였다. 상품주택투자의 구조 측면에서 보면 90㎡이하의 주택과 경제적용주택의 투자 증가 폭이 증가하였다. 2011년 90㎡ 이하 주택, 경제적용주택, 빌라 등 고급주택의 투자 증가율은 각각 28%, 2.5%, 20.4%였고, 90㎡ 이하 주택과 경제적용주택의 증가 폭은 0.6%와 8.4%p 증가하였고, 빌라 등 고급주택의 투자 증가 폭은 16%p 감소하였다.

3) 상품주택 판매면적 소폭 증가

2006~2010년 상품주택 판매면적 증가율은 13.9% 증가했다. 그 중

2008년에는 금융위기의 영향을 받아 상품주택 판매면적은 전년 대비 15.5% 감소했다. 2011년 상품주택 판매면적은 9억 7천만㎡으로 전년 대비 3.9% 증가했고 증가 폭은 4.1%p 감소했다. 그 중 후분양 주택판매 면적은 2억 1,800만㎡로 전년 대비 0.9% 감소했고, 증가 폭은 7.8%p 감소했다. 선분양 주택 판매면적은 7억 500만㎡로 전년 대비 5.4% 증가했고 증가 폭은 8.9%p 감소했다.

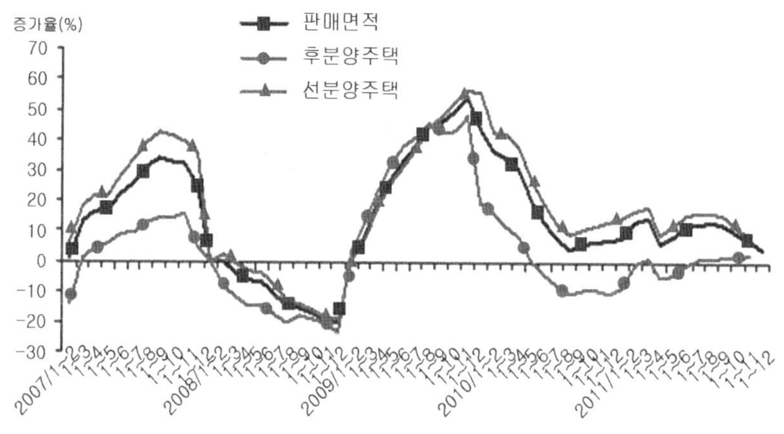

〈그림 3〉 상품주택 판매면적 증가율 변화

동부·중부·서부 지역 상품주택 판매면적 증가 폭은 감소하였다. 2011년 동부·중부·서부 상품주택 판매면적은 각각 4억 4,466.13만㎡, 2억 6,157.72만㎡, 2억 6,406.42만㎡으로 각각 0.0%, 9.3%, 5.7% 증가하였고 증가 폭은 각각 1.3%p, 9.4%p, 5.7%p 감소하였다.

4) 주택가격이 안정적 추세 속에서 하락한 도시들이 점차 증가

2010년과 비교하여 2011년 12월 전국 70개 중대형 도시 주택가격의 평균가격[2)]은 3.95% 상승하였다. 가격의 월별 추세로 보면 2011년 70개 중대형 도시의 신규주택 가격지수의 전월 대비 상승률은 1월의 0.8%에서 점차 하락하여 12월에는 -0.2%였다. 기존주택가격의 전월 대비 상승률은 1월의 0.4%에서 하락하여 12월에는 -0.3%였다. 가격의 전년 대비 변화 추세로 보면 2011년 70개 중대형 도시 신규주택 가격지수는 1월의 5.8%에서 점차 하락하여 12월에는 1.8%였고, 기존주택 가격지수는 1월의 3.4%에서 11월의 0.4%까지 하락하였다.

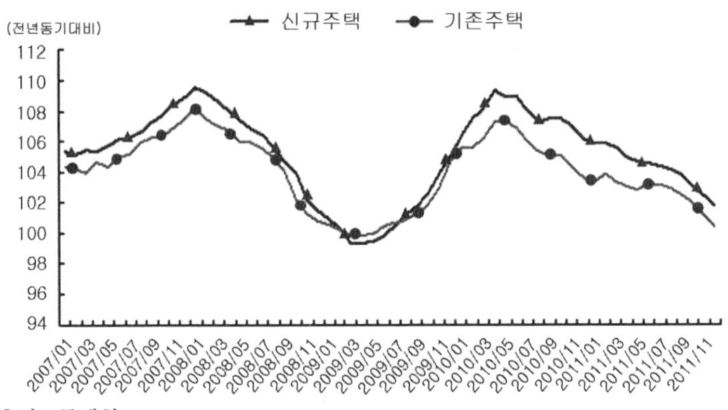

*자료출처 : 통계청

〈그림 4〉 70개 중대형 도시 신규주택과 기존주택 전년 동기 대비 가격 변화

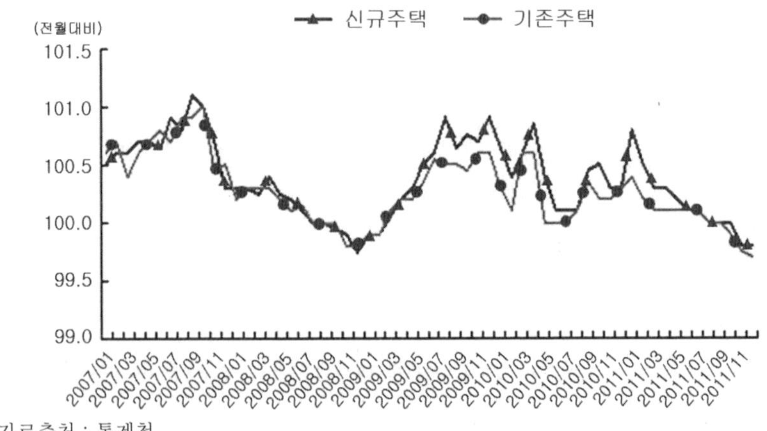

*자료출처 : 통계청

〈그림 5〉 70개 중대형 도시 신규주택과 기존주택 전월 대비 가격 변화

2) 70개 중대형 도시의 주택가격 중위수의 가격 상승폭을 통해 구한 평균 상승폭

주택가격이 안정적인 가운데 하락한 도시들이 점차 증가했다. 2011년 12월, 70% 이상 도시의 전월 대비 주택가격이 하락하였다. 2011년 70개 중대형 도시 중 신규주택 가격지수가 안정적인 가운데 하락한 도시의 숫자가 1월의 10개에서 12월에는 68개로 증가했다. 그리고 기존주택 가격지수가 안정적인 가운데 하락한 도시는 1월의 10개에서 12월에는 67개로 증가했다. 12월 52개 도시의 신규주택 가격지수가 전월 대비 하락하였고, 51개 기존주택 가격지수가 전월 대비 하락하였다.

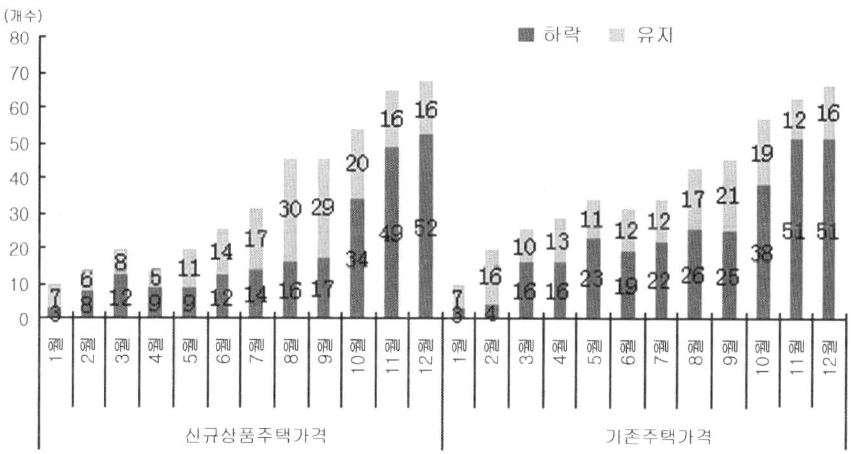

〈그림 6〉 2011년 70개 중대형 도시 월별 주택가격 변화

2011~2012년 베이징 미분양주택시장 분석

진뤠이신*

개요 중국의 부동산시장은 '정책시장'이라고 할 수 있다. 2011년 정부는 부동산시장에 강도 높은 규제정책을 시행해 2월에는 주택매입을 제한했고 이어서 대출까지 제한했다. 3차례나 금리를 인상했고 6차례나 지급준비율을 인상했다. 2011년에는 부동산관련 정책이 가장 집중적으로 쏟아졌고 가장 엄격했으며 정책의 지속성도 강력했다. 주택매입제한이 2선 도시와 3선 도시까지 확대되었고 대출제한정책으로 인해 일부 주택매입수요가 사라져 부동산시장은 급속하게 냉각되었고 투기와 투자수요가 줄어들고 주거환경 개선이나 생애최초로 집을 장만하려는 실수요가 일부 실현되었다. 미분양주택시장에서는 소비자들이 관망하는 분위기가 팽배해 집값이 큰 폭으로 내려가길 기대했다. 이에 따라 실제 집을 사겠다는 수요는 얼어붙었고 거래량이 급감해 한 해 동안 거래된 미분양주택은 10만 채 미만이었다. 이는 지난 2009년의 절반에도 미치지 못하는 수준으로 2008년과 비슷했다. 이에 반해 임대시장은 임대수요가 폭발적으로 증가해 임대거래건수와 임대료가 동반 상승했으며 거래량은 역대 최고를 기록했다.

■ 키워드: 주택매입제한, 대출제한, 시장부진, 집값 상승 둔화, 임대증가

1. 정책: '제한' 일변도, 보장성 주택 지원에 주력

1) 정책 발표가 가장 집중

2011년 베이징 부동산시장은 전형적인 '정책시장'이어서 거의 매월 중량급 정책이 쏟아졌다. 2011년 상반기에는 인민은행은 매월 한 차례

* 진뤠이신(靳瑞欣): 중웬띠찬연구부(中原地產研究部)

씩 6번이나 지급준비율을 인상했고 대형 금융기관의 지급준비율은 21.5%까지 올라갔다. 정부에서 은행대출을 막고 인플레이션을 억제하겠다는 강력한 신호를 보내자 부동산개발회사들의 재원마련에 영향을 미쳤고 향후 투자에 대한 전망 역시 영향을 받아 일부 주택개발기업은 분양가격을 할인해 조속히 자금을 회수했다. 그 후 2011년 12월 5일부터 방향을 바꿔 처음으로 지급준비율을 0.5%p 인하했고 4,000억 위안 규모의 유동성을 공급해 시장에 적극적인 신호를 보냈다.

2011년 중앙은행은 3차례나 금리를 인상해 5년 이상 대출금리를 7.05%까지 끌어올렸다. 그 결과 주택매입자의 부담이 늘었고 시장에 진입하는 속도가 느려져 개발회사들의 분양이 저조해졌고 재원 확보에 어려움을 겪었으며 재원조달에 따른 비용이 상승했다.

2011년에는 부동산시장의 규제에 관한 '국8조'와 '베이징15조' 및 토지의 입찰과 경매, 공시제도 외에도 12월 10일부터 '보통주택'에 관한 기준을 완화했고 최저과세기준을 인상하는 등 관련 정책을 시행하자 베이징 지역 부동산시장은 지대한 영향을 받았다.

2) 정책 집행은 가장 엄격

2011년 '국8조'와 '경15조'에서는 주택매입과 대출을 제한 해 역대 정책 가운데 가장 엄격했다. 현지 주민의 두 채 이상 매입을 제한하고 외지 주민의 주택매입조건을 엄격하게 제한 해 투자와 투기수요를 억제했고 과도하게 자원을 점유하거나 최종적으로 주거환경 개선을 위해 주택을 매입하려는 수요, 별장 등 휴양지 대용으로 매입하려는 수요를 밀어냈다.

(1) 베이징에 호적이 있는 가구(80만 가구)의 20%가 추가주택매입 불가

베이징시 정치협상회의에서 실시한 '인구와 자원환경의 조화로운 발전' 연구 결과 2009년 말 현재 베이징시의 실질 상주인구는 1,972만 명이었다. 그 가운데 베이징 호적을 갖고 있는 인구가 1,246만 명, 6개월 이상 거주한 유동인구가 726만 명이었다. 2010년 4분기에 인민은행 영업관리부는 베이징시 도시주민의 주택매입상황에 대한 설문조사를 실시했다. 베이징시 주민 가운데 본인이 거주하는 주택을 소유하고 있는 비율이 72.4%, 두 채 이상 주택을 보유하고 있는 비율이 18.3%에 달했다. 이 조사 결과를 토대로 베이징 호적을 갖고 있는 인구를 1,246만 명으로 계산하면 대략 450만 가구가 있을 것으로 추정된다. 그 결과 약 80만 가구가 주택매입제한정책의 영향을 받게 된다.

(2) 베이징 호적이 없는 외지인은 연속 5년 이상 사회보험이나 세금을 납부한 증명이 있을 경우에 한 해 주택 한 채를 새로 매입할 수 있어 약 100만 가구가 제한

3인 가족을 한 세대로 계산하면 유동인구 726만 명은 대략 250만 가구인 셈이다. 베이징 중웬띠찬에서 실시한 표본조사 결과 2009년 한 해 동안 베이징에서 주택을 매입한 매입자의 호적을 보면 외지 호적이 55%였다. 2년 동안 총 40만 가구가 주택을 매입했고 2009년 이전 물량까지 포함하면 약 100만 가구 이상이 베이징에서 주택을 매입한 것으로 보인다. 이 가운데 일부 가구는 더 이상 주택을 매입할 수 없다.

[표 1] 규제정책이 베이징 호적 가구와 외지 가구에 미친 영향

<table>
<tr><th>구 분</th><th colspan="3">베이징시 호적 가구
(신규매입 수량)</th><th colspan="3">베이징시 이외 호적 가구
(신규매입 수량)</th></tr>
<tr><td rowspan="2">베이징
3차 규제정책
실시 전후</td><td rowspan="2">무주택
가구</td><td colspan="2">주택보유가구</td><td rowspan="2">납세,
사회보험증명
없음</td><td colspan="2">연속 5년 이상 납세, 사회보험
납부 증명 가능</td></tr>
<tr><td>1채</td><td>2채 이상</td><td>무주택
가구</td><td>1채 이상</td></tr>
<tr><td>경15조 후</td><td>2채</td><td>1채</td><td>매입 불가</td><td>매입 불가</td><td>1채</td><td>매입 불가</td></tr>
<tr><td>영향범위</td><td colspan="3">약 80만 가구</td><td colspan="3">100만 가구 이상</td></tr>
</table>

*자료: 베이징중웬시장연구부(北京中原市場研究部)

3) 대출 축소로 주택매입에 따른 지출 증가

2004년 10월 30일 대출금리를 조정한 것을 시작으로 지금까지 총 20차례에 거쳐 금리를 인상하거나 인하했고 금리우대혜택이 주어졌다. 2011년에는 주택매입제한과 대출제한이 동시에 겹쳐 부동산가격 상승세가 주춤해졌기 때문에 주택매입에 따른 지출이 줄어들었어야 했다. 그러나 통화정책 긴축과 함께 최대 30%에서 15%까지 할인해주던 금리혜택이 없어져 기준금리 또는 기준금리의 1.1배에 달하는 이자를 부담해야 했다. 때문에 주택매입자 입장에서는 집값 하락으로 줄어든 지출이 그대로 은행이자로 이어졌고 대부분 이자지출부담이 더 컸다.

베이징중웬시장연구부 통계에 따르면 지난 2010년 10월 계약금액이 200만 위안인 집을 매입했다고 가정했을 때 그 중 100만 위엔을 대출받았다면 30% 금리할인혜택을 받아 향후 20년 동안 지불할 이자부담액이 총 47.5만 위안이었다. 그 후 기준금리 상승분을 감안하더라고 금리를 30% 할인받았기 때문에 20년 동안 실제로 부담해야 하는 이자부담은 크지 않았다. 그러나 지금 주택을 매입할 경우 100만 위안을 대출받으면 기준금리대로 약 87만 위안을 이자로 부담해야 한다. 대출기간 20년 동안 이자부담이 40만 위안을 넘어서 집값의 20% 정도를 차지하게 된다. 집값 하락폭이 20% 이내로 하락해도 소비자가 부담해야 하는 비용은 오히려 늘어난 셈이다.

4) 보통주택 기준 완화로 수혜범위 확대

2008년 11월 24일 보통주택기준을 완화한 후 부동산시장은 2009년 폭발적인 성장과 2010년 이성적인 성장, 그리고 2011년 제한적인 발전을 거듭했다. 그 과정에서 과거 보통주택으로 분류되었던 주택이 '호화주택'으로 변모해 거래 과정에서 보통주택 혜택을 받지 못했고 그 결과

세수부담이 늘었다. 그러나 2011년 12월 10일부터 새로운 보통주택기준을 실시해 혜택범위가 넓어져 주택의 80% 이상이 보통주택으로 분류되었고 특히 베이징의 5환 도로 바깥 지역은 90% 가까운 주택이 보통주택에 포함되었다.

[표 2] 보통주택 집행 기준

(단위: 위안/㎡)

계수 \ 배선구역	북부(1.2배 곱한 후)	남부(1.2배 곱한 후)
4환 이내	1.8 (38,880)	1.6 (34,560)
4환에서 5환 구간	1.5 (32,400)	1.3 (28,080)
5환에서 6환 구간	1.2 (25,920)	1.0 (21,600)
6환 이외	0.8 (17,280)	

*주: 괄호의 단위가격을 초과한 주택은 비보통주택
**자료: 베이징중웬시장연구부

5) 가장 유동적이었던 최저과세기준

2006년 10월 1일 이후 최저과세기준을 조정한 후 지금까지 5년 동안 베이징 주택도농건설위원회와 베이징시 지방세무국은 2011년 12월 10일부터 베이징시 전역에서 새로운 최저과세기준을 적용한다고 통보했다. 하지만 각 지역, 각 주택에 대한 구체적인 집행기준을 발표하지 않아 지역마다 기준을 명시했던 지난 관례를 뒤집었다. 베이징 중웬시장연구부가 현재 확보한 자료를 바탕으로 계산한 결과 소유권이전에 대한 최저기준이 1~2배 정도 오를 것으로 보인다. 베이징시 지방세무국은 주택이 소재한 지역과 단지의 건축연도 등의 정보를 바탕으로 주택마다 개별 심의해 관련 부동산세를 부과할 방침이다.

종전 최저과세기준은 평균 ㎡당 6,000위안 수준이었다. 베이징중웬시장연구소는 현행 베이징시의 최저과세기준이 평균 1.5~1.6만 위안/㎡이라고 예측했다. 이는 2011년 12월 10일부터 시행한 보통주택 인정기준에 따른 것이며 2010년 베이징시 상품건물 평균가격이 1.8만 위안/㎡

였고 기존주택 가격은 상품건물 가격보다 10~20% 낮은 것을 감안해 산출한 결과이다. 이 기준은 과거에 비해 시장의 실거래가격을 더욱 많이 반영했다.

6) 건설 호황, 정책은 보장성 주택에 치중

1998년 부동산개혁은 '경제실용주택을 주축으로 다양한 수준의 주택 공급체계'를 구축하겠다고 제시했다. 그 후 부동산 산업이 고속 성장을 거듭했고 2006년 '국6조'에서 '보장성 주택체계 건설'을 다시 한 번 제시했지만 부동산시장은 여전히 상품건물 위주였고 보장성 주택은 공백 상태였다. 사실 시장경제의 상품건물체계는 중간 또는 저소득자를 배려하기 힘든 구조였다.

정부는 2011년에 다시 보장성 주택건설을 제기했고 전에 없던 강도로 추진했다. 사회적 책임이라는 관점에서 개입해 시장을 규제했고 보장성 주택건설을 통해 중간 또는 저소득자의 주택수요를 보장했다. 2011년 보장성 주택건설 목표는 1,000만 채로 2010년 580만 채였던 것에 비해 배 이상 늘었다. 이 보장성 주택 1,000만 채를 짓기 위한 건설자금이 1.3조 위안을 넘어설 것으로 예측된다. 그 가운데 2011년 베이징시는 20만 채 이상을 건설하도록 계획했다.

2011년은 보장성 주택 관련 정책을 가장 집중적으로 강력하게 추진했던 시기였다. '국8조'와 '경15조'에서도 보장성 주택건설 확대를 명시했다. 국토자원부가 2011년 5월 13일에 하달한 「입찰과 경매, 공시를 통한 토지출양제도 견지와 완비에 관한 의견」에서 보장성 주택 의무건설 면적을 한정해 입찰 또는 경매 방식으로 상품주택용지를 출양하도록 규정했다. 베이징시 토지정리비축센터의 데이터를 보면 2011년 80% 이상의 주택용지가 보장성 주택을 의무적으로 건설해야 했다.

2. 업계 동향: 혼돈, 사고의 혁신이 관건

1) 부동산회사 지분거래가 가장 활발

2011년 부동산시장은 주택매입제한과 대출제한 등 정책의 압박으로 인해 거래가 저조했지만 재산권거래소에서는 부동산회사의 합병과 양도 등 거래가 매우 활발했다. 2011년 1월부터 12월 상순까지 재산권거래시장에서 부동산업계 지분이나 자산거래가 총 491건(관련거래는 제외)이 진행되었고 금액이 1,300억 위안이 넘었다. 그 가운데 부동산이 핵심이 되는 기업의 지분거래는 253건으로 작년 한 해 동안 동종업계에서 합병한 건수의 2배에 달했다. 합병규모는 900억 위안이 넘어 작년 합병규모의 6배를 기록했다. 또한 지분거래의 비율을 보면 부동산지분거래가 54%를 차지했고 지분을 100%를 거래한 사례가 20%에 달했다.

부동산지분 거래시장의 활기를 띠게 된 이면에는 개발회사들의 자금상황이 매우 안 좋은 상황을 보여준다. 개발회사들은 난국을 극복하기 위해 가격인하와 부동산 매각, 금융시장이나 민간투자 등을 통해 자금을 모았지만 역부족이었다. 부동산경기가 안 좋은 상황에서 일부 지분을 양도하는 것은 개발회사들에게 피할 수 없는 선택이었다. 또한 부동산이 주업종이 아닌 기업들이 부동산 업무 부분을 매각해 합병열기가 더욱 고조되었고 이는 지분거래에서 절반 이상을 차지했다. 2011년 1월부터 12월 상순까지 부동산이 주업종이 아닌 기업들이 관련된 지분거래는 총 238건으로 총 금액은 400억 위안이 넘었다.

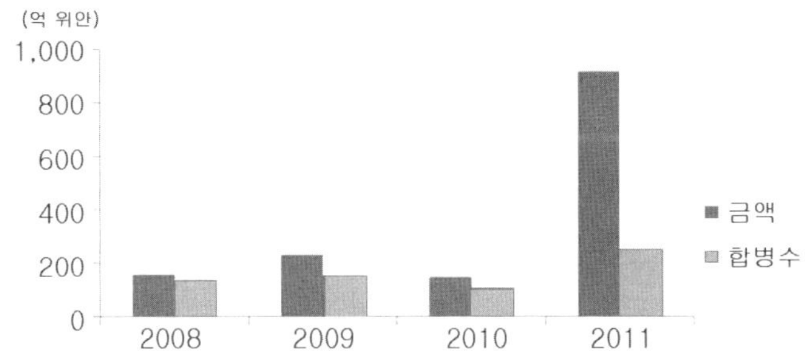

*주: 2011년 자료는 1월부터 12월 상순까지임.

〈그림 1〉 최근 부동산기업의 동종 업종 합병금액과 건수(2008~2011년)

2) 개발회사들의 토지매입이 가장 신중

2011년 주택시장은 크게 위축되었고 개발회사들은 자금이 부족했으며 미래에 대한 전망도 낙관적이지 않아 개발회사들은 주택시장에서 토지매입에 적극적으로 나서지 않았다. 중웬그룹연구센터의 통계에 따르면 2011년 1월부터 12월까지 베이징 주택용지 공급면적은 674만㎡로 동기 대비 24.4% 줄었고 거래면적은 475만㎡로 동기 대비 38.9% 줄었다. 1~12월 주택용지공급과 거래의 비율은 1.42:1이었다. 2011년에는 개발회사들이 공동으로 토지를 매입하는 사례가 늘어 1월부터 12월 16일까지 성사된 토지거래 236건 가운데 주택용지를 포함한 거래가 53건이었다. 그 가운데 주택 관련 개발회사들이 공동으로 매입한 비율이 30.19%로 역대 최고를 기록했다.

개발회사들이 토지매입에 신중했던 주요 원인은 정책환경의 영향이다. 과거에는 땅값이나 집값 상승분이 개발회사가 재원마련에 소요되는 경비를 뛰어넘었기 때문에 기인한 측면이 많았다. 또 기업 경영과정에서 부동산을 자산으로 분류, 초과 보유했기 때문에 개발회사들은 적극적으로 토지를 매입해 개발분야에 뛰어들었다. 그러나 2011년에는 국내외 시장이 불안정해 기업들의 재정과 경영에 큰 변화가 발생했으며 개발회사들이 예전처럼 적극적으로 토지를 매입하지 않았다.

3) 부동산중개회사 폐업 사례가 가장 많음

2011년은 부동산중개업계가 가장 버티기 힘든 시간이었다. 한 해 동안 중고주택 거래량이 10만 채 미만으로 동기 대비 절반 수준으로 급감했다. 중개회사들은 생존의 기반이 고갈되었고 더 좋은 수익원도 찾지 못해 대부분 적자를 모면하지 못했고 베이징에는 '폐업러시'가 다시 한 번 몰아쳤다. 베이징시 주택도농건설위원회 홈페이지에서 공개한 자료에 따르면 2011년에 베이징에서만 700곳이 넘는 중개회사가 폐업을 신고했다. 일부 중소형 중개회사는 규정대로 신고하지 않은 점을 감안하면 이번 700곳 이상이 될 것이다.

하지만 이번에는 2008년도보다 강도가 세고 오랜 시간 지속될 것으로 보인다. 2008년에도 기존주택 거래가 저조해 거래량이 7만 채에도 못 미쳐 많은 중개회사들이 문을 닫았다. 이는 경제위기 때문이었고 2009년에 경기부양정책을 실시하자 거래량이 늘었고 시장은 정상을 회복했었다. 이에 반해 2011년의 상황은 약간 다르다. 주택 매입과 대출을 제한하는 등 일련의 행정정책이 시장의 발전을 제약했고 2012년에도 정책을 완화할 가능성이 낮아 인터넷에 공시된 월평균 주택계약건수가 8,000채에도 못 미쳐 5,000개 이상인 중개회사가 수익을 낼 수 없는 상황이다.

3. 시장: 거래 실종, 주택매입 전망 냉각

1) 기존주택 거래량 급감 최대

지난 1999년 10월 베이징시의 기존주택시장을 개방한 이래로 거래량이 매년 급증했다. 지난 12년 동안 동기 대비 거래량이 하락한 때는 세 번 있었다. 먼저 2008년에는 글로벌금융위기라는 거시경제환경이 원인이어서 외부환경에 의해 빚어진 결과였다. 그러나 2010년과 2011년에 감소한 원인은 정부가 주도적으로 추진한 부동산 규제의 결과였다. 즉 의도적인 규제의 과정으로 기존주택거래가 급증해 핫머니가 유입되고 부동산가격이 급등하는 현상을 억제하기 위해서였다. 2011년 규제정책은 역대 정책 가운데 가장 강력해 2011년 거래규모가 위축되었으며 거래건수(소유권을 이전한 부동산)가 98,779채로 작년 같은 기간에 17만 채였던 기록보다 42% 감소했다. 결국 기존주택시장 개방 이후 가장 큰 폭의 거래량 감소기록을 세웠다.

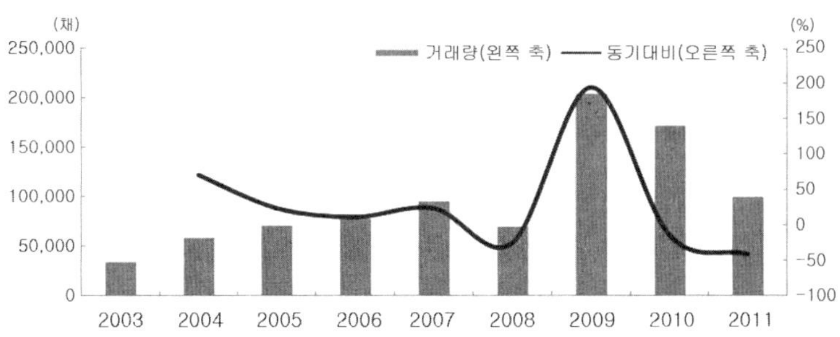

*자료: 베이징중웬시장연구부(北京中原市場研究部)

〈그림 2〉 베이징시 기존주택 거래량 추이(2003~2011년)

2) 기존주택가격 최장기간 연속 하락

기존주택가격의 변화를 보면 기존주택가격은 2008년 이전까지 정도는 다르지만 상승세를 유지했다. 그러다가 2008년 금융위기 이후 기존주택가격은 가격변동의 기복이 커졌다. 2008년 하반기에 올림픽과 금융위기의 영향으로 인해 부동산가격이 하락했을 때에도 연속 7개월 하락에 그쳤지만 2011년에는 9개월 연속 하락해 2008년보다 더 큰 하락세를 보였다. 하락폭을 보면 2008년 기존주택가격이 최대 7.9% 하락(2008년 1월 대비 12월 가격)했다. 그러나 2011년에는 규제정책의 영향으로 부동산가격이 상반기에는 상승하다 점차 둔화된 후 급속하게 하락했고 하락폭이 5.8%로 2008년 다음으로 큰 하락폭을 기록해 규제정책이 소기의 성과를 거두었다.

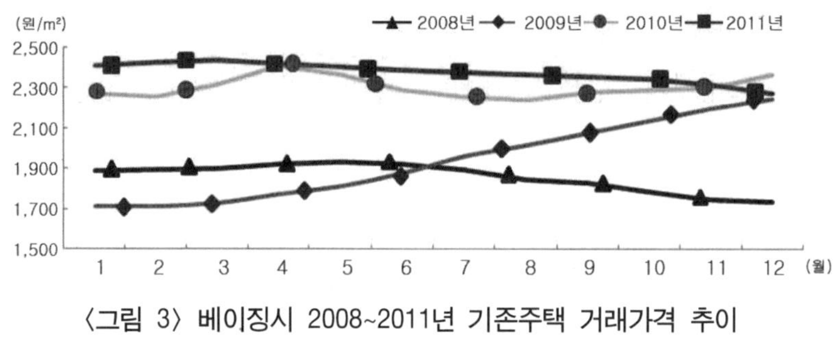

〈그림 3〉 베이징시 2008~2011년 기존주택 거래가격 추이

3) 규제정책으로 주택보유자의 가격전망 바닥세

지난 3년 동안 베이징의 기존주택가격지수를 보면 정부의 부동산 관련 규제 정도에 따라 주택보유자의 집값 상승에 대한 기대감도 엇갈려 매물에 대한 호가 역시 기복이 심했다. 아래 도표를 통해 변동폭을 알 수 있는데 2009년 1월과 2010년 5월, 2011년 12월에는 호가지수가 각각 20%와 29%, 10%로 낮았다. 이는 당시 주택보유자들이 가격전망이

바닥이었기 때문이다. 베이징 중웬시장연구부는 2011년에는 부동산시장에 대한 전망이 가장 비관적이어서 연말인 12월에는 최저치인 10%에 달할 것으로 내다보았다.

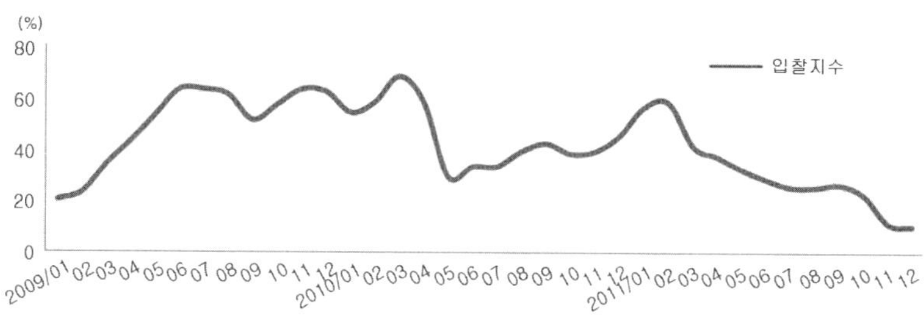

〈그림 4〉 베이징시 2009~2011년 기존주택 호가지수 추이

4) 거래주기 사상 최장

부동산시장의 침체를 보여주는 현상은 여러 가지가 있다. 부동산가격 하락과 거래량 위축, 투자자 감소 등이 있는데 거래주기가 길어지는 것 역시 중요한 특징이다. 2008년 금융위기가 몰아쳤을 때 경기침체로 인해 부동산시장도 위축되었고 잠재수요자들은 관망세로 돌아섰었다. 일부 투자를 위해 주택을 보유했던 집주인들은 서둘러 매물을 내놓았지만 집을 파는 사람은 서둘러도 사는 사람은 급하지 않은 상황이라 기존주택의 거래주기가 늘어났다. 부동산경기가 좋을 때는 평균 2주면 거래가 이루어졌지만 2008년에는 한 달에서 두 달까지 소요되었다. 2011년에도 이런 현상이 두드러져서 거래주기가 2008년 수준을 초과했다. 그 원인을 보면 주택매입제한정책의 억제효과가 매도인과 매수인 양측에 동시에 작용해 서로 서두르지 않았기 때문이다. 정책규제로 인해 2채 이상 주택을 보유한 투자자나 재정상황이 좋은 가구는 부동산을 팔아도 새로운 집을 살 수 있는 자격이 없기 때문에 팔지 않거나 가격을 낮춰 팔려고 하지 않았다. 그 결과 2011년에는 매물이 쏟아지는

현상이 두드러지지 않았다. 반면 매입자의 입장에서 보면 집값이 떨어지고 있고 내년에도 부동산규제정책을 지속할 것이라는 중앙정부의 기조가 확고해 더 기다리자는 관망세를 이어갔다. 그 결과 거래주기가 길어져 3개월이 지나도 거래가 이루어지지 않는 경우가 다반사였다.

5) 외곽지역 집값 하락폭이 도심지역보다 높아

규제정책의 효과가 가시화되면서 2011년 3분기와 4분기에 부동산가격이 하락세를 보였다. 신규주택이 먼저 가격을 인하했고 외곽지역에 분포했기 때문에 많은 잠재수요자를 끌어들였고 외곽지역 기존주택에 대한 매입 수요가 줄었다. 게다가 일부 신규분양단지가 4분기 들어 큰 폭으로 가격을 인하하자 외곽지역 기존주택가격의 인하폭이 더욱 커졌다. 그러나 이와 대조적으로 도심지역 집값은 신규공급이 중단되고 집주인들이 집을 내놓지 않아 부동산가격 하락폭이 상대적으로 적어 5~6%에 그쳤다. 스징산(石景山), 이좡(亦莊), 퉁저우(通州) 등 외곽지역의 하락폭은 8~10%였다.

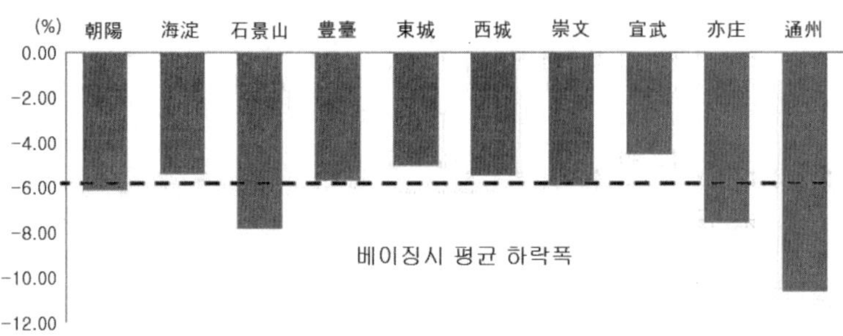

〈그림 5〉 2011년 베이징시 각 지역 부동산가격 변동폭

6) 신규주택과 기존주택의 거래 비율이 9년 이래 처음으로 상승

지난 9년 동안 신규주택과 기존주택의 거래 비율을 살펴보면 2003년부터 2010년까지 줄곧 하락세를 유지했다. 2003년 6.3:1에서 2010년에는 0.5:1로 떨어져 기존주택이 점차 시장거래의 주류를 차지했다. 2008년 기존주택 거래가 처음으로 신규주택을 초과해 주택거래시장의 전환기를 맞이했다. 2011년에도 신규주택과 기존주택의 거래비율이 9년 만에 처음으로 상승해 0.6:1을 기록했다.

이런 변화의 원인은 주택매입 제한정책으로 투자수요를 억제했고 기존주택은 입지조건이 좋고 선택의 여지가 크며 임대수익 등 즉각적인 수익 효과를 가져와 투자자들이 선호했기 때문에 정책으로 인한 충격이 더 컸다. 또 올해 신축시장은 보장성 주택의 공급이 늘었고 거래량도 상승했으며 신규주택이 3, 4분기에 가격을 큰 폭으로 인하해 분양가가 낮은 단지는 거래가 활발했다. 이 두 가지 원인으로 인해 2011년 기존주택거래가 신규주택보다 많이 위축되었고 이런 비대칭적인 가격하락으로 인해 신규주택과 기존주택의 거래비율이 반등했다.

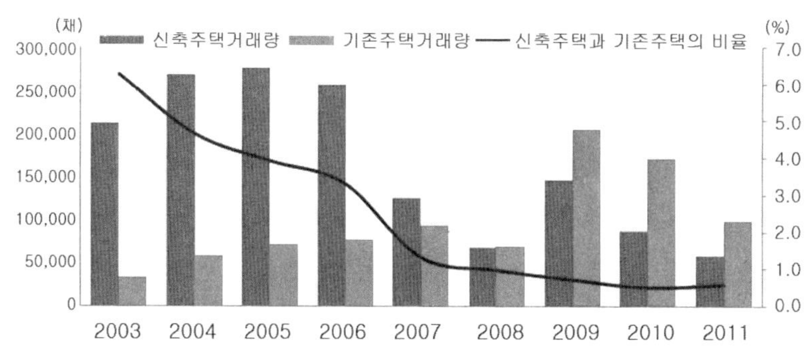

〈그림 6〉 신규분양주택과 기존주택 거래량 비교

7) 임대수요가 급증해 거래량 사상 최대

도시화가 가속화되면서 외지에서 유입된 인구가 늘었고 수도인 베이징에는 더 많은 외지인구가 유입되었다. 이런 상황에서 베이징의 주택매입 제한정책의 직접 또는 간접적인 영향으로 주택구매력이 있는 잠재 구매자들이 관망세로 돌아섰다. 인구유입과 구조적인 원인으로 인해 베이징의 임대수요는 증가해 2011년 임대거래건수가 처음으로 200만 채를 넘어 2010년과 2009년 대비 각각 24.5%와 79.7% 상승했다. 임대시장에서는 2011년 거래량이 역대 최고를 기록했다.

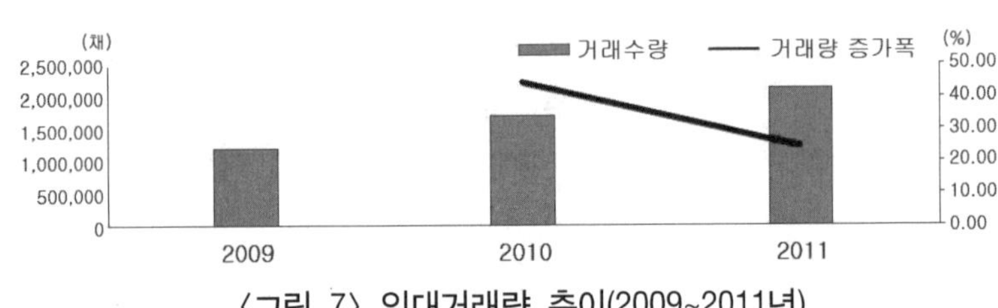

〈그림 7〉 임대거래량 추이(2009~2011년)

8) 임대지역 확장, 임대로 상승폭 둔화

베이징 기존주택 임대료 지수를 보면 지난 5년 동안 임대료가 완만한 상승세를 보여 2011년 상품주택 평균 임대료는 약 52.4위안(㎡·월)을 기록해 동기 대비 4% 상승했다. 이는 2010년에 비해 9.3%p 줄어든 것으로 상승세가 조정을 받은 것을 보여준다.

2011년에 임대료가 상승한 원인을 보면 먼저 설 명절 후 취업을 위해 베이징으로 이주한 근로자가 증가하고 6월과 7월 대학졸업생들이 학교를 떠나면서 발생한 임대수요로 인해 거래량이 급증했다. 둘째, '상품주택 임대관리방법'을 실시하면서 집을 분할해서 임대하는 행위를 금지하면서 일부 신규 임대수요가 발생했다. 게다가 규제정책으로 인해 주택매매시장이 침체되자 실거주수요가 임대시장으로 몰리면서 임대수요가 증가했고 임대료가 상승했다. 셋째, 소비자가격 상승과 물가 상승, 주민 소득수준 향상 등의 영향으로 임대료 인상을 부추겼다.

2011년 임대지역은 도심에서 외곽으로 확대되었고 교통과 부대시설 확충으로 퉁저우, 이좡으로 생활권이 확대되면서 새로운 임대공급지가 형성되었다. 예를 들어 베이징 도심과 퉁저우를 잇는 버스전용도로가 개통하자 버스노선을 따라 임대지역이 확대되었다. 이들 지역은 임대료가 저렴해 평균 임대료 상승폭을 낮췄다. 다음으로 임대계약기간 연장이 많았는데 재계약 시 임대료 상승폭이 크지 않아 임대수요가 많이 몰린 시기에도 100~300위안 이상에 그쳤다. 과거에는 200~500위안 수준이어서 상승폭이 줄어들었다.

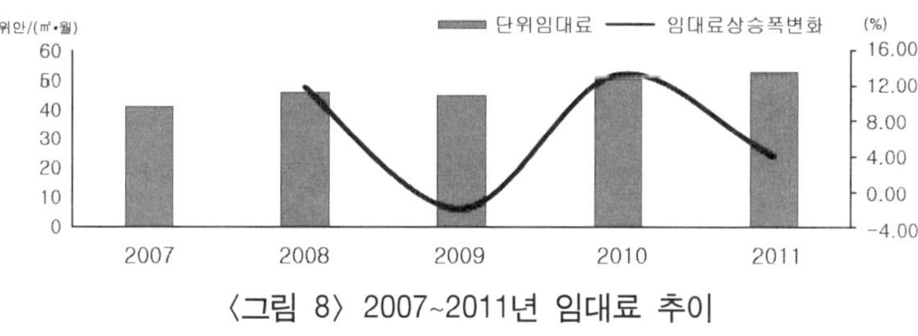

〈그림 8〉 2007~2011년 임대료 추이

9) 매매가격 대비 임대료 비율 매월 하락, 변동폭 최소

베이징시 주택의 매매가격 대비 임대료 비율은 높은 편이었다. 국제공인기준을 보면 1:200~1:300 사이가 합리적인 구간으로 200위안 이하는 부동산가격이 낮아 투자에 적합하단 뜻이다. 300보다 높으면 부동산가격이 높은 것으로 이 비율이 높을수록 부동산가격이 합리적인 구간에서 벗어나 그만큼 거품이 많은 걸 의미한다.

지난 2008년 이후 베이징 지역의 매매가격 대비 임대료 비율은 300~500 사이를 유지해 합리적인 구간보다 높았다. 최근 동향을 보면

2009년 12월에 가장 높아 1:480.5를 기록했고 2008년 10월에 가장 낮아 1:389.7을 기록했다. 매년 최고치와 최저치의 변동 상황을 보면 2009년에 변동폭이 가장 커서 87.1%p를 기록했고 2011년에는 변동폭이 가장 낮아 32.8%p에 그쳤다. 2011년에는 매매가격 대비 임대료 비율이 하락했는데 그 원인은 부동산가격은 하락했고 변동폭이 적었던 대신 임대료는 빠르게 상승했기 때문이다.

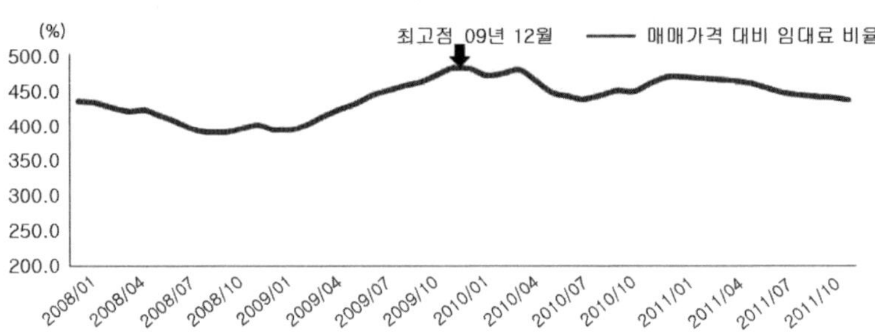

*주: 매매가격(위안/㎡) 대비 임대료(위안/㎡·월)

〈그림 9〉 2008~2011년 매매가격 대비 임대료 변화

PART 5

보장 및 관리 편

중국 보장성 주택 공급 이후의 금융 귀감

중국 부동산 중개서비스업의 회고와 전망

중국 보장성 주택 공급 이후의 금융 귀감

―미국의 경험과 교훈―

천베이, Euel W. Elliott, Kruti Dholakia-Lehenbauer[1)]

개요 중국의 보장성 주택건설사업이 잇따라 완공을 맞이하면서 2012년 중국은 사상 최대의 보장성 주택 분양 절정기를 맞이하게 될 것이다. 민생문제의 개선과 함께 그간 보장성 주택의 배후에 숨겨졌던 금융문제들이 차차 수면위로 드러날 것이다. 이에 적절히 대처하지 못하면 결국 이것은 중국 경제 성장의 아킬레스건이 될 것이다. 필자는 위기에 미리 준비하는 측면에서 주택시장이 발달한 미국이 자국의 중·저 소득층의 주택문제 해결함에 있어서 취했던 방법들, 특히 '패니메이'와 '프레디맥'이라는 양대 모기지 회사가 주택시장에서 담당했던 역할을 고찰함으로써 중국이 얻을 수 있는 경험과 교훈을 찾아 중국 부동산시장의 건전한 발전에 도움이 되고자 한다.

■ 키워드: 보장성 주택, 공급, 패니메이(Fannie Mae), 프레디맥(Freddie Mac)

1. 중국 보장성 주택 공급 배후의 금융문제

중국의 보장성 주택건설사업이 잇따라 완공을 맞이하면서 2012년 중국은 사상 최대의 보장성 주택 분양 절정기를 맞이하게 될 것으로 보인다. 중국은 2011년부터 보장성 주택건설 가속화 단계에 진입했다. 중앙정부는 보장성 주택의 대규모 건설을 통해 12차 5개년[2)] 후반까지 전국의 보장성 주택 보급률을 20% 이상으로 끌어올려 도시 저소득

1) 천베이(陳北): 중국인민대학 재정금융학부 박사후보생, 현재 중국사회과학원 세계경제와 정치연구소 재직; Dr. Elliott: Professor of Political Science and Public Policy, The University of Texas at Dallas; Dr. Dholakia-Lehenbaur: Asst. Professor of Political Science and Public Policy, The University of Texas at Dallas

2) 12차 5개년 계획: 중화인민공화국 국민경제 및 사회발전 제12차 5개년 계획 요강, 12차 5개년 계획 기간은 2011~2015년

가구의 주택난을 해결한다는 목표다. 보장 형태로는 저소득층을 대상으로 한 저가임대주택, 주로 경제실용주택을 구매할 능력이 없는 사회초년생에게 정부가 임대하는 공공임대주택, 경제실용주택, 주택가격과 구조를 제한하는 중저가 상품주택, 재산권자가 주택 소유권과 해당 토지의 사용권을 갖는 정책적 재산권주택, 판자촌 개발로 인한 거주민 정착용 주택 등 실물주택 위주이며 여기에 임대료 보조금을 연계해서 실시하고 있다. 5년간 전국에서 보장성 주택 3,600만 채를 신축해 과거 10년간 건설규모의 약 2배에 달할 것이며 농촌의 붕괴위험이 있는 주택의 재개발 규모는 매년 150만 가구 이상에 달할 것이다. 2011년 한 해 동안 공사에 들어간 보장성 주택과 판자촌 재개발주택은 전국적으로 1,000만 채에 달해 전년도보다 70% 이상 증가했다. 2011년 10월 25일, 주택도시농촌건설부는 2011년 1,000만 채의 보장성 주택이 11월 말 이전에 모두 착공에 들어갈 것이라고 밝혔다. 그렇다면 2012~2015년 사이 중국은 보장성 주택 공급 절정기를 맞이할 것이며, 그 중에서도 2012년에 중국은 사상 최초로 보장성 주택 공급 절정기를 맞게 될 것이다.

이 정책은 도시 저소득 가구의 주택난을 해결하는 데 기여할 것이며 사회의 화합을 다지고 개혁개방을 공고히 하는 데 도움이 될 것이다. 또한 이를 기반으로 경제발전 모델을 전환하고 중국 경제를 지속가능한 발전의 궤도로 올려놓는 계기가 될 것이다. 이러한 개혁의 성과는 중국 경제, 사회의 각 측면에서 빠르게 투영되어 세계경제에서 중국 경제성장이 지니는 독특한 매력이 한층 더 돋보일 것이다.

그러나 모든 일에는 양면이 있듯이 글로벌경제에 여전히 많은 불확실성과 취약성[3)]이 상존하고 있는데 이러한 외부 환경 속에서 중국이

3) 『2012년 글로벌경제전망』(세계은행보고서, 2012)에 의하면, 2012년 1월 글로벌경제는 이미 위험기에 진입했다. 유럽재정위기는 얼마 전까지 영향을 받지 않았던 일부 개도국과 고소득 국가까지 확산되었다. 이러한 확산성은 세계 여러 지역의 대출 코스트를 끌어올리고 주식시장을 붕괴시켰으며 개도국으로 유입하는 자금의 흐름을 크게 감소시켰다.

자국의 힘으로 거액의 주택신용대출 자금을 편성할 방법은 무엇일까? 현재 학계에서는 두 가지 금융수단이 거론되고 있다. 첫째는 회사채 발행을 통한 자금조달[4], 둘째는 금융수단을 활용한 지원정책이다. 그러나 필자는 이 두 가지 금융수단만으로 지역적 나아가 전국적 보장성 주택 문제를 해결하는 것은 역부족이라고 생각한다. 그 이유는 무엇인가?

먼저 기업의 채권발행을 장려하는 방법에 대해서는 아직 성숙하고 효율적인 수익모델이 없기 때문에 기업을 보장성 주택건설에 참여시킬 만한 동력이 부족하다. 베이징시 주택공적금을 예로 들면 관리 부문에 약 20개[5]의 기관이 동참하고 있어서 자금의 효율적 이용이 어렵고 자금이 장기간 적체되는 상황을 빚었다. 관리기관이 많다는 것은 공적금의 안전성이 확보되는 동시에 자금의 효율적인 이용은 희생될 수밖에 없다.

만약 안전성 보장을 전제로 기업이나 금융기관이 금융수단을 통해 공적금을 활성화한다면 이러한 방법은 관련기업과 금융기관의 보장성 주택 투자를 독려할 수 있을지 모른다.

둘째, 금융수단을 활용한 자금지원을 살펴보면 사회보장자금과 보험자금 등의 장기자금과 부동산투자신탁기금 등의 금융수단이 보장성 주택 사업에 지원하도록 하는 것이다. 그러나 보험자금을 예로 들면 법리적 관점에서 기금의 본질이 신탁이므로 양자가 법리적으로 근원이 같다. 그러나 중국 중앙은행이 신탁회사를 관리하고, 중국 증권감독관

유럽은 이미 침체의 길로 접어들었다. 이와 함께 몇몇 주요 개도국(브라질, 인도 등. 러시아, 남아공, 터키도 어느 정도 포함)의 성장률은 회복 초기보다 확연히 감소했다. 이는 주로 2010년 연말과 2011년 연초에 인플레이션의 압박을 줄이기 위해 실시한 긴축정책의 결과이다. 따라서 미국과 일본의 경제활동이 현재 강세를 향하고 있긴 하지만 글로벌 경제성장과 세계무역은 이미 대폭 감소되었으므로 향후 전망이 매우 어둡다.

4) 2012년 2월 2일 「국무원 판공청의 보장성주택 건설과 관리지도의견을 관철시키는 것에 관한 실시의견」에서는 기업채권을 통한 자금조달의 규범화된 이용을 언급하고 있다. 보장성 주택건설사업을 담당한 기업이 채권 발행을 통해 자금조달을 하는 것을 지원, 격려하고 지방도시 정부의 관련부처에서 지원력을 확대해 관련 수속을 우선적으로 처리해야 한다고 언급했다.

5) 공적금관리위원회는 약 20개 기관으로 구성. http://www.bjgjj.gov.cn/jgjj/gwh/200805/t20080515_2466.html 참고

리위원회가 기금회사를 관리하므로 관리감독기관이 서로 일치하지 않는다. 게다가 중국 금융관리감독 당국이 금융기관의 혼합운영에 대해 오랫동안 신중한 태도를 고수하며 많은 제약을 두고 있기 때문에 보험금신탁[6] 등의 상품은 중국에서 생존가능성이 부족하다. 단기간에 보험자금을 보장성 주택 사업에 참여시키는 것은 보험업계에게 역부족일 우려가 있다.

따라서 주택의 시장화라는 맥락에서 기업의 채권발행이든 공적금의 시장참여든 최종적으로는 자체적인 통제력을 갖추었거나 상호균형을 이룰 수 있으며, 정부를 배후로 하고 전국을 포괄하는 영리기관, 즉 중·저소득층의 주택시장을 대상으로 하는 금융기관이 출범해 이 기관을 통해 중국의 보장성 주택이 통합 운영될 것이다. 보장성 주택의 출현으로 이에 따른 부동산 자금조달 문제를 효과적으로 해결하기 위한 하나의 혹은 다수의 전국적인 보장성 주택 전문국유기업이 탄생할 가능성이 많다. 물론 상응하는 법률 제정도 수반되어야 할 것이다.

그런데 이와 유사한 주택금융실체가 시장화가 발달된 미국에서 이미 출현한 바 있다. 바로 1930년대에 탄생한 '패니메이(Fannie Mae)'다. 패니메이의 설립 취지는 중국의 보장성 주택 사업에서 거론된 '모두가 집을 소유하게 만들자(居者有屋)'[7]는 목표와 유사하고 그 대상 역시 사회의 중 · 저 소득 계층이다. 당시 미국은 사상 최악의 경제대공황을 겪고 있었다. 사회적 갈등을 해소하기 위해 정부에게 주어진 첫 번째 과제는 국민의 '안정적인 주거' 문제였다. 지금부터 미국이 어떻게 모든 국민이 '집을 소유하는' 꿈 같은 일을 이루게 했는지 중국에 귀감이 될 만한 미국의 예를 살펴보겠다.

---

6) 천베이, "보험금신탁 — 중국부동산업 자금조달의 새로운 방법", 『베이징부동산』, 2004년 제10기, 86페이지

7) 2010년 11기 인민대표대회 2차 회의의 대표가 심의하고 전국 정협 11기 2차 회의 위원이 제기한 의견과 건의사항을 기반으로 국무원은 「정부업무보고서」를 수정, '거자유기옥(居者有其屋, 모두가 집을 소유하게 만들자)'는 목표를 '주유소거(住有所居, 모두가 살 집을 마련하자)'로 수정했다.

2. 중 · 저 소득 계층의 주택보장을 위한 미국의 금융 경험과 교훈

1) 미국 양대 모기지 회사[8)]의 금융 경험

미국 정부는 '모든 국민이 자기 집을 소유하는' 꿈[9)]을 이루게 하기 위해 주택정책에서 중 · 저 소득 계층에 편향된 정책을 고수하며 미국의 주택과 담보대출 시장의 안정성을 유지하면서 이 시장에 유동성을 제공해주고자 했다. 미국 의회는 1938년 정부후원기업(GSE)을 특별허가하고 '연방저당권협회'라고 명명했으며, 이 기업은 약칭 '패니메이(Fannie Mae)'라는 이름으로 운영을 시작했다. 패니메이의 역할은 2차 모기지 시장(서브프라임 모기지 시장)에서의 운영이었다. 비교적 소형 금융기관(소형기관)으로부터 저당권을 사들여 소형기관이 필요한 자본을 대출 이자를 지불할 능력이 있는 주택 구매자[10)]에게 제공할 수 있도록 하는 것이었다. 이러한 조치는 실질적으로 시중은행이 더 많은 미국 국민에게 주택대출을 제공할 수 있도록 만들었다. 이 기간에 의회는 주택 관련 프로젝트와 기관 및 국유기업을 하나의 보호막 아래 두기 위해 1965년 미국 주택도시개발부(HUD)를 설립했다. 그 취지는 주택보급 능력을 강화하고 지역사회 발전을 지원하며 주택의 구매권을 지지해 미국 국민들의 해당 권리가 차별을 받지 않도록 보호하는데 있었다. 미국 주택도시개발부(HUD)와 패니메이의 목적은 지역공동체 개발 포괄보조금 프로그램(Community Development Block Grant Program)을 위해 충분한 자금을 제공하고 처음으로 집을 사는 사람들에게 금융서비스를 제공하는 '적정가격주택 지원 신탁기금(Affordable

---

8) '양대 모기지 회사'는 미국 최대의 부동산대출기업인 패니메이와 프레디맥을 지칭한다.
9) 미국 정치인의 표를 끌어 모으기 위한 행동으로 이해할 수도 있다.
10) Fannie Mae, About Us(Fannie Mae), 2011. http://www.fanniemae.com/kb/index?page=home&c=aboutus (accessed February 08, 2011)

Housing Trust Fund)'에 활기를 더해주고, 계획에 의한 보조적 임대주택 프로젝트를 위해 대출을 제공하며 담보 대출 사기행위를 감독·방지하고 신에너지 개발 프로젝트와 새로운 이웃관계 수립을 자금적으로 지원하고, 효율성이 없거나 창의력이 부족한 프로젝트에 대한 자금 지원을 철회하는 것이었다.[11]

이러한 방법은 1930년대 중반부터 30년대 후반까지 지속되었고 40년대와 50년대에도 '누구나 자신의 집을 갖고자 하는' 기대에 실질적이고도 귀중한 보탬이 되었다. 1968년에 의회가 패니메이를 민영화하면서 패니메이의 사업은 대형은행의 직접 모기지론이나 직접대출 업무와 분리되어 서브프라임 모기지 시장에 국한되게 되었다. 그러나 패니메이는 여전히 정부후원기업의 형태로 운영되었고 그것은 패니메이가 미국 정부가 지지하는 파산할 수 없는 기업이라는 것을 의미했다. 패니메이가 서브프라임 모기지 시장에서 누린 독점적인 지위에 비추어볼 때 패니메이는 여타 주택대출 기관에 위협이 되는 존재였다. 그 결과 힘의 균형을 이루기 위해 의회는 1970년에 비슷한 유형의 금융기관을 설립하고 '연방주택대출저당공사'라고 명명했다. 약칭 '프레디맥(Freddie Mac)'이라 불리는 이 기관은 서브프라임 모기지 시장에서 패니메이와 경쟁구도를 이루었다. 제2차 세계대전이 끝나고 미국 경제가 빠르게 성장하면서 주택을 소유하는 미국인이 늘어났다. 미국 정부가 은연중에 지원하는 가운데 패니메이와 프레디맥은 미국 서브프라임 모기지 시장에서 양대 산맥의 자리를 굳건히 해나갔다. 정부가 양대 모기지 회사에 금융적인 혜택을 제공하는 가운데 여타 대형은행과 금융기관들은 커다란 불만을 품게 되었다. 또한 패니메이는 1999년에 서브프라임 모기지 시장에서의 대출기준을 보급화하면서 소수민족과 저소득 소비계층에게 대출을 완화해 주택 보유를 장려했고 이 조치로 인해 여타 시중은행

---

11) U.S. Department of Housing and Urban Development. AboutHUD.2011.http://portal.hud.gov/hudportal/HUD?src=/about(accessedFebruary08, 2011)

에 비해 패니메이의 대출요건은 완화되었다(Holmes, 1999).[12]

아래 도표에서 보듯이 백여 년간 미국 국민의 주택 보유율은 상승하는 추세를 보여왔다. 이와 함께 미국의 인구도 과거 한 세기 동안 증가 추세를 보였으며 인구증가율이 주택보유율의 변화보다 크게 나타났다. 이러한 현상은 국민의 주택보유율에 있어서 조금이라도 더 많은 미국인이 주택을 소유하고자 하는 그들의 꿈을 이루도록 하기 위해 미국 정부가 끊임없이 노력했음을 보여준다.

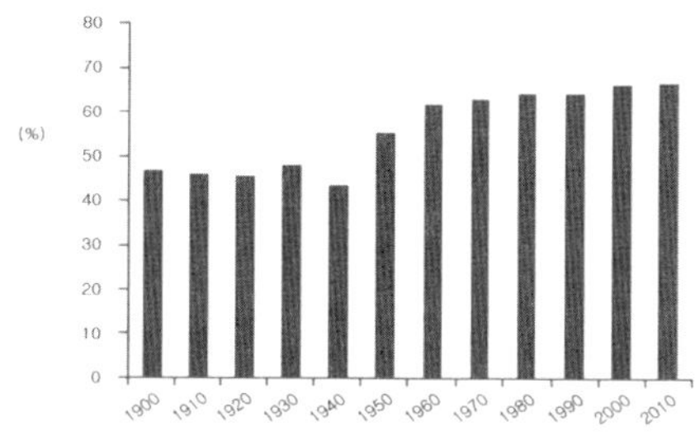

〈그림 1〉 미국 역대 주택보유율 변화

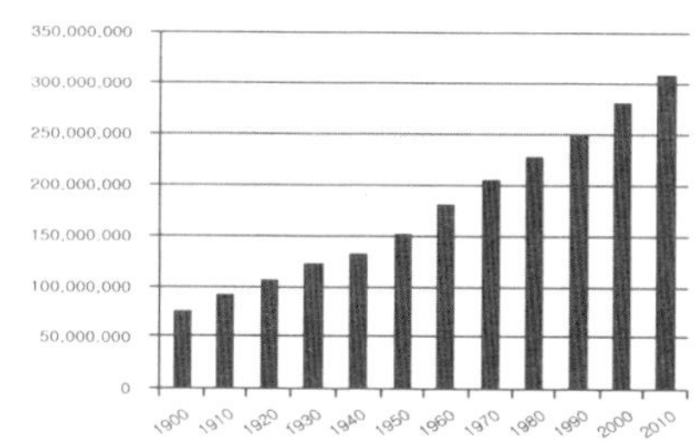

〈그림 2〉 미국 역대 인구변화율 변화

*자료출처: 미국 인구조사국 조사 수치, 1990~2010년의 데이터는 10년간 미국의 평균 부동산 보유율 반영

양대 모기지 회사의 설립 외에도 미국은 1977년에 '지역재투자법안'[13](CRA)을 공포했다. 이 법안은 지미 카터 대통령 재임시절에 통과되었다. 이 법안은 비즈니스 활동에 종사하는 지역 사회를 위한 금융기관의 역할을 보장하기 위해 마련되었다. 양대 모기지 회사를 위한 법률적 뒷받침이라고 말할 수 있는 이 법안의 취지는 저소득 대출자의 주택 구매를 장려하고 저소득층을 위해 금융기관을 정비할 수단을 예비하는 것이었

12) 이후 여타 은행과 금융기관이 속속 이를 모방하면서 주택 사유화 비율이 증가했고 이와 동시에 미국 금융기관은 가장 높은 위험수위의 대출을 제공하게 되었다.

13) 법안 CRA의 등장과 함께 비난 여론이 들끓었다. 일각에서는 이 법안이 은행과 금융기관에 미미한 압력이 될 것이며 이러한 압력은 시장의 공급과 수요를 효과적으로 반영하지 못할 뿐 아니라 대출의 안전성도 보장하지 못한다며 이 법안의 기준에 부합하기 위한 금융기관의 맹목적인 노력만을 보장할 수 있을 뿐이라고 했으며, 다른 일각에서는 주택시장 붕괴의 많은 요인은 모두 법안 CRA의 탓으로 돌릴 수 있을 것이라고 더욱 강력하게 비난했다.

다. 1977년부터 대부인에 대한 '법안'의 기록 조사는 연방준비제도이사회(FRB) 연방예금보험공사(FDIC) 미국통화감독청(OCC) 미국근검감시국(OTC)의 4개 기관에서 채택되어 실시되었으며, 저소득층과 중산층 지역에 충분한 대출기금을 제공할 수 있도록 했다.14)

그러나 CRA 이후 1996년 '주택 및 도시개발규정(HUD)'이 잇달아 출현하면서 주택 시장에서 양대 모기지 회사의 독점적 지위를 규제했다. (비록 형식적인 규제에 불과했지만) 규제의 내용은 주로 양대 모기지 회사가 매입한 담보대출 가운데 규정에 의해 12%는 특수지불대출에 해당해야 한다는 것이었다. 특수지불대출이란 대출 지급대상의 소득이 해당 지역 중간수준 소득자의 60%에 미치지 못하는 저소득층에게 지급되는 대출을 의미한다. '규정(HUD)'은 부동산에 참여하는 정부후원기업에 대한 명확한 목표를 세웠다. 즉 모기지 융자의 42%가 반드시 현지의 평균소득보다 낮은 계층에게 지급되어야 한다는 것이었다. 2000년 에는 '규정'이 상술한 두 수치를 각각 20%와 50%로 조정했고 그 후 2005년에 또 한 번 22%와 52%로 조정했다.15) 이는 법률적으로 금융혁신의 여지를 남긴 것이다. 즉 자산의 증권화가 주택대출 분야에서 능력을 펼칠 공간을 마련했다. 대출 기준에 부합하기 어려운 저소득 주택 구매자의 입장에 서서 그들에게 '꼬리를 물고 이어지는 대출'을 해준다는 것은 처음에는 양대 모기지 회사에서 시작해서, 나아가 양대 모기지 회사를 포함한 주택 후원기업에게, 최종적으로는 주택과 관련된 모든 금융기관을 포함한 거의 모든 국민에게 '법안' CRA와 '규정' HUD의 요구에 부합하는 서브프라임 모기지 시장을 창조하라는 의미와 같았다. 따라서 정부후원기업은 의회가 최종적으로 구입한 417,000달러 이내의 모기지 대출을 매입하도록 요구받았고, 소규모 은행마저

---

14) Federal Financial Institutions Examination Council(FFIEC), *CRA Examinations*, 2011. http://www.ffiec.gov/cra/examinations.htm(accessedFebruary08, 2011).

15) Istook, E. "Democrats Behind CRA Cover-Up," *Human Events 64*, no. 35(2008), pp.1-9.

저소득자에게 주택대출을 제공하는 행렬에 참여하게 되었고 최종적으로 주택 대출 유동성을 창조하는 갖가지 무기들 즉, 서브프라임 모기지 시장, 자산 패키지와 자산의 증권화[16]가 탄생하게 되었다.

2) 미국 양대 모기지 회사의 금융 교훈

처음 패니메이와 프레디맥을 만든 취지는 주택시장에 더 많은 유동성을 공급하기 위해서였다. 그것은 허황된 생각이 아니라 이성적인 계획이었다. 미국 중산층의 주택 구매자들에게 이 구상을 보급하고, '모두가 집을 소유하는' 국민의 꿈을 이루기 위해 미국은 주택 대출에 있어서 인위적으로 대출 규모를 확대했고 시중은행이 더 많은 대출을 제공하도록 장려했다. 1990년대 후반에 이르러서 양대 모기지 회사와 같은 부류의 금융업체는 이러한 방식을 여전히 지속해나갔다. 즉 회사채를 발행해 주택 대출 시장에 끊임없이 자본금을 주입한 것이다. 물론 그들은 패키지 된 은행 모기지 자산, 즉 증권화된 은행자산(담보물을 보증으로 삼는 증권)을 계속 구입했다. 이렇게 되자 은행은 스스로 만들어낸 대출을 통제할 수 없게 되었고 최종 결과는 모두가 알다시피 2007년 부동산 거품이 꺼지고 빙산의 일각이 모습을 드러내면서 도미노 현상으로 이어져 2008년에는 글로벌 금융 시스템을 붕괴시켰다. 그러자 일순간 사람들의 원성이 쏟아져 나왔다. 사람들은 패니메이와 프레디맥을 포함한 모든 이익의 고리에 연루된 대출 제공자를 질책하기 시작했다. 물론 그 중에는 의회와 백악관, 그리고 이러한 그룹에서 활동하는 사람들(뒤에 다시 언급하겠음)이 포함된다. 그렇다면 도대체 무슨 일이 일어난 것인가?

첫째, 패니메이와 프레디맥은 정부후원기업, 즉 GSEs였다. 기술적으

16) 자산 증권화는 미국연방 주택감독관리위원회와 패니메이의 대출요건이 구속할 수 있는 범위를 이미 벗어났다는 점을 지적할 필요가 있다.

로 말하자면 이들은 일반적인 의미에서의 정부 기관이 아니다. 즉 국방부나 농업부 따위의 행정기관은 아닌 것이다. 그러나 이들이 정부를 배후에 둔 기관으로 여겨졌다는 것, 이것이 문제의 근본적인 원인이었다. 정부가 이 두 업체가 파산하도록 내버려두지도 파산을 허락하지도 않을 것이기 때문에 대중은 이러한 기업은 절대 파산할 리 없다고 가정했다. 주택 구매를 투자의 수단으로 삼았거나 삼으려던 사람들에게 있어서 이는 더 없이 좋은 구실이었다. 즉 패니메이와 프레디맥이 의회와 백악관에 거대한 영향력을 지니므로 이러한 특수적인 배경에서 패니메이와 프레디맥은 태산처럼 굳건하게 보였던 것이다.

둘째, 패니메이와 프레디맥의 관리계층 역시 이런 견해를 지니고 있었다는 사실이다. 객관적으로 보면 부동산 시장에서 통용되는 많은 기준이 패니메이와 프레디맥에는 적용되지 않았다. 바로 이러한 천혜의 지위를 누렸기 때문에 패니메이와 프레디맥은 경영에서 점점 더 많은 도덕적 해이 문제가 누적되었다. 금융위기를 돌이켜보면 그들이 앞장서서 리스크를 무시하고 심지어 종용한 결과라고 할 수 있다. 이러한 문제를 초래한 장본인을 따지자면 미국 의회도 발을 빼기 어렵다. 많은 국회의원들이 정부후원기업과 각별한 관계에 있었기 때문에 정치인들은 다양한 이유로 기업을 두둔할 수 있었고 정책적으로도 끊임없는 지원을 제공할 수 있었기 때문이다. 그 보답으로 패니메이와 프레디맥 및 관련된 미국 전역의 기업들은 암묵적으로 정치인들과 이익공동체를 결성했고, 경선에서 기부하거나 선거에서 주택 사유화를 추진하는 정치인을 지지할 수 있었다. 2005년 금융위기가 발발하기 바로 직전에 패니메이와 프레디맥에 심각한 문제가 있다는 것을 증명할 증거가 충분했을 때도 국회의원들은 패니메이와 프레디맥에 대한 조사를 반대했다. 이는 너무나 많은 정치인들이 과거에 GSO 기업으로부터 너무나 많은 이익을 챙겼고, 또한 너무나 많은 기업인과 정치인 사이에 상당히 긴밀한 연대가 있었다는 것을 설명하기에 충분하다. 예를 들어 패니메이의 CEO

프랭클린 레이네(Franklin Raines)는 민주당과 각별한 관계가 있었다.

도덕적 해이라는 문제는 늘 존재하다가 90년대 후반 클린턴 집권 시기부터 묵혀오기 시작한 것이 부시 정권 때 정점에 달했다. 둘러 말하기 좋아하는 지역공동체 개혁조직(ACORN)[17] 등의 비영리기관은 한때 패니메이와 프레디맥 및 시중은행에 압력을 가해 주택 대출 적격자의 범위를 확대할 것을 요구했다. 압력에 의해 패니메이와 프레디맥은 과거에 서비스 수준이 낮은 주택 지역에 실시하던 신규 대출 규정을 중단하고 특히 대출 할당에 있어서 양보를 감행했다. 다시 말해 각각의 기준에 부합하기 위해 은행은 대출 기준을 완화했고 금융기관을 더욱 높은 리스크에 노출시켰다. 은행이 타협한 이유는 세 가지다. 첫째, 은행은 대출을 통해 수익을 창출한다. 둘째, 정부후원기업이 대출에 대해 책임을 진다. 셋째, 구매한 대출은 은행, 특히 대형 은행이 모기지 증권화한 자산이다(양질의 자산으로 여겨진다). 이 모든 것의 결과로 미국의 주택 사유화 비율은 계속해서 상승했다. 90년대 초반이 63%에서 2000년에는 68%, 2005년과 그 이후 69% 이상으로 증가했다.

상술한 모든 상황은 부동산 거품 형성에 더할 수 없이 적절한 외부환경을 조성해주었고, 이는 2007년 말 부동산 시장 붕괴로 이어졌다. 그 전에 미국 학계에서는 이러한 정책에 의문을 제기하는 사람들이 있었다. 집값 거품이 꺼지지 않더라도 다른 업계가 책임을 지는 분야(부동산 업계)에 많은 자금을 투입하는 정책의 기회비용이 얼마나 많을까라는 의문이었다. 다시 말해서 잠재력 있는 하이테크 기업이나 사회경제 발전의 잠재적 기회가 패니메이와 프레디맥의 부단한 '노력' 때문에 그리고 강력한 정치적 의도를 지닌 의회와 정부 행정기관의 행정 간섭

17) 미국 지역공동체 개혁조직(ACORN)은 퇴역군인들이 결성한 좌익정치조직으로 자칭 '비영리, 비당파적 사회정의 조직'이다. 목적은 가난한 사람들의 취업을 돕고 그들의 거주지역을 관리하는 것이다. 1970년 아칸소주에서 최초로 결성된 이 조직은 최저임금 향상과 주택보유 보장 및 빈민촌의 선거권 확대를 주장한다. ACORN은 2008년 패니메이와 프레디맥과 함께 서브프라임 모기지 사태로 인한 논쟁에 휘말렸고, 2010년 3월에는 거액의 채무로 인해 모든 산하기관을 폐쇄한다고 대외적으로 선포했다.

으로 인해 사장된 것이다.

3. 중국 보장성 주택 공급 이후의 금융 귀감

1) '모두가 집을 소유하도록 하자'는 목표에서 '모두가 살 집을 마련하자'는 목표로의 전환

2010년 11기 인민대표대회 2차 회의가 심의하고 전국정치협상회의 11기 2차 회의의 위원이 제기한 의견과 건의사항을 충분히 반영해 국무원이 「정부업무보고서」를 수정하고, '모두가 집을 소유(居者有其屋)'하게 만들자는 목표를 '모두가 살 집을 마련(住有所居)'하자는 목표로 수정하기는 했으나 필자는 정부가 여전히 부동산의 시장화 노선을 견지하고 있다고 생각한다. 그 이유는 다음과 같다. 모두가 집을 소유하게 만들자는 목표는 주택 재산권의 소유를 강조한다. 이는 실질적으로 모기지론을 통해 실현된다. 모두가 살 집을 마련하자는 목표는 재산권의 임대를 의미한다. 최종적인 차이는 모기지론과 임대의 차이다. 이 두 가지 금융수단의 차이는 본질적으로 여전히 시장화의 게임의 법칙을 따르는 것이다. 미국의 부동산시장 발전사에도 비슷한 시기가 있었다. 역사적으로 유명한 미국의 '주택임대 규제 시스템'은 제2차 세계대전으로 미국의 주택 시장이 망가지자 미국 정부가 실시한 '보완책'에 의한 산물이었다. 중국은 이 문제에 있어서 미국이 겪은 시행착오를 피하기 위해 뒷걸음치는 글로벌 경제 상황에도 중국 경제가 성장을 거듭하고, GDP 세계 2위를 실현한 역사적인 기회를 틈타 사회발전의 갈등을 해소하고 사회적 위기의 발발을 근절하고 위기를 미연에 방지해야 한다. 즉 주택 시장의 투기를 방지하면서 동시에 보장성 주택건설을 확대해야 한다. 이러한 조치는 금융수단의 혁신에 새로운 여지를 제공한다. 시장경제라는 맥락에서 금융수단의 창조이자 선택인 것이다. 따라서 현재 중국의 부동산 발전이 여전히 시장화 노선을 견지하고 있다는 것은 의심의 여지가 없다. 미국처럼 경제 위기가 발발한 후 '보완책'을 쓰자는 것이 아니다. 따라서 부동산 시장만 놓고 봤을 때, 중국의 개혁은 아직 끝나지 않았다.

따라서 필자는 미국의 '주택임대 규제 시스템(Rent Control System)'에 대해서도 언급하고자 한다. 이 시스템은 양대 모기지 회사가 등장하기 전에 있었던 시스템으로 과거의 「부동산 발전보고」[18]에서 거론된 바 있다. 여기서 필자는 미숙한 의견이지만 중국 주택 임대 시장의 관리와 정책 결정을 지지하기 위해 미숙하지만 의견을 내놓고자 한다.

'주택임대 규제 시스템(Rent Control System)'은 미국 정부가 빠른 집값 상승과 도시인구의 급격한 증가 및 인플레이션을 억제하기 위해 채택한 임차인 보호 법률 제도로써 제2차 세계대전 시기에 주택 공급 부족으로 1943년 미연방정부가 실시한 부동산 임대 시장 관리에 대한 일련의 법률 시스템이다. 이 제도는 지방정부가 부동산 임차인이 주인에게 지불하는 적정 임대료 수준을 파악해서 전쟁 시에 국내 사회 질서의 안정을 확보하는 데 도움이 된다. '주택임대 규제 시스템'은 정부의 시장 간섭 성격을 띄기 때문에 평상시 경제발전에는 유익한 제도가 아니다. 따라서 제2차 세계대전이 끝나고 중단되었다. 그러나 경제번영과 고도의 성장으로 인한 지역 경제의 격차를 줄이고 경제의 균형적 발전을 위해 미국 정부는 소수 도시에서 '주택임대 규제 시스템'을 유지하고 경제시스템에서 부동산 시장 과열을 억제하는 '완충제'로 삼았다. 예를 들어 뉴욕에서는 아직도 주택임대 규제 시스템이 시행되고 있다. 캘리포니아 산타모니카에서 '주택임대 규제 시스템'이 존재하는 이유는 1970년대에 인플레이션과 인구 급증의 영향으로 부동산과

18) 천베이, "중국 부동산금융 구축과 관리에 있어서의 경, 중, 완, 급", 『중국 부동산 발전보고』, 판쟈화(潘家華), 리징궈(李景國) 주편, 83페이지, 중국사회과학문헌출판사, 2010.

주택 임대 가격이 급격히 상승했기 때문이다. 산타모니카 시정부는 1979년에 '주택임대 규제 시스템'을 이용해 부동산 소유주에게 임대료를 1978년 수준으로 삭감하라고 요구했고 향후 주택 임대료를 당해 년도 총 가격 수준의 2/3에 한 해서만 변동할 수 있도록 규정했다.* 결과적으로 산타모니카시의 신규 아파트 건축이 억제되었다. 물론 사무용 건물과 비즈니스용 건물의 건설은 영향을 받지 않았다. 이와 함께 '주택임대 규제 시스템'은 샌프란시스코에서도 효과적으로 추진되었다. 같은 해에 비교성을 지닌 두 도시(달라스와 샌프란시스코)를 살펴보면 '주택임대 규제 시스템'을 실시하지 않은 달라스의 경우 신축 주택은 11,000채였고 주택 공실률이 16%에 달했다. '주택임대 규제 시스템'을 실시한 샌프란시스코의 경우 신축 주택이 겨우 2,000채에 불과했고 공실률은 1.6%였다. '임대 규제 시스템'은 당시 미국의 혼란스러웠던 부동산 시장을 다스리는 데 매우 좋은 효과를 거뒀다.

역사를 돌이켜보면 미국의 부동산 산업에서 '주택임대 규제 시스템'은 전쟁 시기에나 평상시 부동산 시장에 있어서 3가지 기능을 효과적으로 이행했다. 첫째, 기존 부동산 자원의 효과적인 이용 추진과 신규 주택 건설 추진, 둘째, 경쟁적 주택 수요 가운데 기존의 부족한 주택 물량 분배, 셋째, 잠재적 임차인을 통해 기존 주택 물량의 이성적인 이용이었다. '주택임대 규제 시스템'의 출현은 인위적으로 영리적인 주택 임대료를 통제하는 가장 중요한 요소였다. 이러한 점에서 보면'주택임대 규제 시스템'은 기본적으로 '거주 환경의 최소한의 존엄성'을 보호하기 위한 임차인의 관점에서 출발한 것이다. 주목할 만한 점은 심지어 임차인이 자신의 돈으로 오래된 주택을 인테리어하고 개조할 수 있는 권리를 보호하는 규정이 있었고, 이 규정의 객관적인 효과는 임차인의 주택 환경 개선에 대한 수요를 활성화했으며 이것이 주변 소비 시장 발달로 이어져 지역 경제의 번영에 이바지했다.

필자가 여기서 미국 부동산 산업의 '주택임대 규제 시스템'을 언급한 것은 거시적인 관점에서 봤을 때 당시 미국에서 이 시스템이 등장한 사회적인 배경이 현 단계에서 중국의 사회경제 환경과 어느 정도 유사한 점이 있기 때문이다. 미시적인 측면에서 관찰하면 미국의 '주택임대 규제 시스템'이 거뒀던 효과는 현재 중국 부동산 시장의 발전이 기대하고 있는 효과이기도 하다. 도시화가 가속화되면서 2020년에는 중국이 전면적인 중류사회 목표를 달성하게 되고, 매년 최소한 2,800만 명의 농민이 도시로 유입돼 정주하게 될 것이다. 향후 산업 노동자가 될 농민들이 도시에서 편안하게 일하고 거주하게 하기 위해서는 매년 주택 건설에 최소한 수백억 위안을 투자해야 한다. 따라서 중국 부동산의 시장화 발전 노선은 이제 막 시작되었다고 할 수 있다. 12차 5개년 계획 「정부업무보고서」에서 '모두가 집을 소유하도록 만들자'는 목표를 '모두가 살 집을 마련하자'는 목표로 수정한 것은 국가 상황에 대한 뚜렷한 인지와 이성적인 결정의 결과이다. 지역별로, 각기 다른 소득 계층별로 '주택임대 규제 시스템'이라는 수단을 적용하는 것도 보장성 주택의 퇴출과 관련해서 참고해볼 만한 가치가 있다. 또한 이것은 부동산 금융수단이 중국의 건전한 발전에서 누리게 될 역사적인 기회가 될 것이다.

2) 회사채 발행과 부동산 투자신탁기금은 양날의 칼

보장성 주택에 대해 회사채를 발행하는 것은 한편으로는 회사채 발행 기업의 행위를 연구하는 데 도움이 되어 중국 자본시장의 운용메커니즘을 관찰하는 중요한 돌파구가 된다. 국내 자본시장이 발전함에 따라 회사채의 연구가 날로 중요시되고 있다. 공산당 16차 3중 전회의 '결정'은 자본시장을 발전시키는 과정에서 '적극적으로 채권시장을 개척하고 발행 절차를 완비, 규범화하며, 회사채 발행 규모를 확대한다'는 방침을 명확히 밝혔다. 중국은 1994년에 실시한 「회사법」 제5장에서

회사채에 대해 별도의 규정을 갖고 있다.

그러나 수년의 시간이 지난 지금도 여전히 중국은 성숙한 회사채가 없는 상황이다. 서양의 금융이론과 경험을 통해 보면 회사채는 회사가 직접 자금을 조달하는 주요한 금융수단이다. 금융학자 미슈킨은 "상공기업이 자금을 조달하는 가장 중요한 수단은 주식 발행이 아니다. 채권을 발행하는 것이 주식 발행보다 훨씬 중요하다."고 말했다. 미국은 회사채를 통해 조달한 자금이 주식을 통해 조달한 자금보다 15배나 많았던 기록도 있다. 유럽의 증권시장에서 매년 회사채의 조달 금액이 3대 기본증권(회사채권, 정부채권, 주식)에서 차지하는 비중이 통상적으로 60~80%이며, 주식은 10%에 불과하다. 이를 통해 볼 때, 회사채는 증권시장의 주체적 증권임을 알 수 있다. 따라서 회사채를 적극 발전시키는 것이 중국 자본시장을 한층 성숙하게 만들기 위한 중요한 과정이 될 것이다.

다른 한편으로 현재 중국의 상장 회사의 자금조달 행위는 여전히 미스터리다. 기존의 서양 금융학은 투자자의 과시현상(Odean, 1998, JF)[19], 투자심리(Baker and Wurgler, 2005)[20], 잡거래(DeLong, Shleifer, Summer, Waldmann, 1990)[21]에 대해 이론적인 해석을 제시하지 않았다. 중국의 자본시장 건설에 있어서 이는 소홀히 할 수 없는 결함이다. 학계에서도 주류 금융모델과 실증 사이에 존재하는 배치현상을 극복하고자 행동금융학적 방법으로 진행한 연구문헌이 있다. 그러나 관련 연구는 주로 증권 투자자의 표면적 행위 분석에 집중되어 있고 도덕적 해이 분석과 같은 심층적인 분석과 증권 발행자의 행위 분석에 관한 연구는 극히 소수에 불과하다. 따라서 이 과제에 대해 제도적이고 과학

---

19) Odean, T., 1998, Are Investors Reluctant to Realize their Losses, *Journal of Finance*, pp.1775-1798.

20) Baker and Wurgler, 2005, *Investor sentiment and the cross-section of stock returns*, HBS Working Paper.

21) DeLong, Shleifer, Summer, Waldmann, 1990, Noice trader risk in financial markets, *Journal of Political Economy*, pp.98, 703-738.

적이며 심도 깊은 연구를 통해 중국이 구미 국가들이 겪었던 금융위기의 전철을 밟지 않도록 해야 한다.

물론 중국의 상황은 미국과 차이가 있다. 실효성 있는 부동산 시장과 주택 재산권 문화의 발전은 장기적인 관점에서 중국이 기존의 고저축/고수출 모델과 한층 성숙한 소비 사이에 균형을 이루며 성장하는데 도움이 될 것이다.

주의할 점은 중국이 도덕적 해이를 야기하는 상황이 발생하지 않도록 신중히 관리해야 한다는 것이다. 미국에서는 패니메이와 프레디맥을 철저히 민영화해야 한다는 주장이 있다. 물론 향후 발전을 볼 때 가능성이 크지는 않지만 이는 대중이 이 두 기관에 대해 얼마나 실망했는지를 보여주는 단면적인 예이다. 아마도 문제는 이렇게 해결할 수 있을 것이다. 첫째, 유력한 신용 기록이 없는 한, 작은 돈이라도 대출받기 어렵도록 엄격한 대출 기준을 고수해야 한다. 중국의 보장성 주택 가운데 가격제한주택과 경제실용주택은 대출심사 문제에서 중앙정부의 고도의 주목을 받고 있다. 현재의 미국은 금융위기 이후 이 문제를 더욱 중요시하고 있다. 둘째, 대출을 받는 사람은 누구나 반드시 주택 최초납입금 즉 50%~20%를 이행해야 한다. 셋째, 시중은행은 반드시 일정 비율의 초기 대출금을 제한해야 한다. 그래야만 은행에 적극성을 부여해서 대출을 지급해야 할 사람이 누구이고, 지급하지 말아야 할 사람이 누구인지 결정할 수 있을 것이다.

중국 부동산 중개서비스업의 회고와 전망

자오칭샹, 장용, 왕샤[1)]

개요 부동산 중개서비스업은 부동산 감정평가와 부동산거래 중개, 부동산 컨설팅을 포함하며 부동산 산업과 현대서비스업의 중요한 구성요소로서 개혁개방 이후 부동산 시장의 발전과 함께 점차 성장하기 시작해 사회주의 시장경제질서의 규범화, 국가와 국민의 재산 보호, 부동산 시장의 건전한 발전과 효율성 제고 및 주거환경 개선에 있어서 중요한 역할을 하고 있다. 2011년에는 부동산 시장규제의 영향으로 부동산 감정평가 업계와 부동산거래 중개 업계에 존재하던 문제들이 부각되면서 업계 발전의 발목을 잡았다. 부동산 중개업은 이러한 우여곡절 속에서 성숙을 거듭하며 점차 부동산 업계의 주류로서 대두되기 시작했다. 부동산 시장의 구조적 조정과 전문서비스에 대한 수요가 계속해서 증가함에 따라 향후 부동산 중개업은 발전을 거듭할 것으로 보인다.

■ 키워드: 부동산 중개업, 부동산 감정평가, 부동산거래 중개

부동산 중개서비스업은 부동산 감정평가와 부동산거래 중개, 부동산 컨설팅을 포함하는 부동산 산업과 현대서비스업의 중요한 구성요소이다. 부동산 감정평가는 부동산 감정평가기관이 타인의 의뢰를 받아 부동산 감정평가사를 파견해 특정 목적을 위해 공인된 원칙과 엄격한 절차에 따르며 관련 법규, 정책, 표준에 입각해 합당한 가설하에 과학적인 방법으로 특정 부동산에 대한 특정 시기의 특정 가치를 분석하고 추산, 판단하며 전문가의 의견을 제공하는 활동을 가리킨다. 부동산거래 중개는 부동산거래를 성사시키기 위해 공급자와 수요자에게 부동산 물량과 고객, 시장가격 등 부동산거래와 관련된 정보를 제공하며 부동

1) 중국 부동산감정평가사 및 부동산중개인학회, 부동산연구센터

산거래 계약서 작성, 부동산 대출업무 대행, 부동산 등기 대행 등의 서비스를 제공하는 업종이다. 부동산 컨설팅은 투자자와 소비자 및 부동산 운영자를 위해 투자환경, 시장정보(수요공급 정보, 고객신용도 등), 프로젝트 평가, 품질 감정, 측량 감정평가, 주택구매 수속, 관련 법률 등에 관한 컨설팅을 제공하는 업종으로 현재 주로 부동산 감정평가사와 부동산 중개인이 이 분야에 종사하고 있다.

부동산 중개서비스는 개혁개방 이후 부동산 시장의 발전과 함께 점차 성장하기 시작해 사회주의 시장경제질서의 규범화, 국가와 국민의 재산 보호, 부동산 시장의 건전한 발전과 효율성 제고 및 주거환경 개선에 있어서 중요한 역할을 하고 있다. 2011년 부동산 감정평가사와 부동산 중개인으로 대표되는 부동산 중개서비스업 종사자의 노력과 혁신을 통해 업계 발전과 업계 조직 구성 등의 각종 사업이 눈에 띄게 좋은 성과를 거두었으며 경제사회 발전, 특히 부동산 산업의 발전에 기여했다.

1. 부동산 감정평가 업계의 발전 현황

1) 부동산 감정평가 업계의 기본 현황

30년간 발전을 거치면서 중국의 부동산 감정평가 종사자 규모는 빠르게 증가했고 인적 자질도 점차 향상되고 있다. 법률・법규의 정비와 표준시스템 구축, 업무수행의 규범화를 통해 정부가 규제하고 업계가 자율적으로 단속하며 사회가 감독의 역할을 수행하는 관리체계가 확립되면서 부동산 감정평가 시장은 공정 경쟁이 가능해지고 개방된 질서와 통제력을 어느 정도 갖추게 되었다. 중국 부동산감정평가 제도의 변천과 현황은 아래 몇 가지로 나누어 설명해볼 수 있다.

첫째, 부동산 감정평가는 국가의 법정 제도이다. 「도시부동산관리법」 제34조는 '국가는 부동산 가격평가 제도를 실시한다'라고 규정하고 있으며, 제59조는 '국가는 부동산 가격평가 인원의 자격인증제도를 실시한다'고 규정하고 있다. 이 두 조항은 부동산 감정평가의 법률적 지위를 명확히 함으로써 부동산 감정평가를 국가의 법정 제도로서 인정하고 있다.

둘째, 부동산 감정평가사 공인자격제도 수립이다. 1993년 미국과 일본 등 경제선진국의 경험을 바탕으로 기존의 인사부와 건설부가 공동으로 중국 부동산감정평가사 공인자격제도를 수립했다. 이는 중국 최초의 전문기술인 공인자격제도이다.

셋째, '부동산 감정평가사 공인자격등록'과 '부동산 감정평가기관 자질심사비준' 등 행정허가항목을 설정했다. '보류행정심사항목 행정허가설정에 대한 국무원 결정'(국무원령 제412호)에 의하면 '부동산 감정평가사 공인자격등록'은 「도시부동산관리법」이 설정한 행정허가 항목으로써 법에 의거해 계속 실시될 것이며 '부동산 감정평가기관 자질심사비준'은 국무원이 보류하기로 결정하고 행정허가를 설정한 500개의 항목 중 하나이다(제110항).

넷째, 부동산 감정평가 관련 법규가 어느 정도 갖추어져 있다. 현재 시행되고 있는 부동산 감정평가 관련 법률은 「도시부동산관리법」이고 행정법규는 「국유토지에서의 주택징수 및 보상조례」며 부문 규정은 '등록부동산감정평가사 관리방법'과 '부동산감정평가기관 관리방법'이다.

다섯째, 부동산 감정평가 표준이 기본적으로 갖추어져 있다. 현재 시행되고 있는 부동산 감정평가 표준으로는 국가표준인 '부동산감정평가규범'과 '부동산담보감정평가지도의견', '국유토지에서의 주택징수 평가방법'이 있다. 그밖에 베이징시는 '베이징시 주택품질결함손실 평가규정'을 공표했고, 스촨성은 '스촨성 부동산사법감정평가지도의

견'을, 청두시는 '청두시 농촌부동산감정평가규범'을 공표했다.

여섯째, 홍콩의 측량사와 상호자격인정을 실시한다. 2004년 8월 '긴밀한 경제무역 관계 수립에 관한 본토와 홍콩의 계획(CEPA)'하에 중국 본토의 부동산 감정평가사와 홍콩 측량사 간의 상호자격인증을 최초로 실시하여 홍콩 측량사 97명이 본토의 부동산 감정평가사 자격을 취득했고 본토의 부동산 감정평가사 111명이 홍콩의 측량사 자격을 취득했다. 2011년 10월에는 본토의 부동산 감정평가사와 홍콩의 측량사 간의 2차 상호자격인증이 실시되어 본토와 홍콩에서 각각 99명이 상대편 자격을 취득했다.

2011년 말 현재까지 전국의 부동산 감정평가기관은 5,400여 개이며 그 중 239개 기관이 1급 자격을 보유하고 있고 감정평가 종사자는 30만 명을 넘어섰다. 44,197명이 부동산 감정평가사 공인자격을 취득했고, 그 중 등록된 자격보유자 수는 39,148명에 달한다.

2) 2011년 부동산 감정평가 업계 발전 상황

2011년에는 2,321명이 부동산 감정평가사 자격을 취득했고 16개 부동산 감정평가기관이 1급 자격을 획득했다. 2011년 12월 31일 이전에 1급

[표] 2011년 영업소득 기준 전국 부동산 감정평가기관 TOP 10

번호	기관명
1	선전시 스롄(世聯)토지 부동산평가 유한공사
2	베이징 런다(仁達) 부동산평가 유한공사
3	베이징 소우쟈(首佳) 부동산평가 유한공사
4	베이징 캉정홍지(康正宏基) 부동산평가 유한공사
5	상하이 도시 부동산감정평가 유한공사
6	베이징 진리안(金利安) 부동산 자문평가 유한책임공사
7	장쑤 보원(博文) 부동산토지가격 자문평가 유한공사
8	상하이 부동산감정평가사사무소 유한공사
9	선전시 국책부동산토지감정평가 유한공사
10	선전시 톈젠궈쫑롄(天健國衆聯) 자산평가토지 부동산감정평가 유한공사

자격을 취득한 부동산 감정평가기관(전국 총 239개)이 작성한 2011년 부동산 감정평가 신용파일에 의하면 영업소득 기준 전국 10위권 내의 부동산 감정평가기관은 [표]와 같다.

2011년에는 부동산 시장규제의 영향으로 부동산 감정평가 업무량이 다소 감소했다. 부동산 감정평가 신용파일에 의하면 전국 239개의 1급 기관이 수행한 감정평가 업무 가운데 부동산 담보 감정평가 건수는 23.7만 건으로 2010년 대비 10% 감소했고 총 평가가치는 2.7조 위안, 주택징수 평가 업무는 5,000여 건으로 2010년 대비 27% 감소했고 총 평가가치는 362억 위안이었으며 부동산 사법감정평가는 3,000여 건이며 총 평가가치는 254억 위안으로 나타났다.

2011년 국무원은 '국유토지에서의 주택징수 및 보상조례'를 시행하여 피징수 주택의 가치를 명확히 했다. 합당한 자격을 지닌 부동산 가격평가기관이 주택징수평가방법에 의해 감정평가를 진행했다. 주택도시농촌건설부는 '국유토지에서의 주택징수평가방법'을 공표하고 주택징수평가의 절차와 기술을 한층 더 개선했다. 이러한 법규는 한편으로는 부동산 감정평가의 입지를 강화시켰지만 다른 한편으로는 평가의 난이도를 높여서 부동산 감정평가기관과 감정평가사의 책임을 가중시켰다.

2010년 11월 재정부와 국가세무총국은 「부동산평가기술을 활용한 미분양주택 거래세 징수관리업무 강화에 관한 통보」를 공표하고 부동산 평가기술을 이용해 부동산 거래세 징수관리를 강화하고 세수의 빈틈을 메웠다. 2011년에는 두 부처의 계획하에 여러 지역에서 미분양주택 평가시범업무를 완수했다. 부동산 감정평가기관은 시범업무에서 매우 중요한 기술적 지원을 제공했고, 미분양주택 세수평가는 부동산 감정평가기관에 새로운 사업 루트를 마련해주었다.

3) 현재 부동산 감정평가 업계에 존재하는 주요 문제점

(1) 날로 악화되는 외부 생존환경

국내외 거시경제 정세가 급변하고 부동산 시장의 기복이 심해지면서 감정평가기관의 외부 생존환경이 다음과 같은 심각한 도전에 직면했다. 첫째, 감정평가 서비스에 대한 고객의 기대치는 높아지고 있지만 기관의 고객가치창조 능력은 이에 미치지 못한다. 둘째, 감정평가시장의 사업구조 변화로 기존사업의 강점은 점차 축소되고 신규사업 역시 큰 발전을 보이지 못하고 있다. 셋째, 감정평가기관이 상업뇌물수수 관리대상이 되면서 직업상의 리스크가 계속 커지고 있다. 넷째, 몇몇 대형 평가기관 간의 경쟁으로 부동산 감정평가시장의 전망을 낙관하기 어렵다.

2011년에는 일부 지역의 개별 은행들이 주택담보대출 업무에서 감정평가보고서를 요구하지 않게 되었다. 담보의 감정평가는 법정 필수사항도 아닐 뿐더러 고객의 리스크 책임의식이 강화되면서 감정평가기관이 감당해야 할 책임과 리스크가 뚜렷이 늘어났다.

(2) 업계의 무질서한 과열경쟁

정부가 부동산 시장규제를 단행하면서 일부 감정평가기관은 비용을 터무니없이 낮추거나 의뢰인의 무리한 요구에 맞춰주거나 불법 홍보를 감행하는 등 각종 부당한 경쟁수법으로 출혈경쟁을 펼치고 있다. 이러한 현상은 장기간 존재해왔으며 그 원인은 일부 의뢰인이 감정평가 결과에만 연연하고 보고서의 품질은 뒷전이거나 형식적인 요건에만 부합하고 서명과 날인만 있으면 그만인 감정평가보고서를 요구하기 때문이다. 이러한 상황은 정상적인 경영을 하는 감정평가기관과 부동산 감정평가 업계 전반의 건전한 발전에 막대한 악영향을 미치고 있다.

(3) 우수업체에 대한 정책적 지원 부족

부동산 감정평가 업계의 장기적인 발전을 위해서는 감정평가를 생애 사업으로 삼고 일하는 감정평가기관이 반드시 필요하다. 이러한 업체들은 업계의 건전한 발전을 이끄는 유일한 희망이 될 것이다. 그러나 전국적으로 비교적 건실하고 전문성이 있고 보고서 품질도 좋으며 사회적 명망도 높은 부동산 감정평가기관의 성장을 뒷받침해줄 만한 정책적인 지원이 여전히 부재한 상황이다.

이와 반대로 규범화된 경영이나 기업관리에는 소홀한 일부 감정평가기관들이 저렴한 비용을 내세워 저가경쟁을 부추기고 불합리한 고객의 요구에 맞춰주는 방식으로 업무를 따내고 이에 대한 이득을 취하고 있는 상황이다. 그 밖에 업계에서 오래 종사했음에도 경영자의 근시안적 태도로 인해 장기적인 발전을 이루지 못하고 내부적으로 많은 문제를 끌어안고 있는 일부 업체들도 업계에 매우 부정적인 영향을 미치고 있다. 따라서 감정평가 업계 스스로가 자정능력을 키우고 우수한 업체를 지원할 수 있도록 하는 정책적인 노력이 시급하다.

4) 부동산 감정평가 업계의 건전한 발전을 위한 건의사항

부동산 감정평가 업계의 상황과 현존하는 주요 문제들을 해결하기 위해 산업단체를 구성하여 교육과 훈련을 강화하고 업계의 긍정적인 홍보를 통해 부동산 감정평가 업계의 규범화되고 건전한 발전을 촉진할 것을 건의한다.

(1) 산업단체를 구성해 자율적인 관리능력 강화

첫째, 국가가 정책적인 측면에서 전국적으로 산업단체를 지원해 단체의 현황과 경제발전의 객관적인 수요에 맞추어 규범을 연구·제정하고 산업단체의 전문법률과 법규를 추진해 단체의 역할을 명확히 하고 감독 및 통제 기능을 확대해야 한다. 둘째, 전국의 성(省)과 시(市)가 부동산 감정평가 산업단체를 구성하도록 장려, 지원하고 서비스 역할을 제고해 단체가 정보를 획득하고 구성원의 수요에 부합할 수 있는 능력을 갖추게 해야 한다. 셋째, 선진국의 경험을 토대로 정부의 행정관리와 업계의 자율관리를 연계해 산업기구가 자율관리 기능을 충분히 발휘해야 한다. "업계 종사자는 반드시 협회에 가입해야 한다."는 법률원칙을 세워 업계의 자율적 관리를 위한 기반을 다져야 한다.

(2) 성장플랫폼을 통해 감정평가기관의 발전 촉진

일부 부동산 감정평가기관에 대해 어느 정도 편중된 정책을 통해 우수한 기관을 지원해야 한다. 예를 들어 업계 주관부문의 행정영향력을 충분히 발휘해 전반적으로 실력 있는 몇몇 감정평가기관을 지원하고 부동산세 과세표준 평가, 부동산투자신탁기금 자산평가 및 부동산컨설팅서비스 범주에 속하는 부동산시장 분석, 부동산개발 투자컨설팅, 부동산구매 투자컨설팅, 부동산 간접투자컨설팅, 부동산 대출항목 컨설팅, 부동산 자산관리컨설팅, 부동산 정책자문, 부동산 징수징용 컨설팅, 부동산 업무처리 컨설팅 등 신규사업을 진행하도록 해야 한다.

또한 영세 업체가 핵심경쟁력을 발굴하고 특기를 살려 안정적으로 성장할 수 있도록 지도와 협조가 필요하다. 이들 업체는 전반적으로 실력이 강한 감정평가기관과의 교류와 협력을 통해서도 발전을 모색할 수 있다. 예를 들어 기업소득세나 개인소득세 등 세수 측면에서 부동산 감정평가기관에 우대정책을 실시하거나 그 밖에 부동산중개 서비스업 리스크펀드제도를 마련해 과실보험을 통해 업무상의 리스크를 전가할 수 있다.

(3) 사회환경 개선과 사회적 위상 제고

부동산 감정평가업은 현대사회 경제활동에서 없어서는 안 될 중개서비스 업종이다. 그러나 현재 국내에서 부동산 감정평가 업계에 대한 지명도나 위상이 높지 못하고 심지어 부동산 감정평가가 도대체 무엇을 하는 일인지 제대로 설명하지 못하는 일부 업계 종사자도 있다. 또한 사회적으로도 업계에 대한편견이 적지 않다. 따라서 관련부문은 홍보에 노력을 기울여 주요 매체를 통해 감정평가업을 알리고 업계의 발언권을 강화해 업계내 주요 감정평가기관이 이룬 우수한 성과에 대해서도 적극 홍보해야 한다. 사회적으로 업계를 홍보해서 경제사회 활동에서 감정평가업이 중요한 역할을 발휘하고 있음을 알려야 한다.

그밖에 정기적으로 우수 부동산감정평가사를 선정하고 표창해 업계의 규범화된 경영과 신뢰의 분위기를 조성해야 한다. 우수한 부동산감정평가사로 구성된 전문가팀을 만들어 정부 유관부문과 긴밀한 업무연계를 진행하고 정부의 도시·농촌계획, 토지이용계획, 연간계획, 부동산 개발계획 등에 전문적인 컨설팅을 제공하고 우수한 부동산감정평가사를 각급 인민대표대회, 정치협상회의에 추천해 의정활동에 참여하도록 지원해야 한다.

부동산 감정평가업은 업계의 규모가 크지 않고 발전 과정에서 문제점이 존재하고 있는 것은 사실이지만 사회경제활동에서, 특히 거래의 안전을 보장하고 사회의 안정을 유지하는 측면에서 매우 중요한 역할을 하고 있다. 선진국의 경험에 비추어볼 때 부동산 감정평가업은 부동산업과 함께 더불어 발전할 업종이며 부동산업이 존재하는 한 전문적인 감정평가업무가 필요할 것이다. 부동산 감정평가업은 규범화 과정과 업계 육성을 통해서 계속해서 성장해 나갈 것이다.

2. 부동산거래 중개업의 발전 현황

1) 부동산거래 중개업의 기본 현황

최근 30년 동안 중국의 부동산거래 중개업은 부단히 성정을 거듭했다.

(1) 부동산중개업의 역할

부동산거래 중개업은 부동산업과 현대 서비스업의 중요한 구성요서로써 개혁개방 이후 중국의 부동산시장이 부상함에 따라 빠르게 발전하기 시작했다. 부동산거래 중개는 부동산시장의 운용효율을 높이고 부동산거래의 안전을 보장하고 부동산거래의 질서를 수호하고 부동산 자원배치의 최적화와 주거환경 개선 및 고용 확대 측면에서 중요한 역할을 해왔다. 최근 몇 년간 과학기술이 발전하면서 많은 부동산거래 중개기관들이 컴퓨터, 인터넷, 지리정보시스템, 이동통신 등 첨단기술을 활용함에 따라 부동산거래 중개업에도 변화의 바람이 일고 있다. 인터넷 거래중개사이트, 인터넷 주택옥션, SNS(웨이보)마케팅 등이 출현하면서 부동산거래 중개업은 전통서비스업에서 현대서비스업으로의 전환을 마치고 이미 현대서비스업의 주요 구성요소가 되었다.

(2) 부동산중개업의 발전

부동산거래 중개업의 규모가 커지면서 다각화된 경쟁구도가 형성되었다. 잠정통계에 의하면 현재 부동산거래 중개업 종사자 수는 100만 명을 넘어섰고 그 중 전국에서 부동산거래 중개인 자격을 취득한 자는 44,013명에 달하며 부동산거래 중개기구는 5만 개가 넘는다. 또한 리엔쟈디찬(鏈家地産), 웨이예워아이워지아(偉業我愛我家), 만탕홍(滿堂紅) 등 점포가 백 개가 넘고 직원이 천 명이 넘거나 점포가 천 개가 넘고 직원이 만 명이 넘는 대형브랜드 중개기관이 출현하기 시작했다.

홍콩의 중웬디찬(中原地産), 메이롄우예(美聯物業), 타이완의 신이팡우(信義房屋), 주상부동산(住商不動産) 등 홍콩과 대만의 일부 유명 부동산거래 중개기관도 잇따라 본토로 진출하고 있다. 또한 미국의 센트리21부동산 등 유명 해외브랜드도 대륙으로 진출하고 있다. 비즈니스모델 측면에서 만탕홍(滿堂紅)과 구이팡즈환(貴房置換) 등은 중국적인 특색을 갖춘 비즈니스모델을 모색하면서, 홍콩식, 타이완식, 미국식 비즈니스모델이 공존하는 시장을 형성했다. 센트리21부동산과 이쥐(易居) 등의 브랜드는 자본시장에서도 성공적으로 상장을 마쳤다.

(3) 부동산중개업의 중요성

부동산거래 중개활동이 다수의 부동산거래를 성사시키면서 업계의 중요성이 부각되고 있다. 현재 중국 부동산시장은 구조적 조정기를 맞이하고 있다. 기존주택시장이 신축상품주택을 뛰어넘어 부동산시장의 주류로 등장하고 있다. 부동산거래에서 중개서비스를 통해 거래가 성사되는 비율이 점점 높아지고 있고 부동산거래 중개서비스의 내용도 날로 풍부해지고 있으며 부동산거래 중개가 부동산 전체 거래 사슬에서 차지하는 위상도 높아지고 있다. 선전(深圳)을 예로 들면, 2010년 1월부터 5월까지 부동산시장거래에서 기존주택과 신축상품주택의 거래 비율이 4:1로 나타났는데 기존주택 거래에서 90%가 부동산거래 중개서비스를 통해 성사된 케이스다. 비록 부동산 건당 거래금액이 크지는 않았지만 거래량이 많고 거래당사자 수도 많았다. 예를 들어 2010년 롄쟈디찬(鏈家地産)이 알선하여 거래가 성사된 주택수는 3.98만 채, 거래금액은 총 662억 위안, 가구수는 8만 가구에 달했고, 2011년에는 2.75만 채, 거래금액은 총 531억 위안, 가구수는 5.5만 가구에 달했다. 부동산거래 중개업은 문제가 발생할 경우 집단적인 사건으로 번질 가능성이 크고 사회의 안정에도 영향을 미치게 되므로 중요하게 다루어져야 한다.

2) 2011년 부동산거래 중개업의 발전 상황

2011년 부동산시장의 주기적 영향과 정책규제의 영향으로 베이징(北京), 상하이(上海), 광저우(广州), 선전(深圳) 등 일선도시들의 기존주택 거래량이 동기 대비 하락을 보였다. 베이징의 경우 2011년 기존주택 거래량이 12.2만 채로 2010년의 19.7만 채보다 38.1% 감소, 2009년의 26.7만 채보다 50.3% 감소했다. 부동산 거래량의 하락은 부동산거래 중개업의 조정을 가져왔다. 베이징 롄자(鏈家)부동산중개회사의 통계에 의하면, 베이징의 부동산거래 중개업소의 업소별 월평균 거래량은 1.5채에 못 미쳐 중소형 중개기관이 적자를 견디다 못해 부득이하게 영업을 중단하는 상황도 빚어졌다. 2011년 베이징 부동산거래 중개기관 중 1,400개 점포가 문을 닫았다. 이는 전체 중소업체에서 70%가 넘는 비중이다.

부동산시장의 규제로 인해 부동산거래 중개업의 집중도가 높아졌다. 베이징부동산거래관리사이트(北京房地産交易管理网)의 통계에 의하면 2011년 베이징에서 부동산거래 중개기관이 성사시킨 부동산거래 가운데 업계순위 3위 이내 기관의 거래량이 51.5%로 2010년보다 3.8%%p 증가했다. 업계순위 10위권 밖의 중개기관은 거래량이 35.7%에 불과해 2010년 대비 약 4%%p 하락했다. 상하이에서도 3위 안의 부동산거래 중개기관의 거래량은 20%에 육박한 것으로 알려졌다. 이는 시장 침체기에 부동산거래 중개기관의 브랜드 역할이 매우 중요하다는 사실을 보여준다.

2011년 '부동산거래 중개관리방법'이 시행되면서 부동산거래 중개업에 대한 관리는 중요한 발걸음을 내딛게 되었다. 2011년 4월 1일 '부동산거래 중개관리방법'이 시행되었고 5월 11일에는 주택도시농촌건설부와 국가발전개혁위원회가 합동으로 「부동산거래 중개관리와 부동산거래질서 강화에 관한 통지」[건설(2011)68호]를 배포했다. 이를 시행하고 특별정비업무에 착수하면서 정식등록을 거치지 않고 부동산거래 중개업에 종사하거나 무자격자가 서비스계약서를 체결하는 행위, 허위물량이나 허위광고 행위, 주택내부를 개조해서 분할임대하는 행위, 허위증명자료를 제공하거나 작성 대행하는 행위, 이중계약서 작성에 협조하는 행위, 필수고지사항의 설명의무를 이행하지 않은 경우, 정찰가격 표시제를 이행하지 않는 경우, 불법 추가비용을 청구하거나, 변칙적인 요금기준을 인상하는 등의 불법행위를 집중 단속하기 시작했다.

3) 부동산거래 중개업에 현존하는 문제와 해결 방안

(1) 부동산거래 중개업에 현존하는 문제

① 규범화되지 못한 영업행위가 여전히 존재한다. 고의로 중요한 정보를 은폐하거나 허위광고를 유포해 사실과 맞지 않는 물량과 고객정보를 제공하는 경우, 부동산거래 중개업체나 업계종사자가 부동산투기를 하는 행위, 주택임대 대행 과정에 차액을 챙기는 행위, 거래 당사자의 이중계약서 체결에 협조해 세금탈루를 돕는 행위, 부동산거래 중개업 종사자가 고객을 귀찮게 하며 불쾌감을 주는 행위, 임차보증금을 착취하거나 집값을 횡령하는 행위 등이 있다. 2011년 말에 발생한 '베이징 창칭위안(常青園) 사기 사건'은 부동산중개기관의 규범화되지 못한 업무로 인해 계약대상주택의 사실관계를 확인하지 않아 결국 17가구가 2,871만 위안 규모의 주택매입사기를 당한 사건이었다. 이러한 규범화되지 못한 행위는 부동산거래 중개업의 질서와 업계 위상에 해를 미칠 뿐 아니라 주택구매자에게도 막대한 손실을 끼치게 된다.

② 서비스 수준이 낮고 무질서한 경쟁이 심각하다. 현재 중국의 부동산거래 중개기관의 수가 많고 업계 종사자가 많고도 번잡하다. 주로 점포 수를 늘리거나 직원을 고용하는 등 '인해전술'을 통해 사업을 확장하고 전문성과 서비스 수준을 높이겠다는 마인드가 부족하다. 홋일

을 생각하지 않고 거래성사에만 급급하지만 물량에 한계가 있기 때문에 여러 중개기관이 동시에 일을 수임하는(집주인이 여러 중개기관에 매매를 위탁하는 방식) 방식으로 일을 진행해서 부동산거래 중개기관들 간의 물량, 고객 정보가 중복되고 서비스가 동질화되어 경쟁이 더욱 치열해진다. 일부 기관은 물량과 고객을 확보하기 위해 악의적으로 다른 기관을 비방하거나 수수료를 낮추고 허위약속을 하거나 악의적으로 타인의 거래를 방해하고 인터넷사이트에 계약완료 공시를 해서 물량을 잡아두는 식의 악성 경쟁을 벌이고 있다. 이러한 행위가 부동산거래 중개업계의 질서를 망치고 있다.

③ 부동산거래 중개의 역할에 대한 대중의 인식이 부족하다. 현재 중국의 부동산거래 중개업은 환경이 열악하다. 의뢰인이 단순히 높은 효율이나 이득을 추구하기 위해 신용을 어기고 마지막 순간에 중개기관을 배제한 채, 매매 쌍방간 계약을 체결하는 경우를 흔히 볼 수 있다. 거래당사자들이 부동산거래 중개서비스의 가치를 높게 보지 않고, 부동산거래 중개에 대한편견을 갖고 있어서 부동산 중개인이 마땅한 이해와 존중을 받지 못하는 상황이다. 의뢰인은 거래만 성사되면 중개기관을 배제하고 계약을 체결하거나 수수료 지불을 거부하는 상황도 많기 때문에 부동산거래 중개인의 합법적인 권익이 보장받기 힘들다. 부동산거래 중개에 대한 대중의 편견으로 인해 부동산중개인이 마땅한 존중을 받지 못하고 사회적 위상이 낮기 때문에 부동산거래 중개업을 생애직업으로 삼거나 장기간 이 업종에 종사하지 못하는 경우가 많다.

(2) 부동산거래 중개업의 규범화된 발전을 위한 대책과 건의

2011년 4월 1일부터 '부동산거래 중개관리 방법'이 실시됨에 따라 앞서 제기한 문제들이 다소 변화를 보이고 있지만 법제도의 낙후와 업계진입제도의 부재, 전문관리인력의 부족, 관리역량 미비 등의 기저 원인은 여전히 상존하므로 부동산거래 중개업의 발전을 저해하는 문제들을 해결하기 위해서는 다음과 같은 노력이 필요하다.

① 업계진입제도를 점진적으로 추진해야 한다. 부동산거래 중개업의 진입제도 시행을 제안한다. 미국과 타이완, 홍콩에서는 부동산거래 중개인에 대해 철저한 면허관리를 실시하고 있다. 면허를 취득한 사람만이 부동산거래 중개업무에 종사할 수 있는 것이다. 장기적으로 중국도 이러한 선진국과 선진지역의 경험을 토대로 점진적으로 업계진입제도를 엄격히 추진해야 한다. 단기적으로는 자금과 자격요건을 강화하는 등 부동산거래기관 설립장벽을 높임으로써 이러한 문제를 점진적으로 해결할 수 있을 것이다.

② 부동산거래 중개인을 대상으로 교육과 신용관리를 강화해야 한다. 업계 종사자의 자질과 신용은 업계의 전문성을 결정짓는 직접적인 요인이므로 업계 조직력을 발휘해서 업계 종사자들에 대한 직업교육과 훈련을 강화하고 신용평가를 실시해 부동산거래 중개업의 신용시스템을 구축해야 한다. '업계 종사자는 반드시 협회에 가입해야 한다'는 타이완의 제도를 본받아 부동산거래 중개업계기구가 '회원서비스, 회원관리'의 방식으로 부동산거래 중개인 신용 파일을 확립하고 부동산거래 중개인에 대해 전문적인 훈련과 신용평가를 실시하도록 한다. 이렇게 해서 업계 종사자의 자질을 향상하고 업계 자율적인 관리를 이루어야 한다.

③ 물량과 고객정보 공유시스템을 구축해 전담대행제도를 점진적으로 시행해야 한다. 미국처럼 부동산거래 중개기관이 앞장서서 물량과 고객정보 공유시스템을 구축하고 점차적인 전담대행제도를 추진하는 것이다. 물량과 고객정보 공유시스템을 구축하면 부동산거래 중개기관 간의 정보소스를 공유할 수 있고 정보검색과 발표의 비용을 줄일 수 있다. 또한 오래되거나 중복된 정보를 피할 수 있으며 중개기관 간의 협업을 도모할 수 있다. 전담대행제도를 실시하면 거래물량을 확보하기 위한 기관 간의 악성 경쟁이나 고객의 기관배제 등의 문제를 효과적으

로 해결할 수 있다. 전담대행제도와 고객정보공유시스템은 업계의 발전을 저해하는 문제를 해결하고 부동산거래 중개업이 지속적이고 건전하게 발전하기 위한 효과적인 방법이 될 것이다. 이는 부동산거래 중개기관이 점차적으로 구축하고 업계 내에서 추진할 수 있을 것이다.

④ 부동산거래 중개업의 법률·법규체계 수립을 적극 추진해야 한다. 이를 위해 부동산거래 중개업의 전문법률 제정을 건의한다. 시장경제 선진국과 중국의 타이완, 홍콩은 모두 부동산거래 중개법률이 있다. 예를 들어 타이완에는 「부동산거래 중개업관리조례」가, 홍콩에는 「부동산 대리조례」가 있다. 미국은 각 주마다 부동산거래 중개인 면허법이 있다. 중국 부동산거래 중개업의 장기적인 발전문제를 해결하려면 전문법률제정이 필수적인 요소이다.

단기적으로는 「도시부동산관리법」을 수정하면서 부동산거래 중개업관리에 대한 전문규정을 신설하는 것도 방법일 것이다. 법률적으로 부동산거래 중개업의 진입제도를 구축해 부동산거래 중개기관과 중개인의 권리와 의무, 금지행위와 법률적 책임을 명확히 해야 한다. 이와 함께 부동산법률·법규체계를 정비하고 「부동산중개서비스 관리조례」 등 부대행정법규를 가능한 빨리 출범시켜 부동산거래 중개와 관련된 규정을 세분화하고 행정법규의 빈틈을 메워야 한다.

4) 부동산거래 중개업의 발전전망

최근 10년간 중국의 상품건물과 주택판매량은 해마다 증가해(그림 1 참고) 2010년에는 전국의 상품건물 판매면적이 10.43억㎡로, 1999년보다 8배 이상 증가했다. 이는 부동산거래 중개업의 빠른 발전에 역사적인 기회를 부여했다. 2011년 부동산 시장 규제를 실시했음에도 전국의 상품건물 판매면적은 10.99억㎡로 전년 대비 4.9% 증가했다. 그 중 주택 판매면적은 9.703억㎡로 3.9% 증가했다.

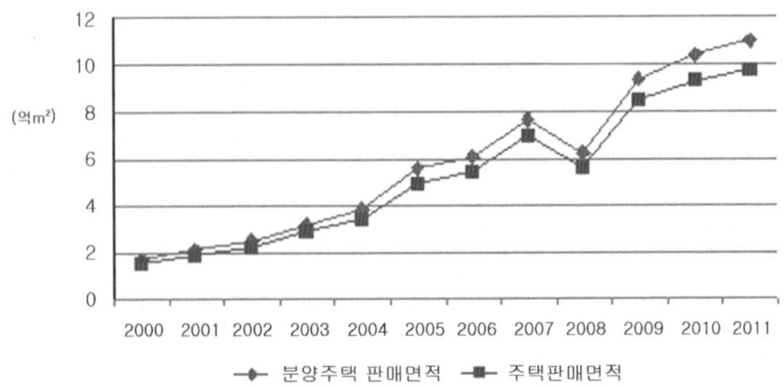

〈그림 1〉 2000~2011년 상품건물 판매면적

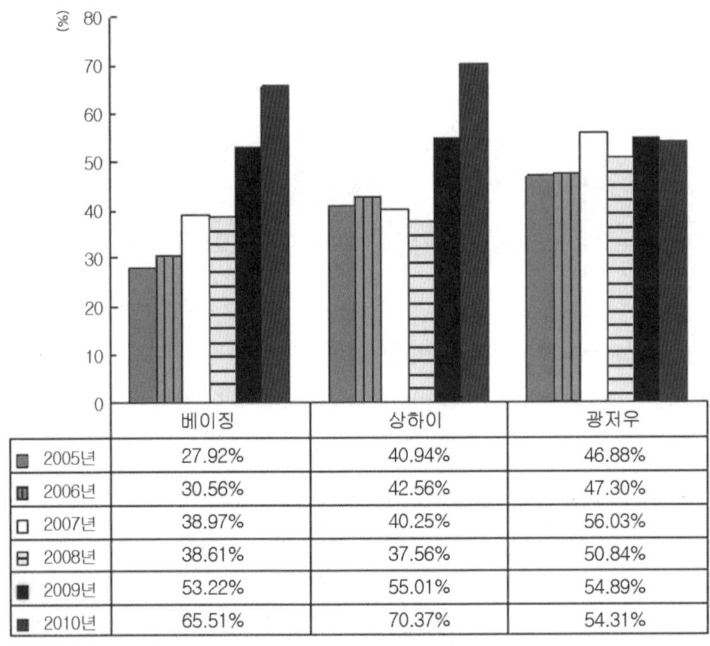

	베이징	상하이	광저우
2005년	27.92%	40.94%	46.88%
2006년	30.56%	42.56%	47.30%
2007년	38.97%	40.25%	56.03%
2008년	38.61%	37.56%	50.84%
2009년	53.22%	55.01%	54.89%
2010년	65.51%	70.37%	54.31%

〈그림 2〉 2005~2010년 기존주택 거래수량이 전체 거래량에서 차지하는 비중

기존주택 거래량의 꾸준한 증가는 부동산거래 중개업의 발전에 활기를 부여했다. 현재 베이징, 상하이, 광저우 등 대도시의 기존주택 시장은 빠르게 성장하고 있으며 거래량이 신축상품건물(그림 2 참고)을 추월했다. 그 중 베이징, 상하이의 기존주택 거래량은 전체 부동산거래량의 60% 이상을 차지했다. 해외 경험을 비춰볼 때 시장경제가 발달하고 경제성장수준이 높을수록 부동산거래 중개서비스가 필요한 것으로 나타났다. 시장경제가 발달한 국가와 지역들에서 90% 이상의 부동산거래가 부동산거래 중개서비스를 통해 성사되는데 이에 비해 중국은 전체 부동산거래에서 중개서비스가 차지하는 비중이 앞으로도 증가할 가능성이 많다. 따라서 부동산거래 중개업은 유망업종이며 향후 오랜 기간 성장해나갈 업종으로 발전 전망이 매우 밝다.

PART 6

지역 편

2011년 상하이 부동산시장 발전 분석

2011년 광저우 부동산시장 연구

2011년 선전(深圳) 부동산시장의 해석과 전망

지역 편

2011년 상하이 부동산시장 발전 분석

천저밍[1)]

개요 2011년 상하이 부동산시장은 매우 엄격한 조정을 거쳤다. '구조조정과 물가안정'의 국가경제 운영의 거시적인 대전제하에 부동산에 대한 엄격한 조정은 지속적으로 진행되었고 주택구매제한, 대출제한 등의 조치가 기존의 조정보다 더욱 세분화하여 실시되었다. 2011년 상하이 주택거래량은 2010년에 비해 크게 위축되었고, 주택거래가격은 단지 1.4% 상승을 기록하면서 조정의 효과가 명확하게 나타났다. 상하이 토지시장 특히 주택용지시장에서의 거래위축이 크게 나타났으며, 저가 토지거래가 2011년 토지시장의 한 특징이라 할 수 있다. 일부 부동산개발기업들이 2011년 하반기에 들어서 분양가를 대폭 할인하는 모습을 나타냈으며, 주택보장과 방산세 등의 장기적인 정책들은 실질적인 진전을 보였다.

■ 키워드: 방산세, 주택구매제한, 주택보장, 주택가격

1. 2011년 상하이 부동산시장 운영 상황

1) 부동산 개발투자는 전년도에 비해 다소 증가

2011년 상하이 부동산 기성 개발투자는 2,170억 3,100만 위안으로 전년 대비 9.6% 증가하였다. 상품유형별로 보면 상품주택투자가 1,398억 7,500만 위안으로 전년 대비 9.6% 증가하였고, 오피스 투자가 231억 900만 위안으로 전년 대비 3% 증가, 상가투자가 236억 500만 위안으로 전년 대비 3.5% 감소하였다.

1) 상하이 사회과학원 부동산업 연구중심 부주임

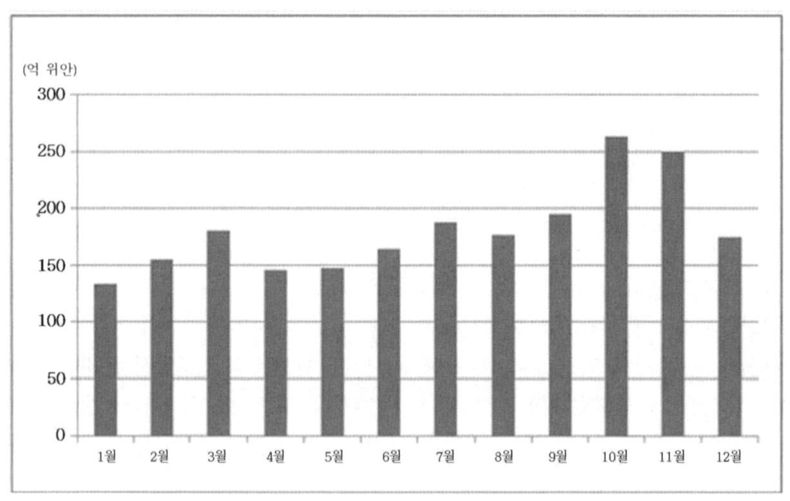

〈그림〉 2011년 상하이 부동산 개발투자 현황

월별 수치로 보면, 2011년 국경절 이후 부동산 개발투자는 비교적 큰 폭의 증가를 하였다. 10월분 부동산 개발투자는 263억 3,500만 위안에 달해 전년 동기 대비 29% 증가하였다. 그 중 오피스 개발투자가 42억 2,100만 위안으로 전년 대비 108.6% 증가하면서 공헌도가 가장 높았다. 상가개발투자는 30억 8천만 위안으로 전년 대비 36.8% 증가하였다. 이는 주택시장이 조정정책의 영향을 크게 받는 상황에서 개발기업들의 투자방향이 상업용 부동산으로 전환되고 있는 추세를 보였다고 볼 수 있다.

2) 부동산 건설규모의 안정적 증가

부동산 개발투자의 증가에 따라서, 상품건물의 건설규모도 지속적인 확대를 보였다. 2011년 상하이 상품건물 시공면적은 1억 2,983만㎡로 전년 대비 14.9% 증가하였다. 그 중 상품주택 시공면적은 8,386만 2,600㎡로 전년 대비 14.7% 증가하였다. 2011년 상하이 상품건물 신규착공면적은 3,644만 600㎡로 전년 대비 20.2% 증가하였고 그 중 상품주택 신규착공면적은 2,473만 6,000㎡로 전년 대비 17.2% 증가하였다. 2011년 상하이 상품건물 준공면적은 2,240만 6,200㎡로 전년 대비 15.4% 증가하였다. 그 중 상품주택 준공면적은 1,549만 6,600㎡로 11% 증가하였다. 부동산건설규모는 수년간 지속된 안정적 증가 추세를 유지하였고 이는 조정정책의 영향을 크게 받지 않은 모습을 보였다.

3) 상품건물 판매면적의 감소

2011년 상하이 상품주택시장에서는 공급량과 판매량 모두 적은 추세가 나타났다. 비록 연초에 공급량이 다소 증가하긴 했었지만 거래량은 연중 내내 위축된 모습을 보였고 전체적으로는 공급량과 판매량이 모두 위축된 추세를 보였다.

2011년 상하이 상품건물 판매면적은 1,771만 3,000㎡로 전년 대비 13.8% 감소하였다. 그 중 상품주택판매면적은 1,473만 7,200㎡로 전년 대비 12.6% 감소하였다.

4) 신규상품주택가격은 안정적 추세를 유지

주택시장 관련 전문 사이트인 소우팡(搜房)의 통계자료에 의하면 2011년 상하이 상품주택 평균가격은 약 22,000/㎡로 전년 대비 1.4% 상승한 것으로 나타났다. 여전히 상승 추세를 보이긴 했지만 2010년에 30% 이상 상승했던 것과 비교하면 상승폭은 명확하게 감소하였다. 국가통계국이 발표한 70개 중대형 도시 부동산 가격지수에 의하면 2011년 12월 상하이 신규주택 가격지수는 전년 동기 대비 1.7% 상승한 것으로 나타났다. 그 중 90㎡ 이하 주택의 가격 상승률이 3.7%였고, 90~144㎡ 주택의 가격 상승률이 2.3%, 그리고 144㎡ 이상 주택의 가격 상승률이 0.4% 였던 것으로 나타났다. 또한 2011년 12월, 상하이 기존주택 가격지수는 전년 동기 대비 1.7% 상승한 것으로 나타났다. 그 중 90㎡ 이하 주택의 가격 상승률은 2.3%였고, 90~144㎡ 주택의 가격 상승률은 2.3%, 그리고 144㎡ 이상 주택의 가격 상승률은 0.7%였던 것으로 나타났다.

5) 토지시장 위축

2011년 상하이 토지시장은 위축된 모습을 나타냈고 이러한 경향은 특히 주택용지시장에서 명확하게 나타났다. 개발회사들의 토지비축량이 상당하고, 자금난에 직면하여 토지획득에 대해 적극적인 모습을 보이지 않으면서, 토지시장의 거래량과 거래가격 모두 하락하여, 토지의 출양 프리미엄 비율이 지속적으로 감소하였고, 유찰되는 경우도 다수 나타났다.

2011년 상하이 토지공급량이 증가하여 시장공급면적이 2,927만 7,600㎡로 전년보다 20.63% 증가하였다. 토지공급구조에도 변화가 생겨, 주택용지공급량이 총 토지공급량의 27%로 전년의 34.7%의 비중에서 명확한 감소세를 보였다. 토지공급량이 증가한 주요한 원인은 공업용지와 상업용지의 증가로 인한 것이었다. 2011년 상하이는 총 308필지의 경영성 토지 1,464만㎡를 공급하여 공급량이 2010년에 비해 12.79% 증가하였다. 하지만 그 중 약 10%에 달하는 27필지가 각 종 원인으로 인하여 거래되지 못하였다. 2011년 거래된 경영성토지는 281필지 1,336만 7,000㎡로 전년 대비 4.72% 증가하였다. 그 중 주택용지거래면적이 481만 5,100㎡로 전년 대비 16.97% 감소하였고, 상업용지 거래면적은 305만 1,200㎡로 전년 대비 1.82% 감소하였다. 보장성 주택용지 공급은 550만 600㎡로 전년 대비 42.62% 증가하였다.

거래면적이 전년 대비 다소 증가한 것에 비해 토지출양금은 최근 몇 년 만에 처음으로 마이너스 증가를 보였다. 2011년 상하이 경영성 토지 출양금은 1,183억 2,200만 위안으로 전년 대비 14.41% 감소하였다. 그 중 주택용지 출양금액은 470억 4,100만 위안으로 전년 대비 39.54% 감소하였고, 상업용지 출양금액은 500억 8천만 위안으로 전년 대비 4.66%증가하였다. 보장성 주택용지 가격은 212억 100만 위안으로 전년 대비 68.27% 증가하였다.

연도별 상하이 토지출양수익을 보면 2007년에는 481억 2,900만 위안, 2008년은 398억 1,800만 위안, 2009년에는 1,043억 위안, 2010년에는 1,382억 위안이었다. 이 수치로 볼 때 2011년은 2008년 이후 처음으로 토지출양금 수익이 감소한 해였음을 알 수 있다.

2011년 거래된 281개 토지 중 170개가 저가에 거래되어 이 비중이 60%를 넘었고 토지경매의 평균 수익률이 17.66%였다. 2010년 이 수치는 46%였다. 경매프리미엄률의 하락은 2011년 상하이 토지시장이 침체되었었음을 충분히 반영하고 있다.

2. 상하이 정부의 부동산조정정책의 엄격한 집행

1) 호사조의 시행

2011년 7월 26일 상하이 부동산관리국은 「본시(本市) 상품주택판매행위 관리감독강화와 주택구매 제한정책의 엄격한 집행 등 유관문제에 관한 통지」(이하 滬*四條)을 발표하여 부동산시장에 대한 조정의지를 강력하게 표현하였다. 이를 통해 상하이 사회에는 주택구매제한령이 지속적으로 엄격하게 진행될 것이라는 인식이 보편적으로 형성되었다. 사실상 주택구매제한령은 편법을 통해서 회피할 수 있었다. 하지만 상하이 정부는 호사조(滬四條)의 발표를 통하여 주택구매제한령의 정

* 沪는 중국어에서 '상하이'를 의미한다.

책구멍에 대한 보완을 하였다.

위의 통지에서는 우선 각 상하이 내의 각 구(區)와 현(縣) 정부의 주택관리 부문과 가격주관 부문이 긴밀히 협조하여 '1주택 1가격'의 업무를 잘 수행할 것을 요구하여 분양현장에 공개하는 주택가격과 부동산관리부문에 등록하는 가격이 일치하도록 하였다. 판매가가 지나치게 높게 책정된 단지에 대해서는 정부가 개발회사 담당자와 면담, 권계 등을 통하여 판매가격이 합리적인 수준에서 형성될 수 있도록 조치를 취할 수 있도록 하였다. 주택구매제한령은 개발회사가 기존에 임의적인 가격결정권을 일정 정도 수축시켰다. 이는 부동산 관련 부문이 장래에 부동산시장 가격 결정상에 있어서 점차 중요한 책임과 권리를 행사하게 될 것임을 의미한다.

주택구매 제한정책 규정에 의거하여 주택판매와 중개업무를 진행하도록 하며, 주택구매자의 호적, 혼인여부, 소득세 및 사회보장연금의 납부기록 등에 대한 엄격한 조사를 하도록 하였다. 주택구매 2년 전부터 소득세 및 사회보장연금을 연속적으로 납부해야 주택구매 자격이 부여됨에도 연속적 납부기록이 없을 경우 추후에 납부하여 주택을 구매하던 기존의 편법에 대해서도 조사를 철저히 진행하여 금지하도록 하였다.

예비판매허가증을 취득하지 못한 단지에 대해서 부동산개발기업이 구매의향보증금이나 번호추첨비용, VIP 카드 발행비용 등의 명목으로 편법적으로 영업하는 행위를 금지하였다.

2) 방산세의 시범적 시행

2011년 1월 27일 상하이와 충칭시에서 방산세가 시범적으로 시행되었다. 상하이 정부는 '상하이의 일부 개인주택에 대한 방산세의 시범적 징수의 잠행방법'을 발표하여 1월 28일부터 일부 개인주택에 대하여 방산세를 시범적으로 징수하였다. 징수대상은 상하이 호구의 가정이 상하이에서 두 번째 주택을 구매한 경우와 상하이 호구를 가지지 않은 가정이 상하이에서 신규주택을 구매하는 경우이며 세율은 잠정적으로 0.6%이다. 1년 동안 방산세 정책은 점진적인 효과를 보이고 있으며 고급주택소비에 대해 억제작용을 하였고 주택공급구조를 개선하였다. 또한 주민의 주택소비에 대한 개념을 변화시켰다.

3) 보장성 주택사업의 실질적 진전

2011년의 한 해 동안 상하이 정부는 보장성 주택건설에 대해서 모든 역량을 기울였다. 주택시공품질을 보장하는 전제하에서 건설속도를 촉진시키고, 공평 확보의 전제하에서 공급을 증가시키는 등 일련의 업무에 속도를 내었다. 2011년 상하이 신규착공건설과 기존주택으로부터 조달한 보장성 주택면적은 17,000만㎡, 26만 채에 달하여 1,240만㎡과 17만 5,000채의 보장성 주택을 공급하였다. 2011년 보장성 주택은 사상 처음으로 상하이 부동산시장에서 주역이 되었다. 상하이에서는 이미 초보적으로 염가임대주택, 경제적용주택, 공공임대주택, 철거이주주택의 4개 유형으로 이루어진 보장성 주택 시스템을 구축하였다.

상하이 보장성 주택의 자금조달방식에서도 새로운 모델이 나타났다. 2011년 5월 상하이 보장성 주택건설 개발기업 중 하나인 상하이 청토우(城投)는 대형 금융회사인 중국 핑안(平安)과 함께 7년 만기 보장성 주택 프로젝트 채권을 통한 30억 위안 규모의 자금조달계획을 발표하여 중국 보장성 주택건설 자금마련 방면에 중요한 모델을 제시하였다.

상하이는 또한 경제적용주택에 대해서 '공유재산권' 제도를 발표하였다. 이는 상하이 정부의 경제적용주택 개발에 있어서의 각종 투입비용과 구매자의 구매비용의 서로 다른 비율을 통해서 정부와 구매자가 서로 다른 비율로 주택재산권을 공유하는 방안을 마련하였다. '공유재산권'은 기존의 경제적용주택이 투자수단으로 전용될 수 있었던 이윤

공간을 축소하고, 사회공공자원의 유실을 방지하며, 지대 추구의 가능성을 큰 폭으로 감소시킬 수 있을 것이다.

2011년 광저우 부동산시장 연구

랴오쥔핑, 라오야제, 차이추싱[1)]

개요 전국적인 상황과 마찬가지로 2011년 광저우시 부동산시장의 규제정책은 가시적인 성과를 거뒀고 정부는 행정적·경제적 방법을 병행해 수요를 억제하는 한편 공급을 확대했고 부동산가격의 과도한 상승세를 억제했다. 그러나 부동산시장은 이로 인해 정체상태에 빠졌고 거래는 저조했으며 토지출양은 좌절되었다. 2012년에도 시장상황이 개선될 가능성은 적어 보인다.

■ 키워드: 광저우, 부동산시장, 부동산시장 규제

1. 2011년 광저우 부동산시장 정책환경 분석

2005년부터 시작된 부동산시장 규제는 2011년에 이르러 '규제할수록 가격이 오르는' 비정상적인 모순에서 벗어났다. 주택매입 제한과 가격제한이란 강력한 행정조치와 대출제한이란 금융정책 시행으로 하늘 높은 줄 모르고 상승하던 집값도 상승세가 꺾였다. 적어도 베이징과 상하이, 광저우, 선전 등 1선 도시에서는 부동산가격 상승세가 억제되었다. 2011년 1월 26일 '신국8조'를 발표하고 상하이와 충칭에서 부동산보유세를 시범 도입했고 3월에는 국무원에서 발표한 정부업무보고에서 '부동산시장 규제를 변함없이 견지할 것'을 부동산정책의 기조로 확정하는 등 갈수록 규제정책의 강도를 높였다. 부동산규제의 목표는 부동

1) 랴오쥔핑(廖俊平): 중산대학교 링난경영대 부동산컨설팅연구센터 주임, 교수, 중국 부동산감정평가사 및 부동산중개인학회 부회장, 광저우시부동산중개협회 회장, 주요 연구 분야는 주택정책, 부동산시장, 부동산감정평가, 부동산중개 등; 라오야제(饒雅潔), 차이추싱(蔡楚星): 중산대학교 링난경영대 석사연구생

산가격의 과도한 상승 억제에서 부동산가격의 합리적인 회귀로 조정되었고 중앙정부가 전에 없이 결연한 의지를 보이자 지방정부 역시 목표를 완수하기 위해 주택매입 제한이나 직접적인 가격 제한 등의 정책을 쏟아냈다.

행정수단과 경제수단을 병행하고 수요 억제와 공급 확대를 동시에 추진한 것은 2011년 부동산 관련 각종 규제조치의 주요 특징이다. '신국8조'에서 처음으로 지방정부가 부동산 규제목표를 설정하도록 요구해 부동산시장 규제가 경제 및 행정적 수준에서 부동산가격의 직접적인 통제로 정도가 격상된 것을 보여주었다. 또 '신국8조'에서 직할시와 계획단열시(計劃單列市), 성 정부 소재지와 부동산가격이 과도하게 높고 상승세가 가파른 지역은 일정 기한 내에 주택매입 제한조치를 제정해 엄격하게 시행하도록 지적했다. 그 후 주택매입 제한과 관련된 각종 실시표준과 범위가 확대되었고 7월 12일 원자바오 국무원 총리가 국무원상무회의에서 다시 한번 부동산가격이 과도하게 상승한 2선, 3선 도시에서도 주택매입 제한조치를 시행하도록 강조했다. 결국 2011년 12월을 기준으로 전국 46개 지역에서 주택매입 제한정책을 발표했다.

이렇게 수요를 억제하는 한편 중앙정부와 지방정부는 시장을 규제하고 수급균형을 유지하며 부동산가격을 억제하는 주요 방법으로 공급확대를 선택했다. 그 가운데 보장성 주택건설 확대는 2011년 부동산시장 규제와 함께 주요한 핵심 조치였다. 2011년 3월 발표한 「정부업무보고」에서도 연내에 보장성 주택 1,000만 채를 건설해 동기 대비 72.4% 이상 공급을 확대하는 목표를 설정했다. 중앙정부는 예산에서 보조금 1,030억 위안을 배정해 지난해보다 265억 위안 증액했다. 보장성 주택을 기한 안에 건설하기 위해 중앙정부는 문책제도를 실시했고 각종 다양한 정책을 발표해 반복해서 강조했다. 2011년 3월 보장성 주택건설계획의 지역별 배분을 마쳤고 4월에는 중앙정부에서 각 지역에 실사팀을 파견해 건설상황을 조사했다. 5월에는 주택건설부에서 「보장성안거공정

품질관리 강화에 관한 통지」를 발표하고 각 지역에서 양질의 보장성 주택을 공급하도록 요구했다. 전국적으로 보장성 주택 착공률이 매월 상승해 6월에는 56%를 완수했고 7월에는 72%를 달성했으며 8월에는 86%, 9월에는 98%에 달했다. 11월 10일 주택도농건설부는 10월 말에 전국적으로 1,000만 채 이상을 착공해 연초 계획한 목표를 조기 달성했다고 발표했다. 2011년은 보장성 주택 대규모 건설의 원년이었다.

2011년에 시행한 각종 부동산시장 규제정책을 보면 중앙정부는 상품건물시장과 보장성 주택 공급, 토지 공급 등 3가지 측면에서 동시에 접근했고 행정과 세수, 대출 관련 조치를 동시에 병행해 상품건물시장

[표 1] 2010년 및 2011년도 전국 부동산 주요 규제 조치

정책 특징	2010년	2011년	차별성
공급 확대	보장성 주택, 판자촌 지역 재개발과 중소형 보통상품 주택 용지가 주택건설용지 공급총량의 70% 미만, 우선적으로 공급 보장. 2010년 보장성 주택 300만 채 건설, 각종 판자촌 지역 재개발 주택 280만 채 이상 임무 완성	보장성 주택, 판자촌 지역 재개발주택 1,000만 채 건설 계획, 공공임대주택 중점 지원. 보장성 주택건설의 품질 향상 강조, 보장성 주택 실적의 문책제도 수립	보장성 주택건설 강조, 건설 규모는 2010년에 비해 72.4% 증가. 규모 확대와 함께 품질 제고
수요 억제	부동산가격이 과도하게 상승하고 공급이 부족한 지역에서는 일정 기간 내에 가구당 주택 매입채수 한정	'신국8조'는 지방정부가 주택 매입 제한조치를 제정하고 부동산가격 통제목표를 발표하도록 요구, 지방정부의 규제 정책 시행 상황에 대해 전문 실사팀을 파견해 조사, 2선 및 3선 도시에도 주택매입 제한 조치 요구	주택매입 제한 범위 확대, 제한 강도 제고, 부동산가격 통제목표 인상, 정부의 행정적 규제가 가장 엄격함
대출 관리	1주택 대출 최초납입금 비율 30% 이상, 2주택은 50% 이상, 금리는 기준금리의 1.1배 이상, 3주택은 대출 잠정 중단	2주택의 최초납입금 비율 60% 이상으로 인상, 일부 은행은 1주택 부동산대출금리를 기준금리의 1.1배로 인상	투자 및 투기성 수요를 더욱 엄격하게 억제, 은행 부동산대출 대폭 축소
세수 관리	매도가격과 매입가격의 차액에 대해 영업세 부과	충칭, 상하이에서 부동산보유세 시범 실시, 매입 후 5년 미만의 보통주택 양도금액 전액에 대해 영업세 부과	종전 차액에 대해 부과하던 영업세를 전액으로 확대, 직접적으로 투자와 투기성 수요 억제

의 투자와 투기수요를 억제했다. 이와 동시에 토지와 자금을 충분히 공급하고 정책효과를 강화해 보장성 주택건설을 지원함으로써 국민들이 살 집을 보장하도록 힘썼다. 토지시장에서는 공급을 확대해 보장성 주택과 보통상품건물 건설에 필요한 토지자원을 공급했고 입찰과 경매, 공시제도를 개선해 토지출양제도의 완성도를 높였다.

중앙정부에서 규제정책을 실시한 후 지방정부에서도 관련 정책을 발표했다. 국무원 판공청에서 발표한 「부동산시장 조정 업무 개선 문제에 관한 통지」(신국8조)를 관철하기 위해 2월 24일 광저우 국토자원 및 주택관리국에서는 「광저우시 상품주택 매입제한정책 시행 강화 문제에 관한 통지」를 발표했다. 이는 '신국8조'의 주택 매입제한정책을 관철하기 위한 광저우시의 지방정책으로 광저우시의 현황을 반영해 광저우시에 호적을 둔 가구와 비호적 가구의 매입제한 주택 수를 규정했고 기존주택의 최초납입금을 60%로 인상했으며 5년 미만의 주택거래는 주택매매가격 전액에 대해 영업세를 부과했다. 주택매입 제한 범위를 10개 직할구(直轄區)로 한정했고 정청시(增城市)와 쫑화시(從化市)에서 주택을 매입할 경우에는 해당하지 않았다. 3월 29일 광저우시는 「광저우시 신규주택 2011년도 가격통제목표 공시에 관한 통지」를 발표하고 2011년도 신규주택가격의 상승폭이 광저우시 GDP 증가율과 도시주민 1인 평균 가처분소득 증가율을 초과하지 못하도록 규정했다. 지속적인 통제와 관리감독을 통해 광저우시 부동산시장에는 긍정적인 변화가 일어나 부동산가격의 급격한 상승세는 어느 정도 억제되었다.

보장성 주택 분야를 보면 2011년 광저우시의 건설 목표는 8.5만 채로 광둥성 목표의 1/4을 차지했다. 착공규모가 가장 크고 목표가 가장 막중한 한 해였다. 광둥성위원회와 광둥성정부는 2011년 건설계획에 포함된 보장성 주택을 반드시 10월 말까지 착공하도록 요구했다. 10월 25일 광저우시 최대 규모의 보장성 주택사업인 뤄강구(蘿崗區) 중심지역사업이 착공식을 치렀고, 광저우시 전역에서 보장성 주택 89,174채를 착공해 연도 목표를 105% 달성했다. 계획대로 완공할 경우 77,177세대의 주택문제를 해결할 것이다.

[표 2] 2011년 광저우시 부동산 산업 관련 정책

발표시기 및 문건명칭	주요 내용
2월 24일, 광저우시 정부, '국무원 판공청 부동산시장 조정 업무 개선 문제에 관한 통지에 관한 실시 의견'	총 10조로 구성, 주요 내용은 3월 말까지 연도 가격통제목표를 발표하고 5년 미만은 거래대금 전액을 대상으로 영업세 부과, 생애 첫 번째 주택 인정 기준에 주택구입대출 기록도 포함, 두 번째 주택의 최초납입금 60%, 금리 1.1배 적용, 도심지역에서 주택매입제한 정책 실시 등
2월 24일, 광저우시 국토자원과 주택관리국, 「광저우시 상품주택 매입제한정책 엄격한 집행에 관한 통지」	광저우시에 주택 1채를 보유한 호적주민가구(주택매입자, 배우자 및 미성년 자녀 포함)은 1주택으로 매입 제한(신축상품주택과 기존주택 포함), 광저우시에서 2채 이상 주택을 보유한 호적주민가구와 1채 이상 주택을 보유한 비호적가구는 주택매입 제한
3월 29일 광저우시정부, 「광저우시 신규주택 2011년 가격통제목표에 관한 통지」	2011년 신규주택가격 상승폭이 지역 GDP성장률과 도시주민 1인 평균 가처분소득 증가율 이하여야 함
6월 1일, 광저우시 물가국, '상품건물 매도가격 명시에 관한 규정'	상품건물 매도가격 명시는 1주택 1가격 원칙, 사업자는 각 상품건물의 가격을 명시하고 선분양허가를 취득하거나 후분양신고를 마친 상품건물사업에 대해 규정 시한 내에 1회에 한 해 모든 분양물량을 공개해야 하며 신고가격대로 가격을 고시한 후 매도해야 함
9월 28일 국토주택관리국, 「연도 상품건물사업 선분양(판매)계획과 상품건물 선분양 방안에 관한 통지」	각 부동산개발회사는 매년 1월 31일까지 해당 기업의 당해년도 상품건물사업 선분양(판매)계획표를 보고해야 하며 보고 범위는 광저우시 10개 구를 포함한 모든 사업에 해당된다. 개발회사업의 건설속도에 따라 선분양방안을 제정하되 상품건물 선분양허가 신청 시 해당 방안을 광저우시 주택거래감독관리센터에 보고해 허가 받아야 함.
10월 20일, 국토주택관리국, '광저우시 집체건설용지사용권 유통관리 시행방법'	광저우시 집체건설용지를 합법적으로 유통할 수 있으며 토지사용기관과 기업은 집체건설용지를 매입할 수 있음. 집체건설용지의 사용권 출양가격은 같은 구역, 같은 종류의 국유토지사용권 기준가격의 30% 이상이어야 함

*자료: 광저우시 국토자원과 주택관리국

2. 2011년 광저우시 부동산시장 종합 분석

1) 부동산투자 분석

(1) 부동산 개발투자: 보장성 주택건설이 침체된 투자시장 견인, 전반적으로 적정 수준 유지

고정자산투자 증가율이 둔화된 것에 비해 부동산 개발투자는 안정적인 성장을 유지해 고정자산투자를 견인하는 역할을 수행했다. 2011년 부동산 개발투자 증가 폭은 성장세를 보였고 부동산 개발투자 누적금액이 1,306.74억 위안으로 동기 대비 32.8% 증가했다. 증가율이 상반기(26.7%)보다 6.1%p 올라 사회 전체 고정자산투자액의 38.28%를 차지했고 동기 대비 8.2% 상승했다. 그 가운데 민간 부동산개발회사의 투자금액은 448.75억 위안으로 2010년에 비해 28.1% 늘었고 증가율이 2010년 같은 기간 16%에 비해 12.1%p 상승했다. 국유 부동산개발회사의 투자금액은 117.46억 위안으로 민간 부동산기업에 비하면 절대적인 액수가 적었지만 전년도 같은 기간의 -13.19%에 비해 66.4%나 급증해 동기 대비 증가율이 79.59%p나 상승했다. 2010년 중국 정부는 78개 중앙국유기업이 부동산시장에서 철수하도록 명령했고, 이로 인해 연말에 이르러 국유부동산개발회사의 투자금액이 급격히 하락했다. 그러나 2011년에는 보장성 주택건설이 약진해 이러한 요인의 영향을 상쇄했고, 엄격한 규제 속에서 정부의 주택건설투자가 부동산 개발투자에서 많은 비중을 차지했고 한 해 전체의 부동산 개발투자금액이 적절한 성장세를 유지하도록 기여했다.

[표 3] 광저우시 2005~2011년 부동산 개발투자 현황

연 도	2006	2007	2008	2009	2010	2011
지역생산총액(억)	6,073.83	7,109.18	8,215.82	9,112.76	10,604.48	12,303.12
동기 대비 증가율(%)	17.8	17.1	15.6	10.9	13.00	11.0
전체 고정자산투자금액(억)	1,696.38	1,863.34	2,105.67	2,659.85	3,263.57	3,413.58
동기 대비 증가율(%)	11.7	9.8	13	26.3	22.70	10
부동산 개발투자금액(억)	556.79	703.8	763.54	817.34	983.66	1,306.74
동기 대비 증가율(%)	9.6	26.4	8.5	7.1	20.30	32.8
고정자산투자금액 대비 부동산 개발투자금액 비중(%)	32.8	37.8	36.3	30.7	30.1	38.3

(2) 주택시공 및 준공면적: 연말에 증가 폭 확대, 내년도 공급 부족 우려

2011년 광저우시 부동산개발 시공면적은 7,704.34만㎡로 동기 대비 19.2% 늘었다. 그 가운데 주택의 시공면적은 4,848.07만㎡로 동기 대비 21.7% 늘었는데 증가율은 2010년 같은 기간 20.3%에 비해 1.4%p 상승했다. 거시경제조정정책의 영향으로 일부 개발회사는 시공속도를 조정해 시공면적 증가율이 부동산개발 투자금액이 증가율보다 낮았다. 그러나 대규모 보장성 주택 착공의 영향으로 부동산 시공면적 증가율은 2010년 같은 기간 20.8%에 비해 1.6%p 하락하는 데 그쳤다. 그러나 보장성 주택은 일부 저소득층을 대상으로 하기 때문에 상품건물 시공면적 특히, 신규 착공면적이 감소한 것은 향후 부동산시장 공급에 부정적으로 작용할 것이다. 부동산공급 부족으로 인해 향후 2, 3년 이내에 수급불균형이 문제가 될 수 있다.

광저우시에서 2011년 완공한 주택면적은 1,263.2만㎡로 동기 대비 15.4% 늘었다. 그 가운데 12월에 준공한 주택면적이 한 해 전체 면적의 50%를 차지했다. 주택준공면적은 831.68만㎡로 2010년 같은 기간보다 7.4% 상승했다. 상승폭이 적었지만 연말에 준공속도가 빨라졌는데 이는 개발회사들이 연말에 분양해 자금을 회수했기 때문이다. 이처럼 2011년에도 광저우시 부동산 개발투자와 시공, 준공면적이 상승세를 유지했다. 주택매입 제한 등 엄격한 규제정책으로 인해 부동산시장의 공급에 상당한 영향을 미쳤고 특히 상반기에 일부 자금이 풍족한 개발회사들이 분양상황이 좋지 않고 향후 시장 전망도 밝지 않은 상황에서 개발속도를 늦춰 현금흐름의 안정성을 유지했다. 그러나 연말에 준공면적이 늘어난 것을 보면 개발회사들 역시 2012년에도 부동산시장환경이 어려울 것으로 예측해 분양을 서둘렀을 것이다. 부동산시장 침체는 개발회사들의 토지매입에도 영향을 미쳐 연내에 토지경매가 여러 차례 유찰되었다. 이런 상황에서 향후 1~2년 내에 착공면적과 2~3년 내 준공면적이 감소해 상품건물 공급에 영향을 미칠 것으로 보인다.

[표 4] 광저우시 2007~2011년 주택건설 현황

(단위: 만㎡, %)

연 도	2007	2008	2009	2010	2011
건물시공면적	5,185.43	5,500.37	5,505.56	6,464.12	7,704.34
동기 대비 증가율	6.9	6.1	-0.7	16.4	19.2
주택시공면적	3,594.99	3,659.65	3,420.09	3,983.84	4,848.07
동기 대비 증가율	4.9	1.8	-7.3	15.4	21.7
건물준공면적	853.71	943.76	961.24	1,094.59	1,263.2
동기 대비 증가율	-13.4	7	-9.1	1.5	15.4
주택준공면적	674.85	673.92	715.68	774.69	831.68
동기 대비 증가율	-12.4	-3.9	-5.2	-2.4	7.4

2) 토지시장

(1) 공급: 탄력적인 토지공급계획 추진

광저우시 정부는 2011년 탄력적인 토지공급계획을 수립하고 시장수요와 운영상황에 따라 적절한 토지공급규모를 유지하고 토지공급 분포와 구조의 고도화를 추진하고자 했다. 3월 30일 광저우시 국토자원과 주택관리국은 「광저우시 2011년도 직할구 경영성용지 출양계획 공고에 관한 통지」를 발표하고 한 해 동안 주택용지 35필지와 상업 및 서비스업 용지 62필지를 공급할 계획이라고 밝혔다. 토지면적은 각각 3.37㎢와 2.2㎢로 파저우(琶洲)와 따쉐청(大學城), 신터미널, 주장신청(珠江新城) 및 바이윈신청(白雲新城)이었다. 또 산업용지 7.15㎢도 출양할 계획이라고 밝혔다. 공식적인 계획 외에도 10개 직할구는 4.47㎢ 규모의 상품주택용지와 3.3㎢ 규모의 상업 및 서비스업 용지를 배정했다. 2011년 광저우시의 토지공급계획은 다음과 같은 특징을 보였다.

첫째, 중심지역의 주상복합용지 공급이 늘었다. 공식적으로 출양을 계획한 3.37㎢ 규모의 주택용지 가운데 중심 6개 구가 약 1.97㎢로 58%를 차지했다.

둘째, 상업 및 서비스업 용지 비율이 늘고 주요 지역에 공급했다.

공식 출양계획에서 주택과 상업 및 서비스업 용지 면적의 비율이 약 3:2로 상업 및 서비스업 용지 공급에 치중했다. 지역적 분포를 보면 상업 및 서비스업 용지 62필지는 대부분 하이주구 파저우와 판위구 따쉐셩과 신터미널 주변에 몰려 있어 주요 기능지역에 상업 및 서비스업용지를 집중적으로 배정한 것을 알 수 있다.

셋째, '3구 개조(3舊改造)'[2]를 강화했다. 2011년 공식출양계획 중 '3구 개조'용지로 0.66㎢를 배정했고 그 가운데 주거용지가 0.43㎢, 상업 및 서비스업 용지가 0.23㎢였다.

(2) 수요: 토지출양시장 반응은 냉담

2011년 광저우시 토지시장은 입찰과 경매, 공시제도를 통해 주상복합 용지 26필지(산업용지 및 총화시, 정청시 지역 용지 제외)를 출양해 총 면적이 184.36만㎡였고 상업용 및 업무 용지는 33필지로 면적이 72.21만㎡였다. 주상복합 및 상업용, 업무 용지의 출양면적이 256.57만㎡로 2010년 297.79만㎡보다 13.84% 줄었다. 3월 30일 국토자원과 주택관리국에서 「광저우시 2011년 직할구 경영성 용지 출양계획 공고에 관한 통지」를 발효한 후 2011년 토지출양이 본격적으로 시작되었다. 4월 광저우시 정부는 집중적으로 대규모 토지를 공급했지만 해당 토지가 대부분 판위구 등 외곽지역이었고, 중심지역은 리완구 골프장 필지 AF030448 정도여서 시장의 반응은 냉담했다. 4월에 거래가 이루어진 토지거래 8건 가운데 골프장 부지와 중국 석유천연가스 유한공사(CNPC)가 판위구 샤오구웨이(小谷圍) 지구에서 낙찰받은 주유소 및 충전소 부지만 입찰시작가격보다 낙찰가격이 소폭 상승했고 나머지는 최저가격으로 낙찰되었다. 7월 이후 정부가 토지공급을 확대해 물량을 쏟아냈지만 개발회사들은 토지매입에 더욱 신중을 기했다. 양질의 토지

---

2) 3구 개조(3舊改造)란 광둥시 특유의 재개발 방식으로 구 도심과 공장, 마을 개조를 의미한다.

가 적었고 입찰가격이 높아 대다수 개발회사들이 함부로 뛰어들지 못했기 때문이다. 더 중요한 이유는 규제정책으로 인해 부동산개발회사들이 향후 시장전망을 낙관하지 못한 것이었다. 대규모 토지를 매입한 후 시장수요가 부진하면 리스크가 커지기 마련이다. 11월 1일부터 15일까지 광저우시 국토관리국은 광저우남역 24필지를 포함해 총 31필지의 출양을 중단시켰다. 사실상 매입의사를 밝힌 회사가 없는 상황에서 과감한 조치를 내린 것이다.

2011년 광저우시 정부는 10개 직할구에서 주거용지 337만㎡를 출양할 계획이었지만 실제 출양한 토지는 184.36만㎡에 불과해 전체 계획의 54.71%에 그쳤다. 규제정책으로 인해 시장의 적극성이 부족해 연내에 토지출양계획을 완수할 수 없었다. 출양가격을 살펴보면 2010년 우수한 필지가 집중적으로 시장에 공급되어 호황을 누렸던 상황과 달리 2011년 출양한 주상복합용지 26필지는 최고가격을 경신하지 못했다. 토지입찰에서 시작가보다 소폭 상승한 가격으로 낙찰되거나 최저가격으로 낙찰된 거래가 대부분이었고, 광저우시 토지시장은 2010년 '최고가격 토지 탄생' 시대에서 '최저가격 토지 탄생' 시대로 접어들었다. 그 원인은 대출 축소로 인해 개발회사들의 자금이 부족해졌고, 규제정책의 심화로 향후 시장전망을 낙관할 수 없어 개발회사들이 토지 매입에 적극적으로 나서지 않았기 때문이다. 2011년 거래된 주상복합용지 26필지 가운데 17필지는 최저가격으로 낙찰되었고 나머지 9필지의 가격상승분은 2010년에 비해 큰 격차를 보였다.

주상복합용지가 거래된 지역적 분포를 보면 이미 거래된 주상복합용지 26필지는 대부분 외곽지역에 있었다. 시장거래상황은 중심 6개 구 가운데 리완구에서 2필지가 거래되었고 바이윈구에서 1필지, 위에시우구(越秀區)에서도 1월에 양치춘(楊箕村)의 '3구개조' 토지를 출양해 6개 시내 중심지역 주상복합용지의 출양면적이 총면적의 22.95%를 넘어섰다.

(단위: 만㎡)

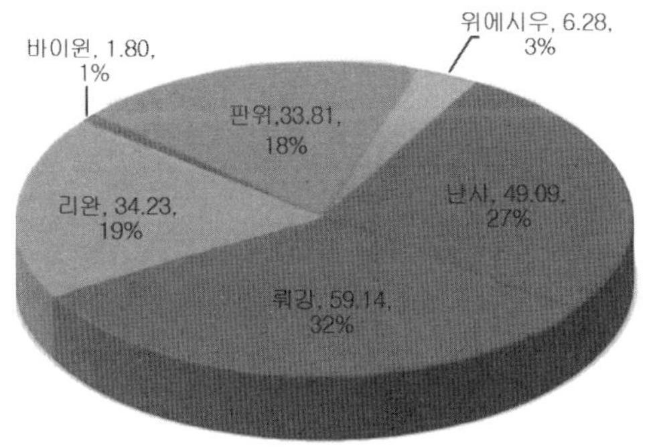

〈그림 1〉 2011년 주상복합용지 거래지역 구성

상업용 및 업무 용지는 연초에 계획했던 공급면적이 220만㎡였는데 실제 72.21만㎡가 거래되어 계획 달성 비율이 32.82%에 그쳤다. 8월 이후 토지공급이 상당히 늘었지만 개발회사들의 적극성이 예전 같지 않아 토지출양계획이 무산되었고 시장의 냉각 정도를 반영했다. 거래가격을 보면 상업용 및 업무 용지 33필지 가운데 텐허구 주장신청 B2-11구역과 광저우시 화두구 신화거리(新華街) 잉빈다따오(迎賓大道) 화두구 교통국 동쪽(J10-XH01)지역, 판위구 신자오진(新造鎮) 샤오구웨이(小谷圍) 교통시설용지는 최저가격보다 높은 가격으로 낙찰되어 가격 상승률이 각각 29.95%와 72.1%, 12.37%를 기록했다. 2010년에는 토지의 낙찰가격이 시작가격보다 100% 이상 상승한 경우가 많았던 것과 비교하면 시장의 적극성이 떨어지지만 주장신청 B2-11필지의 최초 건축면적당 토지가격이 13,800위안/㎡까지 상승해 기존 주장신청의 13,538위안/㎡의 최고가격기록을 경신했다. 최종 낙찰된 건축면적당 토지가격은 17,933위안/㎡으로 주장신청지역 및 해당 토지 자체에 대한 시장의 높은 기대치를 반영했고 개발회사들도 비용을 아끼지 않고 적극적으로 입찰에 참여했다. 그러나 입지조건이 열악한 상업용지에는 흥미를 보이지 않았다.

상업 및 서비스업 용지가 거래된 지역구성을 보면 뤄강구의 과학단지가 광저우시 전체 상업 및 서비스업 용지 거래면적의 55%를 점유했고 판위구와 하이주구의 파저우 역시 상당한 비중을 차지했다. 반면 톈허, 리완 등 양대 중심지역의 비중은 두 지역을 합해도 3.15%에 불과했다. 그러나 톈허구의 주장신청 B2-11필지의 가격 상승률이 29.95%를 기록했다. 새로운 중심축에 남아있던 마지막 토지를 시장에 내놓자 시장의 관심을 받았던 것이다. 지난 20여 년의 노력에 힘입어 주장신청은 광저우의 중심상업지역(CBD)로 변모했고 국내 및 다국적기업의 오피스 확충과 개선 수요가 강해 주장신청의 갑급오피스 매매가격과 임대료가 지속적으로 상승했다. 게다가 정부에서 주택시장에 대한 거시경제조정을 부단히 강화하자 상업용 부동산이 부동산투자시장의 핵심 분야로 주목받았다. 개발회사들이 이 토지를 얻기 위해 치열하게 경쟁한 사실은 광저우라는 이 도시가 여전히 투자매력이 있고 파급효과가 강력하며 핵심경쟁력을 갖고 있다는 걸 보여준다. 그러나 양질의 토지는 적고 대부분 외곽지역에 있는 토지가 토지공급시장의 주류를 이루었다.

(단위: 만㎡)

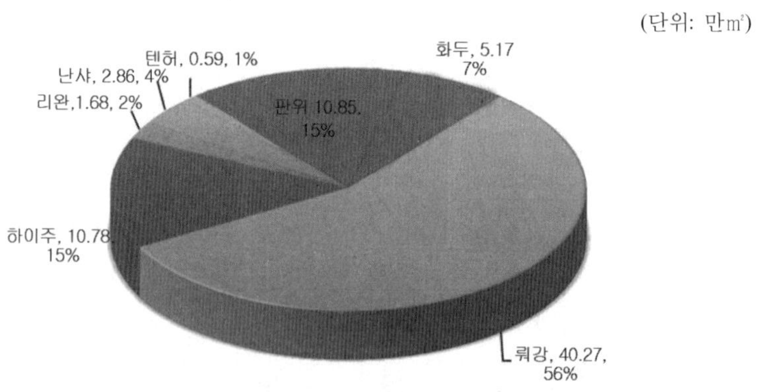

〈그림 2〉 2011년 상업 및 서비스업 용지 거래 지역별 구성

(3) 토지수익 대폭 축소, 고우띠(勾地, 토지매입신청)제도[3] 도입으로 토지계획 보완

주택매입과 대출제한 등 규제정책 속에서 교착상태에 빠진 상품건물 가격은 토지시장에까지 영향을 미쳐 미분양물량 증가와 재원마련의 어려움, 연말 개발회사들의 자금부족 등의 이유로 토지시장은 냉각되었다. 과거 '금구은십(金九銀十)'[4]라던 말은 사라졌고 개발회사들은 사업을 확대하지 않고 향후 토지개발에 대한 전망이 어두워 일정 기간 동안 토지유찰과 최저가격 낙찰, 토지사용권 출양 연기 등이 이어질 것으로 보인다.

2011년 3월 30일 광저우시는 연도 토지출양계획을 발표하고 2010년보다 38% 늘어난 646.5억 위안의 토지수입을 예상했다. 그러나 중앙정부의 부동산규제가 갈수록 강화되고 개발회사들이 토지매입에 적극적이지 않은 상황에서 이처럼 높은 목표를 달성하기란 쉽지 않았다. 11월 1일 2급 주거용지(R2)와 상업용 및 업무용지를 포함한 18필지를 공급했지만 개발회사들의 참여가 부족해 6필지만 최저가격으로 거래되었고 계약금액이 약 20억 위안을 기록했다. 11월 1일부터 보름 동안 광저우시는 토지사용권경매 31건을 취소했다. 그 전에 광저우남역지구를 홍보하기 위해 10월 17일 광저우시 정부의 관계자들은 홍콩에서 설명회를 열고 최초 토지출양금 납부기한을 연장하는 등 일련의 혜택을 제시했었다. 이 같은 정부의 노력에도 불구하고 얼어붙은 토지시장은 온기를 회복하지 못했다. 오히려 개발회사들은 광저우 남역 주변은 부대시설이 잘 갖춰지지 않았고 개발속도도 느리며 정부가 한번에 너무 많은 물량을 공급하되 출양가격이 높아 단기간 내에 투자전망이 밝지 않다고

---

3) 고우띠(勾地)제도: 정부가 토지공급계획을 발표한 후 매입의향이 있는 개발회사가 적정 매입가격을 제시, 정부가 가격이 적정하다고 판단하면 공개입찰을 실시하는 제도. 다른 경쟁자가 있을 경우 높은 가격을 제시한 쪽이 낙찰받고 경쟁자가 없을 경우 신청자는 신청가격 이상으로 해당 토지사용권을 매입해야 한다.

4) 금구은십(金九銀十): 일년 중 9월과 10월이 부동산시장의 최고 성수기라는 뜻

판단했다. 2011년 토지출양시장의 냉담한 반응으로 인해 정부의 입장은 더욱 곤란해졌다. 토지수입이 대폭 줄었는데 보장성 주택이나 지하철 건설에 소요되는 지출은 크게 늘었기 때문이다.

여러 차례 검토를 거친 후 2011년 8월 24일 광저우시 국토주택관리국은 '광저우시 국유건설용지 사용권 공개출양 예비신청 잠정시행방법'(이하 '방법')을 발표하고 속칭 '고우띠'라고 불리던 방법을 시행했다. '방법'에 따르면 개발회사는 해당 연도별 공개출양계획 혹은 공개출양 예비공고에서 공고한 토지에 대해 사전에 매입을 신청할 수 있다. 정부는 사전 신청을 통해 시장수요를 파악한 후 출양을 계획하고 실제 연도별 출양계획에 따라 출양과정을 진행한다. 신청인은 신청 당시 약속한 토지가격의 1%를 보증금으로 납부해야 하는데 금액은 상한선이 있어 1,000만 위안을 초과할 수 없다. 해당 토지를 공식적으로 공개 출양했을 때 보증금은 경매보증금으로 전환할 수 있다. '방법'에서는 또 사전신청확인서를 작성해 제출한 신청인이 출양공고에서 요구한 경쟁입찰신청서를 제출하지 않고 계약내용을 이행하지 않아 사전 신청한 토지거래가 유찰될 경우 1년 이내에 광저우시 관할 지역에서 이루어지는 경매와 입찰, 공시에 참여하지 못하도록 규정했다. 이런 규정은 정부가 토지유찰을 방지하고 순조로운 출양을 도모하기 위한 취지를 시사한다. 하지만 구체적인 실시 효과는 예상보다 저조했다. 2011년 6월 홍콩 난펑그룹에서 광저우시에 사전매입의향서를 제출해 광저우 남역 토지 7필지를 신청했지만 실제 이 토지를 출양하자 난펑그룹은 결정을 번복했고 해당 토지는 경매가 중단되었다. 정부가 의도적으로 출양가격을 인상했기 때문이었다. '고우띠제도'는 홍콩에서 정착한 토지임대제도지만 아무리 훌륭한 제도도 저조한 시장에서는 무력했다. 시장 분위기와 토지가격이 개발회사들의 토지매입과 토지의 운명을 결정하는 가장 중요한 요인이었다.

2011년 6월 16일 광저우시 국토자원과 주택관리국은 광저우시 토지

이용에 관한 '12차 5개년 계획' 자문회의를 열고 국내 저명한 전문가를 초청해 12차 5개년 기간 동안 토지이용에 대한 의견을 청취했다. 이는 광저우에서 처음으로 제정한 5개년 계획으로 광저우시가 토지비축과 토지의 집약적이용에 대한 관심과 비중이 갈수록 높아지고 있음을 보여준다. 광저우시 토지이용 5년 계획의 내용을 보면 중대 전략적 기반시설과 전략적 기간산업, 전략적 발전기반과 민생보장에 필요한 용지를 우선적으로 배정하기로 했다. 또 토시공간발전전략을 도입해 건설용지의 구조와 지역별 분포를 최적화했다.

5년 계획에서는 2011년에 '과학적 통합과 전체계획, 중점추진사업 지원, 역동적인 개발' 등의 원칙에 따라 대규모로 토지를 비축할 것을 제기했다. 광저우시의 중점기능구역을 기반으로 주위 지역 일대를 개발했고 토지관리조치는 특정 지역에 집중하는 방식을 유지했으며 시와 관할 구에서 동시에 토지를 확보했다.

3) 상품건물시장

(1) 신축상품건물 수급 현황

① 상품건물시장은 가격 상승, 거래물량은 감소

2011년 광저우시 10개 구에서 비준한 선분양 상품건물 단지는 318건으로 총 80,252채를 허가했으며 선분양 상품건물면적은 865만㎡로 동기 대비 6.75% 감소했다. 상품건물시장의 공급 감소는 2010년에 야윈청(亞運城) 물량이 대량으로 공급되어 평년보다 비교기준이 높았기 때문이다. 물론 2011년에 집중적으로 실시한 부동산규제정책의 영향도 배제할 수 없다. 개발회사들은 자금압박으로 인해 시공속도를 늦추기도 했고 의도적으로 개발속도를 늦춰 시장이 되살아난 후에 분양하려는 의도도 있었다. 2010년 광저우시의 토지출양면적이 줄었던 것 역시 일정 정도 공급을 억제했다. 월별 추이를 보면 연말에 개발회사들이

(면적: 만㎡, 위안/㎡)

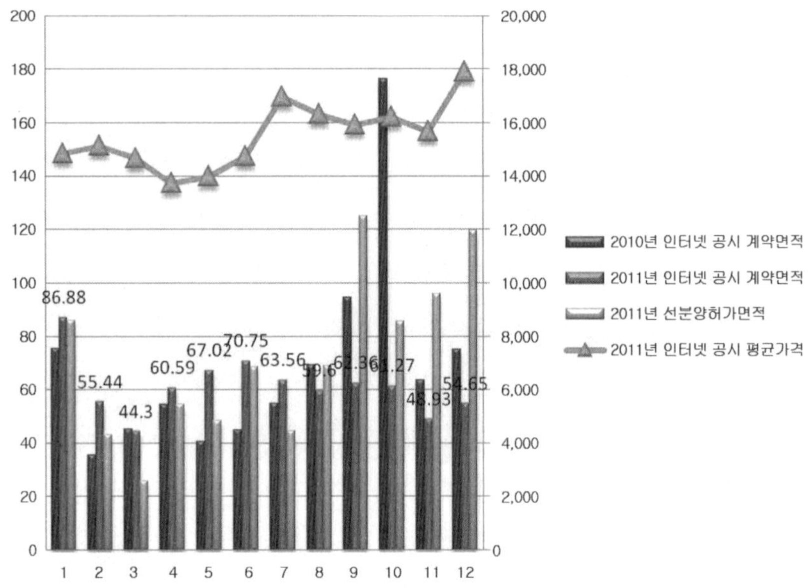

〈그림 3〉 광저우시 10개 구 신축상품건물 거래면적 월별 추이

자금을 회수하기 위해 11월과 12월 광저우시 상품건물 공급은 높은 수준을 유지했고 선분양면적 역시 증가했다.

2011년 광저우시 관할 10개 구에서 인터넷에 공시된 신축상품건물 거래건수는 총 83,548건으로 면적은 735.36만㎡였다. 2010년 같은 기간보다 11.2% 감소한 수치다. 2010년에 비해 2011년 신축상품건물 거래면적은 1월에만 80만㎡를 초과했을 뿐 나머지 기간 월별 거래면적은 60만㎡ 수준에 그쳤다. 8월부터는 월별 신축상품건물 거래면적이 2010년 같은 기간보다 적었는데 2010년에 거래가 가장 활발했던 9월과 10월에도 폭발적인 증가세를 보이지 않았다. 개발회사들은 집중적인 물량공급 방식으로 시장 분위기를 몰아가려고 했지만 효과는 미미했다. 통상 거래가 가장 활발했던 9월과 10월에도 평소와 별반 다르지 않았다.

인터넷에 공시된 거래건수와 면적을 보면 2011년도 광저우시 10개 구의 신축상품건물 평균 거래가격은 15,421위안/㎡로 동기 대비 8.1%

상승했다. 1월부터 3월까지 주택매입 제한 등 규제정책의 영향을 받아 신축상품 건물시장의 평균가격은 큰 변동을 보이지 않았고 4월 이후 상승세를 보여 7월에는 16,937위안/㎡으로 높은 수준을 기록했다. 그 후 주택매입자들의 매입 의향이 줄어 평균거래가격이 소폭 낮아졌지만 여전히 15,000위안/㎡ 수준을 유지했다. 12월에는 신축상품건물 평균거래가격이 구조적인 요인으로 다소 인상되었지만 전반적으로 한 해 동안 상품건물시장은 부진했다.

② 외곽지역이 거래의 중심, 바이윈구 주택 거래면적이 80% 이상

선분양 허가상황을 보면 2011년에는 외곽 4개 구에 속한 화두구와 판위구, 난샤구 등 3개 지역 비중이 광저우시 상품건물 선분양물량의 61%를 차지했다. 외곽지역이 광저우시 신규 상품건물 공급의 주력군으로 부상했으며 부동산개발 속도가 빨라져 개발잠재력이 강화되고 있다. 도심지역 6개 구 가운데 톈허구는 오피스빌딩 위주로 오피스빌딩의 선분양면적이 해당 지역 전체 상품건물 선분양면적의 69.8%를 차지했다. 하이주구와 바이윈구의 선분양 상품건물은 주택의 비중이 가장 높았다.

인터넷에 공시된 신축상품건물 거래면적의 지역별 분포를 보면 기본적으로 선분양 허가상황과 일치한다. 화두구와 판위구, 난사구 등 3개 지역 비중이 가장 커서 공급과 수요가 서로 대응하는 관계를 보였다. 또 외곽지역이 거래가 활발하게 이루어지는 지역으로 떠올랐다. 도심 6개 구 가운데 톈허와 바이윈 두 지역의 거래면적은 비슷했지만 구조는 달랐다. 톈허구의 오피스빌딩이 거래면적에서 상당한 비중을 차지한 반면 바이윈구는 80% 이상이 주택거래였다. 시내 도심지역에서 개발이 늦었던 바이윈구의 경우 신규개발이 가능한 토지가 많아 신규주택의 공급면적 역시 6개 구 가운데 가장 많았다. 지금까지도 시내 도심지역에서 주택공급이 가장 많은 지역이다. 리완구와 위에시우구, 하이주구 도심지역은 토지공급 감소로 인해 신규주택이 부족했다.

(단위: 만m², %)

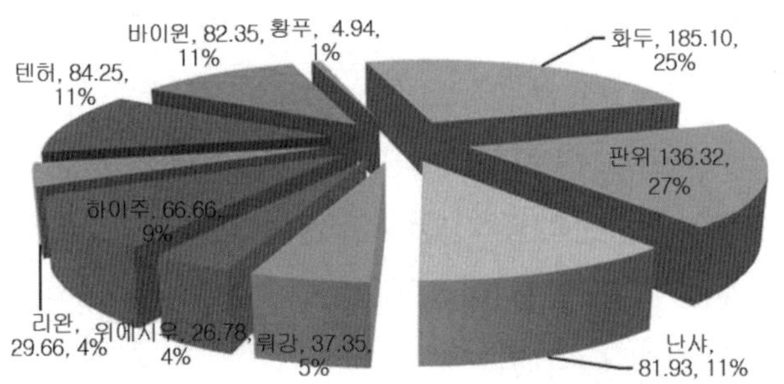

〈그림 4〉 광저우시 10개 구 신축상품건물 거래면적의 지역별 분포

③ 주택매입 제한으로 투자자들이 상업용 부동산 진출

2011년 광저우시 신축상품건물 거래면적 가운데 주택이 여전히 절대적인 비중을 차지했고 평균거래가격은 13,401위안/m²었다. 그러나 평소 거래가 가장 활발했던 9월과 10월에 성적이 저조했고 주택거래면적은 2010년보다 다소 감소했다. 주택시장은 매입제한규제의 영향을 가장 직접적으로 받았기 때문에 일부 주택시장 투자자들은 다른 분야로 눈을 돌렸다. 2011년 오피스의 거래면적은 2010년 같은 기간보다 12.4% 늘었고 투자형 매입자의 비중이 늘었다. 또 지금까지 상업용 부동산을 취급하지 않았던 일부 개발회사 역시 상업용 건물의 개발과 투자를 시작했다. 광저우시 10개 구의 상업용 및 업무용 빌딩의 전체 거래면적은 각각 54.3만m²와 94.75만m²였다. 상업용 건물과 오피스, 주차장의 평균거래가격은 주택보다 높았고 그 가운데 상업용 건물의 평균거래가격은 23,972위안/m²이었고 오피스빌딩의 평균거래가격 역시 2,000위안/m²을 넘겼다.

(단위: 만㎡, 위안/㎡)

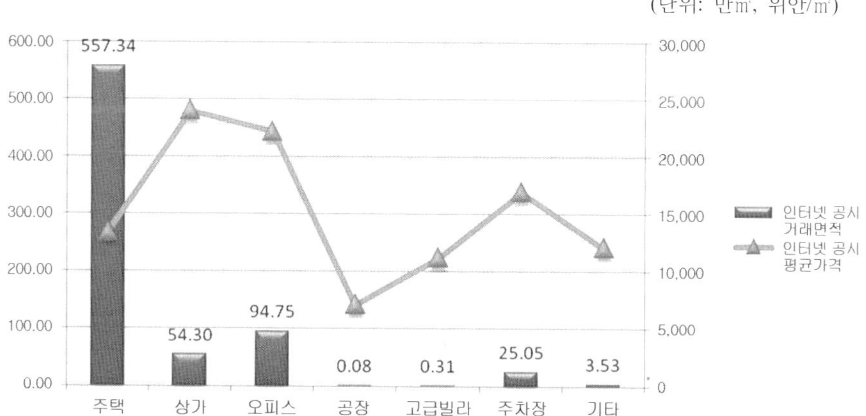

〈그림 5〉 광저우시 10개 구 각종 신축상품건물 거래면적과 평균가격

(2) 미분양상품건물 거래등록 현황

① 도심지역 미분양주택 거래가 절대적 비중

미분양주택 거래등록면적의 지역별 분포를 보면 도심 6개 구가 절대적 비중을 차시했다. 도심지역은 개발을 일찍 시작해 미분양주택 공급량이 많았기 때문이다. 반면 외곽 4개 구를 보면 신규분양주택 위주이다. 그 가운데 판위구의 미분양상품건물의 거래등록면적이 광저우시 전체에서 가장 많았다. 이 지역에서 미분양주택 거래가 가장 많았기

(면적단위: 만㎡)

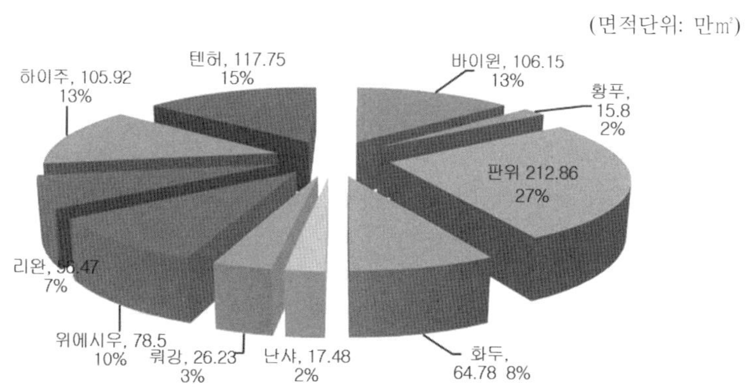

〈그림 6〉 광저우시 10개 구 미분양상품건물 거래등록면적 지역적 분포

때문이다. 2011년 판위구 미분양주택 거래등록건수는 16,190건, 면적은 166.9만㎡였다. 이 지역의 미분양주택 거래는 대부분 부동산중개회사를 거치지 않고 개인적으로 이루어져 중개회사가 개입한 비율이 낮았다.

② 미분양주택 거래비중 최대, 상업용 건물 평균가격 최고

각 용도별 미분양 상품건물 거래등록 현황을 보면 주택이 미분양상품건물 거래시장의 주력군으로 10개 구에서 거래된 미분양주택은 599.26만㎡이었고 평균거래가격은 7,142위안/㎡이었다. 개인적인 거래 과정에서 비정상적인 요인으로 인해 평균거래가격이 낮아졌기 때문인데 시장에서 정상적으로 거래되었다면 평균가격은 이보다 높을 것이다. 상업용 건물의 월별 평균거래가격은 변동폭이 크지 않았는데 이는 상업용 건물의 거래가격은 개별적인 요인의 영향이 크기 때문이다.

(단위: 만㎡, 위안/㎡)

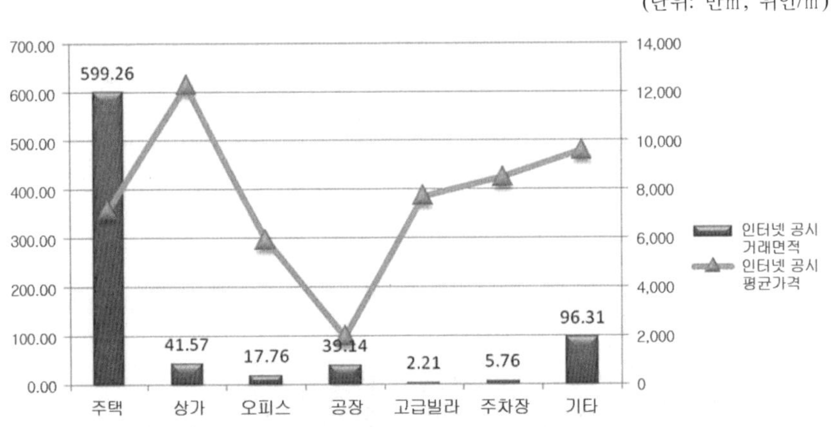

〈그림 7〉 광저우시 10개 구 미분양상품건물 거래등록면적과 평균거래가격

4) 주택시장

(1) 신축상품주택

① 전체 상황

2011년 광저우시 신축상품주택 선분양 허가면적은 687.53만㎡로 동기 대비 8.26% 감소했고 거래등록면적은 680.63만㎡로 동기 대비 6.7% 상승해 시장소화율이 99%에 달했다. 2011년 광저우시 신축상품주택시장은 수요와 공급이 기본적으로 균형을 유지했다. 2010년에는 부동산 규제정책의 영향으로 신축상품주택 거래등록면적이 현격하게 감소했고 공급이 부단히 증가해 시장수요를 충족했다.

그러나 2011년에는 중앙정부의 규제정책에 맞춰 지방정부가 실시세칙을 제정해 실시했고 개발회사들은 부정적인 분위기가 팽배해 개발속도를 늦추거나 분양계획을 연기했다. 매년 3분기에는 부동산거래가 폭발적으로 늘었고 2010년 3분기 선분양을 허가받은 주택의 면적이 261만㎡였지만 2011년 3분기에는 183만㎡에 그쳤다. 이는 1분기와 2분기에 비하면 늘어난 수치였지만 지난해 같은 기간에 비하면 29.9%나 줄어들어 시장 공급이 감소했다. 그밖에도 거래등록면적을 보면 개발회사들이 가격인하폭을 확대하자 일부 비탄력적인 수요를 가진 주택매입자들은 계획대로 주택을 매입했다. 이런 수요로 인해 각종 규제 정책을

[표 5] 2005~2011년 신축상품주택 거래등록 현황

연 도	2005	2006	2007	2008	2009	2010	2011
신축상품주택 선분양허가면적	958.99	917.72	669.78	805.59	668.03	749.44	687.53
신축상품주택 거래등록면적	1099.97	924.65	801.57	553.04	978.32	637.67	680.63
소화율	114.7	100.8	119.7	68.7	146.4	85.1	99

실시하는 상황에서도 시장의 거래등록면적은 다소 늘었고 시장의 소화율은 2010년보다 상승했다.

② **거래등록 현황**

2011년 광저우시 주택거래 등록면적은 기본적으로 안정세를 유지해 60만㎡ 수준에서 소폭 변동했다. 보통 주택의 거래등록면적은 실제 시장거래량보다 시간차가 발생하기 마련이고 2011년 이후 주택대출제한 등 규제정책을 강화해 은행대출액이 줄어들고 개인 모기지대출 승인기간도 늘어났기 때문에 주택 거래 후 등록하기까지 더 많은 시간차가 발생했다. 때문에 어느 정도 월별 거래상황의 변화를 제대로 반영하지 못한 측면이 있다. 통계를 보면 광저우시에서 주택매입 제한조치를 발효한 직후인 3월에 거래가 가장 많았다. 보통 계약 후 등록하기까지 한 달 정도 시간이 소요되는 점을 감안하면 3월 거래로 집계된 매물은 광저우시에서 주택매입 제한정책을 준비하던 2월에 계약이 체결되었을 것이다. 그 가운데는 규제정책을 피하기 위해 서둘러 집을 구매한 투자자도 있을 것이고, 1월에 개발회사들이 집중적으로 분양물량을 공급해 투자자들에게 충분한 매물을 공급했기 때문이기도 했다. 3월 이후 신축상품주택 거래량은 일정수준에 머물렀는데, 이는 매도자와 매수자 모두 이성적으로 상황을 주시하며 견제하던 상황을 말해준다. 공급과 수요를 비교하면 1월에는 선분양허가면적이 거래등록면적보다 많았다. 개발회사들이 규제정책을 예상하고 물량공급을 늘렸기 때문이다. 주택매입 제한정책이 발표된 후 2월부터 8월까지 시장의 소화율은 평균 100% 이상이었다. 주택매입제한정책이 발표되자 개발회사들이 즉시 분양시기를 조정해 선분양 신청 속도를 조절했기 때문이었다. 7월 들어 개발회사들은 성수기인 9월과 10월을 준비하기 위해 충분한 물량을 확보했고 9월에는 선분양허가면적이 쏟아졌다. 4분기에도 선분양면적은 높은 수준을 유지했지만 거래등록면적은 감소했다. 개발회사들이 전략에 변화가 생겼거나 자금상황으로 인해 계속해서 버틸 여력이 없어 분양을 앞당겼을 것으로 보인다. 반대로 주택매입자들은 관망하는 태도가 더욱 확고해졌고 9월부터 12월까지 연속 4개월 동안 소화율이 100% 미만이었다.

(단위: 만㎡, %)

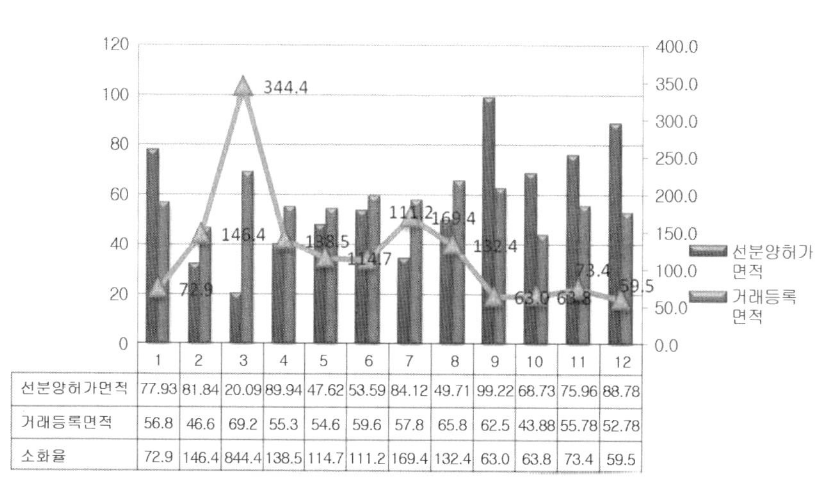

	1	2	3	4	5	6	7	8	9	10	11	12
선분양허가면적	77.93	81.84	20.09	89.94	47.62	53.59	84.12	49.71	99.22	68.73	75.96	88.78
거래등록면적	56.8	46.6	69.2	55.3	54.6	59.6	57.8	65.8	62.5	43.88	55.78	52.78
소화율	72.9	146.4	844.4	138.5	114.7	111.2	169.4	132.4	63.0	63.8	73.4	59.5

〈그림 8〉 2011년 광저우시 10개 구 상품주택 수급면적 월별 추이[5)]

2011년 광저우의 위에시우, 리완, 하이주, 톈허, 바이윈, 황푸 등 도심 6개 구에서 허가받은 선분양면적은 193.81만㎡, 거래등록면적은 221.7만㎡로 전체 시장소화율은 114.39%를 기록했다. 반면 외곽지역의 판위, 화두, 난샤, 뤄강 등 4개 지역의 선분양 허가면적은 493.73만㎡, 거래등록면적은 458.93만㎡로 시장소화율은 93%였다. 선분양면적 순위를 보면 화두와 판위, 난샤와 바이윈 순서였고 거래등록면적 역시 위 4개 지역이 많았다. 외곽지역의 개발이 빨라지면서 광저우시 분양주택시장은 점차 외곽지역의 주도했고 도심지역은 토지공급이 줄어들어 신규분

5) 거래등록자료는 인터넷에 공시된 자료보다 늦어 시간차가 발생한다. 2011년 광저우시 10개 구의 신축상품주택의 인터넷 공시 계약건수는 49,628채였고 면적은 557.34만 ㎡로 2010년 같은 기간 대비 15.2% 하락했다. 2011년 인터넷에 공시된 계약면적이 전년도 같은 기간에 비해 감소한 것은 9월과 10월에 거래량이 큰 폭으로 줄어들었기 때문이다.

양단지가 적었고 수급불균형으로 인해 가격이 상승해 주택매입자들은 어쩔 수 없이 외곽에 있는 분양단지로 눈을 돌렸다.

최근 도심 6개 구 주택거래 등록면적은 대체로 하락세를 보이고 있다. 특정 연도에는 동기 대비 상승률을 기록하기도 했지만 변동폭은 크지 않았다. 도심지역 6개 구는 주택공급이 포화상태에 이르렀고 개발 가능한 토지도 줄어들어 신축상품주택이 부족했다. 반면 이들 지역의 시장수요는 여전히 막대해서 교통과 부대시설 등 편의성으로 인해 주택매입자들이 가장 선호했다. 도심지역 6개 구는 대부분 공급이 부족해 신규분양물량이 적었지만 주택매입자들은 도심지역 분양물건을 선호해 각 지역의 분양상황은 나쁘지 않았다. 특히 톈허구의 시장소화율이 가장 높아서 178%에 달했다. 외곽 4개 구 가운데 화두구의 신규물량이 가장 많아서 등록면적을 초과했다. 난샤구도 상황이 비슷해서 2010년 한 해 동안 허가받은 분양면적이 40.44만㎡였고 2011년에는 90.49만㎡에 달해 신규주택공급률이 100%를 넘었다. 이 지역의 신규주택면적이 늘어난 것은 토지공급이 충분했기 때문이다. 외곽 4개 구

(단위: 만㎡, %)

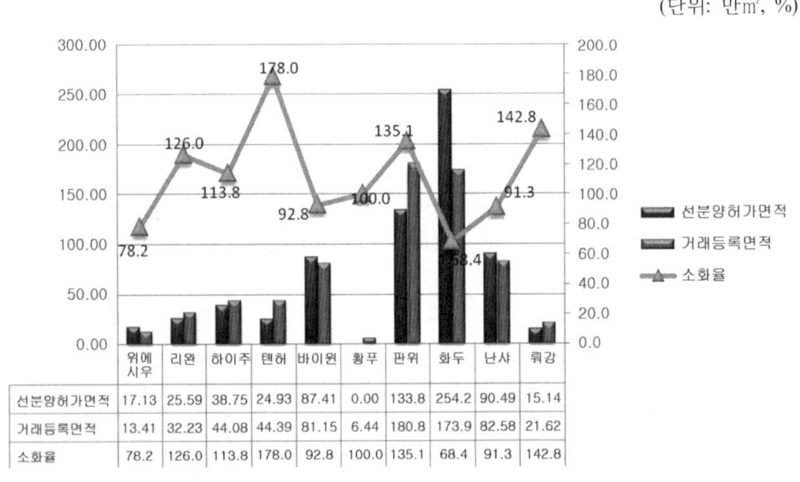

	위에시우	리완	하이주	톈허	바이윈	황푸	판위	화두	난샤	뤄강
선분양허가면적	17.13	25.59	38.75	24.93	87.41	0.00	133.8	254.2	90.49	15.14
거래등록면적	13.41	32.23	44.08	44.39	81.15	6.44	180.8	173.9	82.58	21.62
소화율	78.2	126.0	113.8	178.0	92.8	100.0	135.1	68.4	91.3	142.8

〈그림 9〉 광저우시 10개 구 상품주택 수급면적의 지역 분포

가운데 난샤구는 갈수록 강한 개발잠재력을 보였고 개발속도 역시 빨라졌다. 판위구는 2010년 선분양 허가면적이 거래등록면적보다 많아 시장의 미분양물량이 많았고 교통 등 부대시설이 확충되면서 주택매입자에게 높은 점수를 받았다. 2011년 판위구는 거래량이 증가했고 시장 소화율은 135.1%에 달했다.

2011년 광저우시 10개 구에서 거래된 신규주택의 평균거래가격은 12,725위안/㎡로 동기 대비 2.6% 상승했다. 도심지역 6개 구의 경우 평균가격은 18,997위안/㎡으로 가격상승폭이 외곽지역보다 높았다. 각 구의 상품주택 평균거래가격을 기준으로 3개 지역으로 분류된다. 먼저 도심지역 4개 구(위에시우, 리완, 하이주, 톈허)로 평균거래가격이 20,000~25,000위안/㎡였는데 그 가운데 톈허구의 평균거래가격이 가장 높아서 평균 25,000위안/㎡을 기록했다. 그 다음은 근교에 있는 바이윈구와 판위구로 평균거래가격이 13,000~15,000위안/㎡ 사이였고 나머지 4개 구의 평균거래가격은 7,000~10,000위안㎡ 수준이었다.

(단위: 위안/㎡, %)

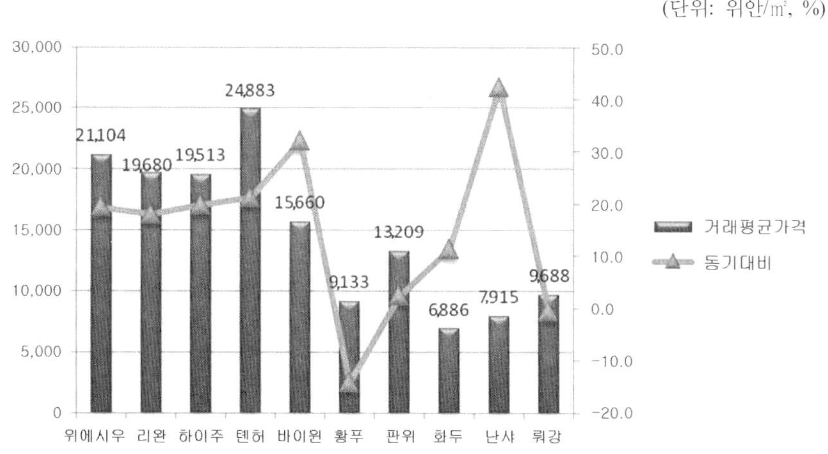

〈그림 10〉 광저우시 10개 구 상품주택 평균거래가격 지역별 분포

2010년 같은 기간에 비해 황푸와 뤄강 두 지역을 제외하면 신축상품주택 평균거래가격은 대체로 상승했다. 특히 도심 4개 구의 상승폭은 20% 수준이었다. 평균가격의 동기 대비 상승폭이 가장 컸던 지역은 난샤구로 47.1%를 기록해 도심지역 4개 구를 뛰어넘었다. 선분양과 거래면적이 큰 폭으로 증가하면서 난샤구는 갈수록 많은 주택매입자의 눈길을 끌었고 개발잠재력이 커지자 평균거래가격 역시 상승해 거래량과 가격이 동반 상승했다.

(2) 미분양상품주택

신규분양주택시장에 비해 주택매입 제한과 대출 제한 등 규제정책이 미분양주택시장에 대한 영향은 더하면 더했지 덜하지 않았다. 2011년 광저우시 미분양상품주택시장은 거래량이 급감했고 가격은 소폭 조정에 그쳤다. 주택매입제한 정책으로 인해 광저우시 미분양주택시장의 투자와 투기성 수요는 타격을 받았고 생애 최초로 주택을 매입하거나 주거환경을 개선하기 위해 주택을 매입하고자 하는 실수요자가 예상하는 가격은 매도인이 바라는 가격과 많은 차이를 보였다. 그 결과 시장에서는 가격이 실종되었고 거래량은 전년 같은 기간에 비해 현저하게 감소했다. 관련자료를 보면 미분양주택 거래등록건수는 70,589건, 총 599.26만㎡였고 거래면적은 동기 대비 27.4% 감소했다.

미분양주택시장의 거래량은 정책 시행 전보다 감소했지만 거래가격은 강세를 유지했고 다소 오른 곳이 있었다. 한 해 동안 미분양주택의 평균거래가격은 7,142위안/㎡으로 동기 대비 34.7% 상승했다. 미분양주택가격이 상승한 원인은 거래가 이루어진 지역적 구조의 영향이 가장 컸다. 광저우시 미분양주택은 대부분 도심지역에 밀집되어 있었는데 이 지역은 신규공급물량이 적지만 직장이나 생활의 편의성 때문에 도심 6개 구에 있는 미분양주택을 선택하는 수요자가 많았다. 때문에 수급불균형은 줄어들지 않았다. 또한 기존주택을 보유한 사람들은 재정상황이 양호했고 매물을 헐값에 팔기 싫어하는 심리가 강해서 좀처럼 가격이 하락하지 않았다. 더 중요한 원인은 2011년 1월 1일부터 기존주택거래 역시 인터넷에 등록하도록 규정해 미분양주택을 거래할 때 실거래가보다 가격을 낮춰 등록했던 현상이 많이 사라져 인터넷에 등록한 가격이 실제 거래가격에 근접해졌기 때문이다.

월별 변동상황을 보면 1월에는 광저우시 미분양상품주택 거래등록면적이 89.44만㎡으로 높은 수준을 유지했지만 규제와 관련된 실시세칙을 시행하자 거래등록면적이 급감했다. 시장에서는 기존 투자 또는 투기성 수요가 점차 사라졌고 2월 이후 미분양주택시장의 거래량은 매월 4~50만㎡ 수준까지 떨어졌다. 9월 들어 신축 상품주택시장의 충격으로 거래량이 최저를 기록해 42.05만㎡까지 떨어졌고 동기 대비 35.3% 감소했으며 직전 분기 대비 21.7% 감소했다. 통상 거래가 가장 활발하게 이루어지던 9월을 저조한 기록으로 마감했다. 10월에도 별다른 호재가 없어 거래면적이 42.38만㎡에 불과해 9월과 비슷한 수준이었다. 부동산시장 자체가 불경기였고 시장의 관망세가 더욱 강해졌기 때문이고 또 개발회사들이 적극적으로 신규분양에 나서자 일부 수요자들이 신규분양으로 눈을 돌렸기 때문이다. 연말에 기존주택시장은 더욱 힘을 쓰지 못했고 12월에 이르자 거래량이 32.1만㎡에 불과해 최저수준을 기록했다.

월별 평균거래가격은 기본적으로 상승세를 보였고 5월에는 7,434위안/㎡까지 올라가 2010년 같은 기간에 비해 40.5% 상승했다. 규제정책의 영향으로 거래면적은 현저하게 감소했지만 미분양주택 가격은 하락하지 않았다. 9월과 10월에도 거래량은 크게 증가하지 않았지만 집주인들은 대부분 '집값이 오르면 올랐지 떨어지지 않는다'는 기대심리를 버리지 않았다. 11월에는 구조적 요인의 영향으로 평균거래가격이 일시적으로 8,524위안/㎡까지 상승했다. 연말에는 신규주택의 할인분양 등 마케팅이 강화되어 주택시장에서 신규분양주택과 미분양주택의 역전 현상이 두드러졌다.

(단위: 만㎡, 위안/㎡)

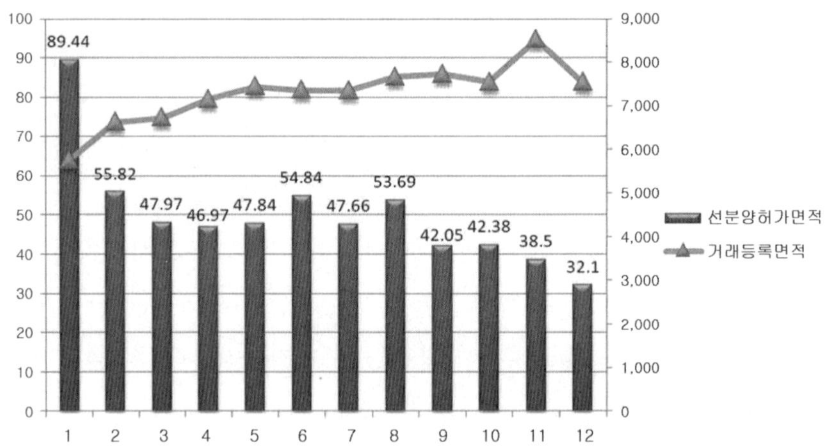

〈그림 11〉 광저우시 10개 구 미분양상품주택 거래 월별 추이

지역적 분포를 보면 미분양주택이 거래된 지역별 분포와 신규주택의 지역 분포가 일치하지 않는다. 도심지역은 여전히 미분양주택거래가 많았는데 이는 도심 6개 구는 개발역사가 길어 미분양주택 공급물량이 충분했기 때문이다. 외곽지역 주택시장은 최근 몇 년 동안 고속성장을 실현해 미분양주택 물량이 상대적으로 적었다. 물론 외곽 4개 구의 신규주택 공급물량이 늘어나면서 일부 건물이 기존주택물량으로 미분양시장에 들어와 다시 거래된 요인도 무시할 수 없다. 각 지역의 거래상황을 보면 거래량이 가장 많았던 곳은 판위, 톈허, 바이윈, 하이주 등 4개 구였는데 그 중 판위구의 거래면적은 166.9만㎡에 달해 거래량이 가장 적었던 뤄강구의 20배에 달했다. 판위와 톈허 두 구는 투자분위기가 가장 고조되었던 지역이었지만 주택매입제한과 대출제한 정책이 나온 후 투자수요가 점차 사라졌고 거래량은 큰 타격을 받았다. 거래면적은 2010년에 비해 각각 31.99%와 29.46% 감소했다.

미분양상품주택 평균거래가격이 가장 높았던 곳은 톈허구로 9,975위안/㎡이었고 동기 대비 49.9% 상승했다. 그 다음은 위에시우와 하이주구로 각각 8,982위안/㎡과 8,668위안/㎡을 기록해 증가 폭이 각각 43%와 48%에 달했다.

(단위: 만㎡, 위안/㎡)

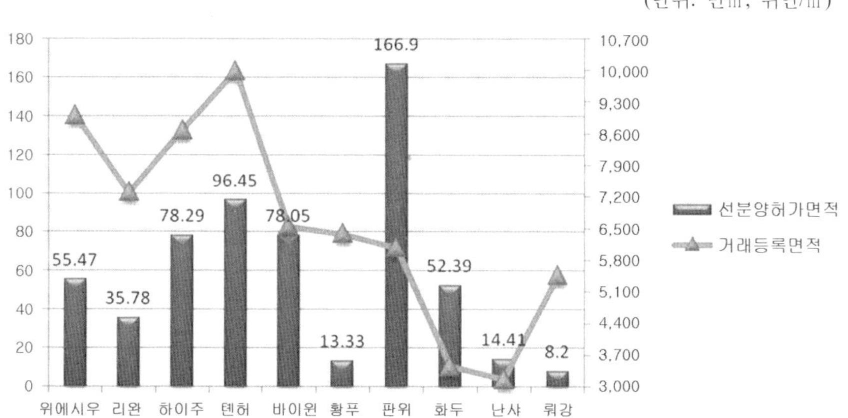

〈그림 12〉 광저우시 10개 구 미분양 상품주택 거래등록 상황 지역 분포

(3) 주택임대시장

기존주택시장이 얼어붙자 임대시장 역시 침체되었다. 연말에 이르러 일부 중개회사가 업무의 중심을 임대시장으로 돌렸고 주택을 보유한 집주인들이 매도를 포기하고 임대로 전환하자 주택임대면적이 일정 정도 상승했다.

2011년에도 광저우시 주택임대료는 여전히 오름세를 유지했지만 주택임대면적은 전년도 같은 기간에 비해 큰 폭으로 줄었다. 계절적 요인의 영향으로 임대시장 역시 단계적으로 회복세를 보였지만 한계가 있어 침체된 국면에서 벗어나지 못했다. 1월부터 3월은 주택임대시장의 비수기로 설 연휴를 전후해 광저우시에 있는 외지 근로자들이 고향으로 돌아가 명절을 보내기 때문에 임대시장은 비수기에 접어들었다. 그렇지만 임대료는 계속해서 상승했는데 이는 집주인들이 설 명절 후 임대 성수기를 대비하려는 심리 때문이었다. 설 연휴 후 고향에서 돌아온

노동자들과 구직자들이 광저우에 도착하자 기존주택 임대시장 역시 활기를 되찾았다. 6월에서 8월에는 대학 졸업생들이 임대시장에 진입하기 때문에 성수기를 맞이했고 이 새로운 임대인들은 시장의 활기를 불어넣어 거래가 활발해졌다. 10월에는 추계 광저우교역회로 인해 단기 임대수요가 상승했고 그 여파로 임대면적과 임대료가 상승했다. 연말에는 기존주택 중개업무가 임대시장으로 전환되면서 광저우시 주택임대면적이 상승세를 보였다.

(단위: 만m², 위안/m² • 월)

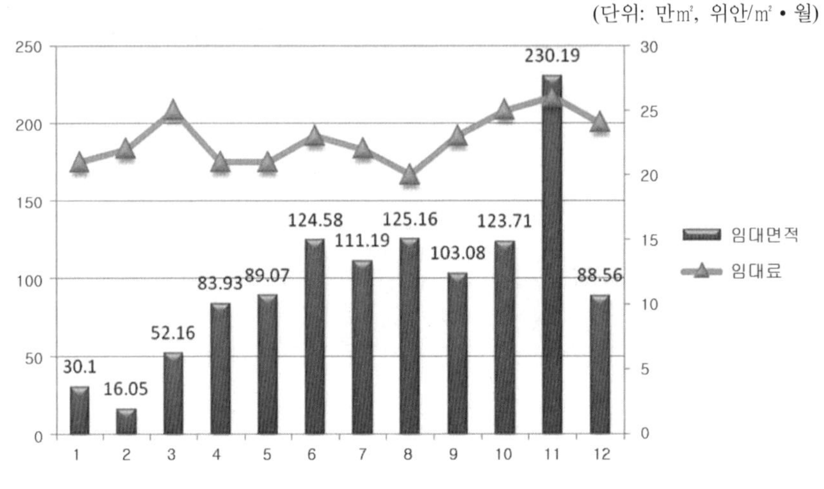

〈그림 13〉 광저우시 10개 구 주택임대상황 월별 추이

2011년 광저우 도심지역과 비도심지역의 임대시장은 극명하게 엇갈렸다. 도심지역의 기존주택은 임대료가 높고 임대면적이 제한적이었다. 비도심지역은 임대시장이 활기에 넘쳤고 시장에서 흡수하는 수요가 갈수록 많아졌지만 임대료는 낮은 수준에 머물렀다. 임대료가 가장 높은 지역은 톈허구와 위에시우구였다. 톈허구는 광저우시의 중심상업지역(CBD)으로 외지인구가 가장 많이 거주하는 곳이고 최근 주장신청의 갑급 오피스가 입주를 시작하면서 이 지역 주택은 젊은 회사원들의 각광을 받아 임대료가 상승했다. 위에시우구는 구 도심의 비싼 땅값을 유지했

고 주택임대료 역시 상승했다. 광저우시 도심이 동쪽으로 이전되면서 황푸구에도 주택임대수요가 늘어나 2011년 임대면적이 207.64만㎡에 달했다. 판위구의 경우 부대시설이 부족해 임대수요가 많지 않았지만 지하철 등 부대시설이 확충되면서 도심지역에서 일하는 직장인들의 임대수요가 늘어나 판위구의 주택임대면적이 가장 많았다.

(단위: 만㎡,위안/㎡ · 월)

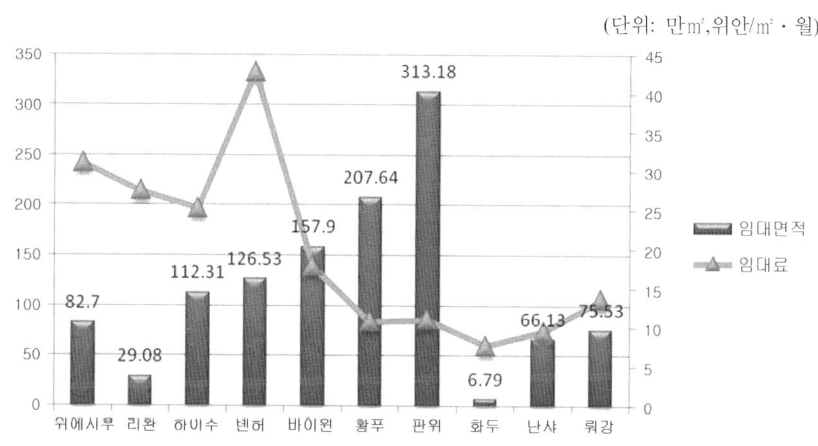

〈그림 14〉 광저우시 10개 구 주택임대 지역 분포

5) 상가시장

(1) 신축 상가

도심지역의 확장으로 광저우시 남북을 관통하는 새로운 중심축이 생겨났고 그로 인해 주거환경이 개선되었을 뿐 아니라 상업용 부동산에 기회로 작용했다. 새로운 중심축 상권이 조성된 후 이 지역 내 최고급 쇼핑몰이 완공되었고 오피스빌딩과 상가, 아파트가 들어서 중심축은 부동산개발회사들의 전쟁터가 되었다. 특히 2011년 주택시장에 대한 규제가 강화되자 개발회사들은 상업용 부동산에 진출했다. 최근 상업용 부동산이 발달한 톈허구 일대는 상승세를 유지해 물량공급과 거래가 활발했다.

2011년 광저우시의 상가의 선분양허가면적은 53.96만㎡였다. 2010년에는 주장신청구역에 많은 쇼핑몰이 완공되어 시장에 물량을 공급했고 오피스빌딩과 주택에 딸린 상가가 시장에 쏟아져 공급이 크게 증가했었다. 그 여파로 2011년 신규공급면적이 동기 대비 26.44%나 감소했다. 한 해 동안 거래된 상가의 등록면적은 74.85만㎡로 동기 대비 2.2% 감소했고 상가시장의 소화율은 138.7%에 달해 4년 만에 가장 높은 수치를 기록해 투자의 적극성을 보여주었다. 고급 매물이 시장에 공급되자 신축상가의 평균거래가격을 끌어올려 19,303위안/㎡을 기록했고 동기 대비 14.3% 상승했다.

[표 6] 2007~2011년 신축상가거래 현황

연 도	2007	2008	2009	2010	2011
상가 선분양허가면적 (만㎡)	51.84	51.94	55.8	73.35	53.96
신축 상가 거래등록면적 (만㎡)	78.3	65.26	61.06	76.57	74.85
소화율(%)	151	125.6	109.4	104.4	138.7
신축 상가 평균거래가격 (위안/㎡)	11,188	10,737	11,314	16,892	19,303

*자료: 광저우시 국토자원과 주택관리국

상가물량 공급은 음력 2월경 가장 많았다. 연초에 주택매입 제한 등 새로운 규제정책을 시행해 주택거래가 제약을 받자 상업용건물시장에 기회로 작용했지만 1분기에 바로 거래가 현저하게 증가하진 않았다. 그 주요 원인을 보면 2010년 하반기에 비해 상업용건물 공급이 감소해 투자자의 선택의 폭이 좁았고 주택매입제한으로 인해 상업용건물의 시장전망이 낙관적이어서 개발회사들이 분양매물을 임대로 전환해 장기간 보유하면서 수익을 기대했기 때문이다. 규제정책이 강도를 높이자 4월쯤 상가시장에 거래가 늘어나 거래면적이 2010년 같은 기간에 비해 48.4% 늘었다. 그 후에는 소폭 하락했지만 월별 소화율은 100%를 넘겼다. 7월에는 월별 거래면적이 최고기록을 세웠는데 이는 대형 상업용건물이 시장에 공급되었기 때문이다. 위에시우구의 정자동방국제플라자(正佳東方國際廣場)와 밍상톈띠피혁재료상가(名商天地皮具材料廣場), 젠허상업플라자(建和商業廣場)가 있었고 하이주구 지역에는 파저우국제구매센터(琶洲國際採購中心), 톈허구의 푸리잉셩플라자(富力盈盛廣場)의 비중이 컸다.

(단위: 만㎡, 위안/㎡)

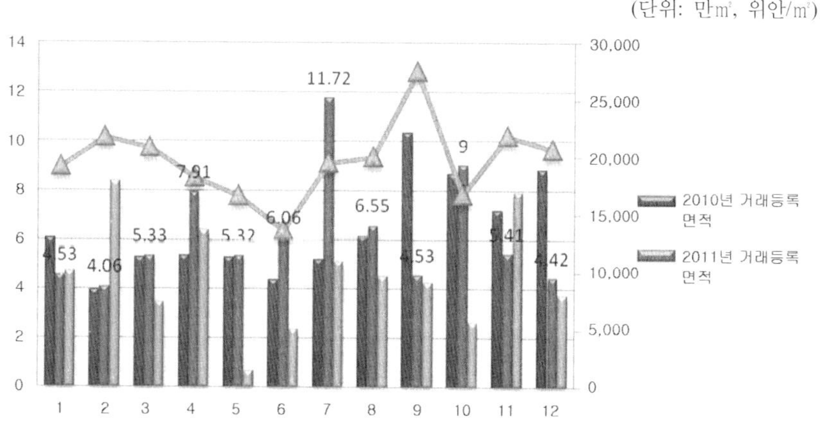

〈그림 15〉 2011년 광저우 10개 구 신축 상가 거래등록 상황 월별 추이

톈허와 바이윈구는 공급물량이 적어서 신규 공급량은 주로 하이주구와 외곽에 있는 화두, 판위, 난샤에서 나왔다. 특히 파저우 지역의 컨번션산업이 발전하고 산샤구 지역 새로운 중심상업지구(CBD)가 건설되면서 신규물량이 공급되었고 12차 5개년 계획에 따라 이 지역은 투자자들이 주목할 것으로 보여 성장잠재력이 크다. 대형 상업용 건물이 시장에 공급된 것은 개발회사들은 주택시장에 묶여 있던 자금을 상업용 및 업무용 빌딩 분야로 전환하고 있으며 상업용 빌딩 공급을 확대해 자금

을 유입할 계획을 보여준다.

톈허와 하이주, 위에시우, 판위구의 실적이 가장 돋보였다. 톈허구는 광저우시 비즈니스의 중심이자 베이징로(北京路) 구 상권을 잇는 신흥 상업권으로 부상하고 있어 광저우시의 발전을 이끄는 역할을 하고 있다. 고급 쇼핑몰과 쇼핑센터가 완공되자 이 지역은 고급소비의 중심으로 자리잡았고 그 주변에 전문상가가 포진하는 구도를 형성했다. 하이주구의 거래량이 증가한 것은 파저우쇼핑센터의 역할이 컸다. 각종 호재가 동시에 작용해 판위구 상권이 형성되었으며 스챠오상권(市橋商圈)과 라오푸상권(洛浦商圈), 판위신청상권(番禺新城商圈), 광저우남역상권(廣州南站商圈)이 4대 상권으로 자리잡았다. 광저우시 정부에서 연내에 광저우 남역지구에 주목하고 있고 연내에 신규 물량이 대규모로 공급돼 현재 가장 주목받은 상권으로 부상했다. 토지자원을 확보하고 있기 때문에 판위구는 더 큰 잠재력이 있다.

(단위: 만㎡, 위안/㎡)

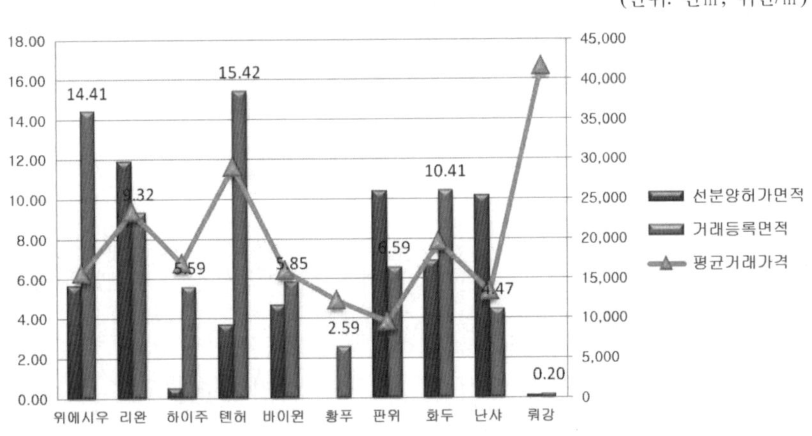

〈그림 16〉 광저우시 10개 구 신축 상가 거래신고 상황 지역별 분포

(2) 미분양상가

2011년 미분양상가의 거래등록면적은 41.57만㎡로 동기 대비 23.7%

상승했고 평균거래가격은 12,250위안/㎡으로 2010년에 비해 50.9%나 상승했다.

월별 거래등록상황을 보면 2011년 하반기에 미분양상가의 거래등록 면적이 2010년 같은 기간보다 많았고 상반기에는 실적이 좋지 않아 1월을 제외하면 거래면적이 2010년 동기 수준보다 못했다. 6월 이후 미분양상가시장이 활기를 되찾았고 거래량이 늘었으며 거래가격이 현저하게 상승세를 보였다. 하반기에는 상업용 부동산투자가 폭발적으로 늘었고 신축상가의 가격상승 때문에 9월 미분양 상가의 평균거래가격은 최고치를 기록해 18,846위안/㎡을 기록했다. 미분양 상가는 대부분 분산되어 있고 규모가 작으며 거래건수가 많아 개별 상가의 가격이 천차만별이라 가격이 시장동향에 반응하는 정도가 신축 상가에 비해 약하다.

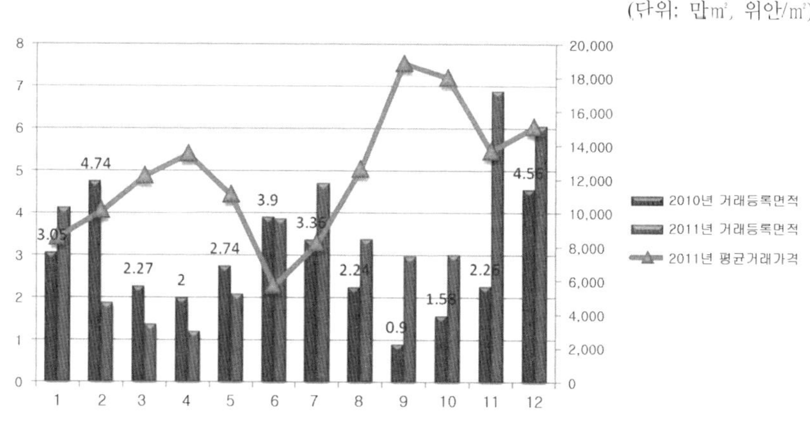

〈그림 17〉 광저우시 10개 구 미분양 상가 거래등록 월별 추이

2011년 광저우시 미분양상가 거래는 외곽지역에서 활발하게 이루어져 화두와 판위, 뤄강 등 3개 구의 거래면적이 19.1만㎡로 전체 거래면적의 45.95%를 차지했다. 가격과 정부의 정책적 보조로 인해 이 지역은

거래가 활발했다. 반면 같은 외곽지역에 있는 황푸와 난샤구는 미분양 상가의 거래가 부진했는데 이들 지역은 개발이 늦어 미분양 물량이 적었기 때문이다. 그러나 광저우시가 동쪽 및 남쪽으로 확대되면서 이 두 지역의 인구가 확충되고 있어 상업시설에 대한 수요가 급격히 증가하고 있다.

(단위: 만㎡, 위안/㎡)

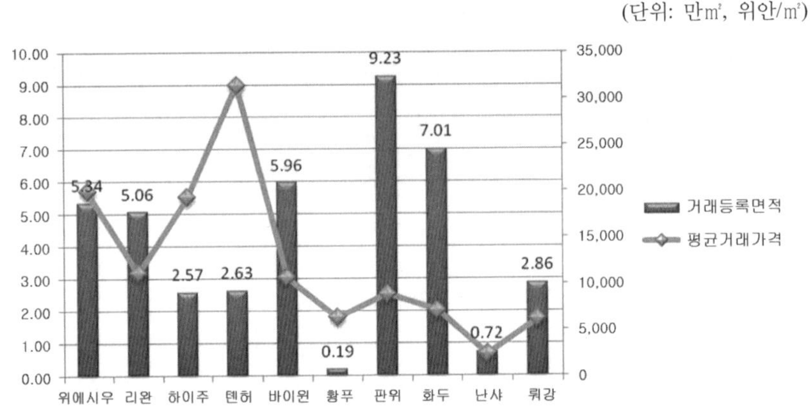

〈그림 18〉 광저우시 10개 구 미분양 상가 거래등록 상황 월별 추이

(3) 상가임대시장

2011년 광저우시 상가임대시장은 안정세를 유지했다. 1~2월 비수기가 지난 후 상가의 대규모 영업이 시작되자 월별 상가임대면적이 60만㎡ 수준을 유지했다. 상가임대시장의 월별 추이 그래프를 보면 임대면적과 임대료가 함께 변동하고 있어 수요가 증가하면 가격도 상승했고 수요가 감소하면 가격도 따라서 하락했다. 이는 상가임대시장이 수요에 민감하게 반응하는 특성을 보여준다.

(단위: 만㎡, 위안/㎡ · 월)

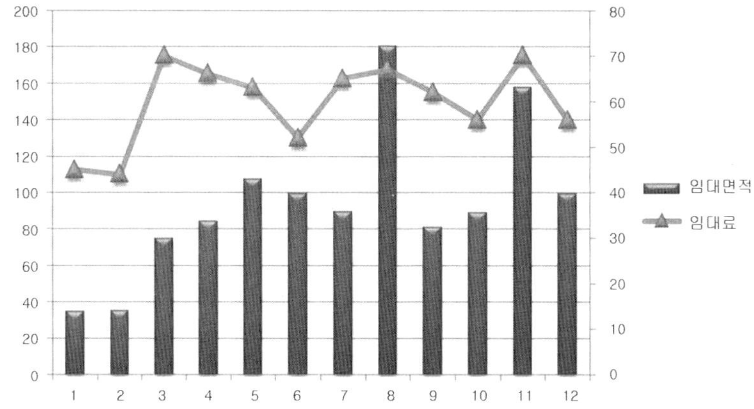

〈그림 19〉 광저우시 10개 구 상가임대 현황 추이

(4) 오피스 시장

① 신축 오피스

2011년 광저우시 신축 오피스의 선분양허가면적은 123.51만㎡로 동기 대비 17.81% 상승했고 거래등록면적은 97.58만㎡로 40.8% 상승했다. 주택시장의 엄격한 규제정책의 여파로 일부 투자자금이 오피스시장으로 흘러들었고 오피스 시장은 수요가 증가해 소화율이 최근 3년 이래 거래가 이루어진 지역별 분포를 보면 톈허와 하이주구가 신축 오피스 공급이 가장 많았다.

[표 7] 2007~2011년 신축 오피스 수급 현황

연 도	2007	2008	2009	2010	2011
오피스 선분양허가면적 (만㎡)	41.25	49.71	72.98	104.83	123.51
신축오피스 거래등록면적(만㎡)	78.91	41.51	45.52	69.31	97.58
소화율	191.2	83.5	62.4	66.1	79
신축오피스 평균거래가격(위안/㎡)	11,763	12,091	14,093	17,572	20,961

*자료: 광저우시 국토자원과 주택관리국

(단위: 만㎡, 위안/㎡)

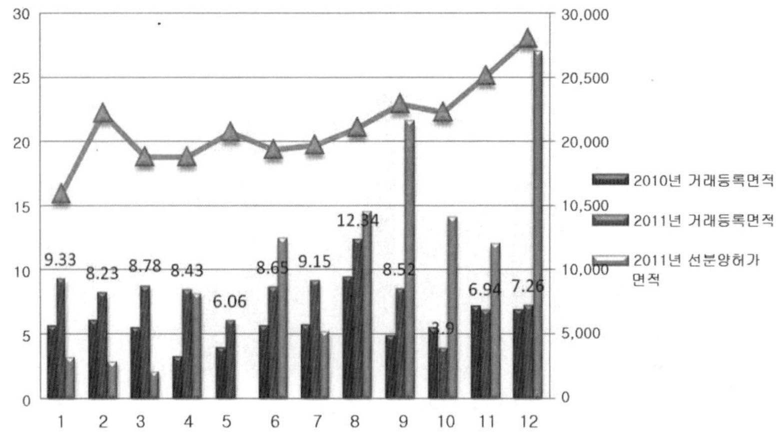

〈그림 20〉 광저우시 10개 구 신축 오피스 거래등록 현황 월별 추이

톈허구의 공급물량이 가장 많아서 2011년 신규 공급량이 66.27만㎡였다. 그 가운데 3분기에는 광성국제빌딩(廣晟國際大厦)과 3개 개발회사가 공동 개발한 톈롼플리자(天鑾廣場)에서 24만㎡가 넘는 신규 오피스 면적을 제공했다. 대규모 고급 오피스가 시장에 공급되자 거래량이 크게 늘었고 평균가격 역시 상승했다.

수요를 보면 톈허와 하이주, 위에시우 등 구 도심지역과 외곽의 뤄강구의 거래가 활발했다. 구 도심지역의 거래면적이 증가한 것은 신규 물량공급이 증가한 것과 관계가 있다. 신규공급에 대한 시장의 소화율이 높고 잠재수요가 많았다. 뤄강구는 거래량이 15.78만㎡를 기록해 외곽지역에서 가장 많은 물량을 기록했는데 지역은 주로 과학단지 지구였다.

거래 가격을 보면 황푸구를 제외한 5개 도심지역의 신축 오피스 평균거래가격은 20,000위안/㎡ 수준에서 소폭으로 움직였다. 특히 거래가 가장 활발했던 톈허와 하이주, 위에시우의 평균거래가격은 22,000위안/㎡을 넘었다. 이는 신축 오피스의 품질이 향상되고 갑급 오피스빌딩이 거래가격을 끌어올렸기 때문이다. 또 주택시장에서 넘어온 투자자들이 자금력이 뒷받침했기 때문이기도 하다. 외곽지역에서는 판위구의 오피스빌딩 거래가 가장 많았다. 최근 판위구의 개발이 속도가 빨라지고 도심지역과 연계성이 개선되어 오피스 역시 초기 단계에 있는 회사들이 선호하는 대상이었다.

(단위: 만㎡, 위안/㎡)

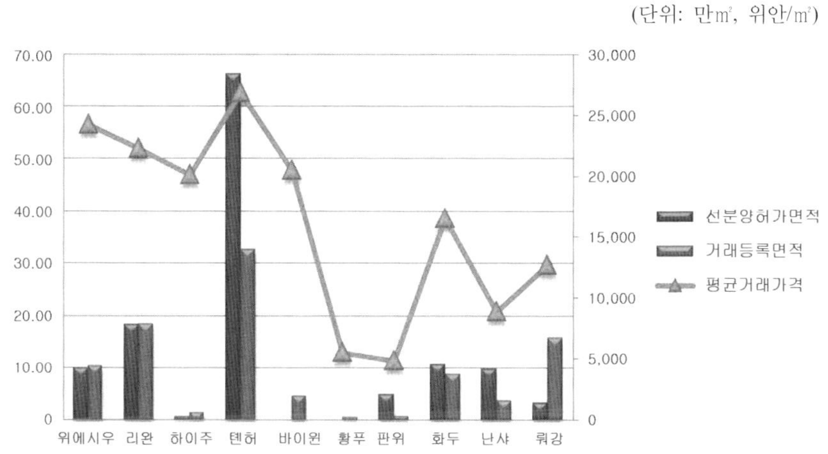

〈그림 21〉 광저우시 10개 구 오피스 거래등록 현황 지역별 분포

② 미분양 오피스

2011년 광저우시 미분양 오피스 거래등록면적은 17.76만㎡로 2010년에 비해 10.7% 늘었다. 그 가운데 미분양 오피스의 거래면적은 신축오피스빌딩 거래량의 20%에 불과했다. 이처럼 격차가 큰 이유는 미분양오피스빌딩은 보통 품질이 낮고 신축오피스빌딩이 집중적으로 시장에 공급되었기 때문이었다. 신규 오피스건물 공급이 늘어나자 일부 미분양시장의 잠재고객을 붙잡았다. 평균거래가격은 5,826위안/㎡으로 2010년에 비해 0.7% 하락했다. 2010년 상황에 비해 미분양 오피스시장은 전반적으로 안정적으로 발전했다.

2011년 1월과 2월에는 양력설과 음력설 연휴의 영향으로 미분양 오피스 거래등록면적이 감소했거나 낮은 수준을 유지했다. 3월 이후 미분양 오피스시장은 회복단계에 접어들었고 4월에서 6월 사이에 성수기를 맞이해 3개월 동안 거래등록면적이 한 해 전체의 42.13%를 차지했다. 7월과 8월에는 신축오피스의 공급이 늘었고 특히 주장신청에서 대량의 갑급 오피스빌딩이 공급되자 일부 미분양 오피스 매입자들이 신규분양시장으로 옮겨갔고 거래량은 다시 한 번 하락했다. 9월과 10월 들어 미분양 오피스 거래는 상승세를 회복해 월별 거래면적이 1.5만㎡를 기록했지만 연말에 이르러 거래량이 소폭 감소했다.

2011년 광저우시 미분양 오피스의 평균거래가격은 변동폭이 커서 6월에 2,643위안/㎡이었던 가격이 7월에는 가장 높은 8,448위안/㎡을 기록했다. 평균거래가격의 급격한 변동은 대형 특수거래와 관련이 있다.

(단위: 만㎡, 위안/㎡)

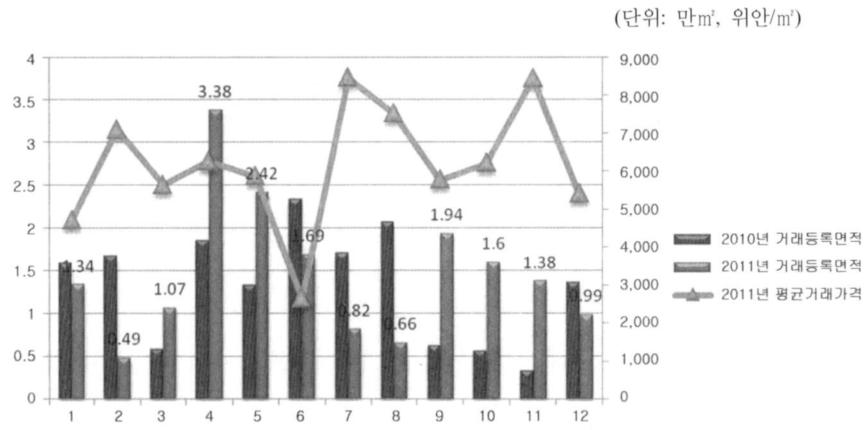

〈그림 22〉 광저우시 10개 구 미분양 오피스 거래등록 현황 월별 추이

지역별 분포상황을 보면 미분양 오피스와 신축 오피스의 거래상황은 큰 차이를 보였다. 먼저 미분양시장에서는 톈허구 한 지역이 독주하던 구도에서 벗어나 위에시우와 리완, 하이주 등 3개 지역의 비중이 톈허구보다 높았다. 이들 3개 구는 개발역사가 길고 광저우시 전통의 경제와

금융중심지며 건축연령이 오래된 미분양 오피스가 많았다. 오래된 오피스는 품질 면에서 주장신청이나 텐허구 북부지역 갑급 오피스에 미치지 못하지만 면적이 작고 인테리어가 다양해 자금이 충분하지 않은 소기업이 선호했다.

평균거래가격을 보면 텐허구가 다른 지역보다 절대적으로 높았다. 텐허구의 미분양 오피스는 건축연령이 짧았고 품질도 신축 갑급 오피스에 비해 뒤지지 않아 가격이 위에시우나 하이주 등지의 미분양 오피스와 큰 차이를 보였다.

(단위: 만㎡,위안/㎡)

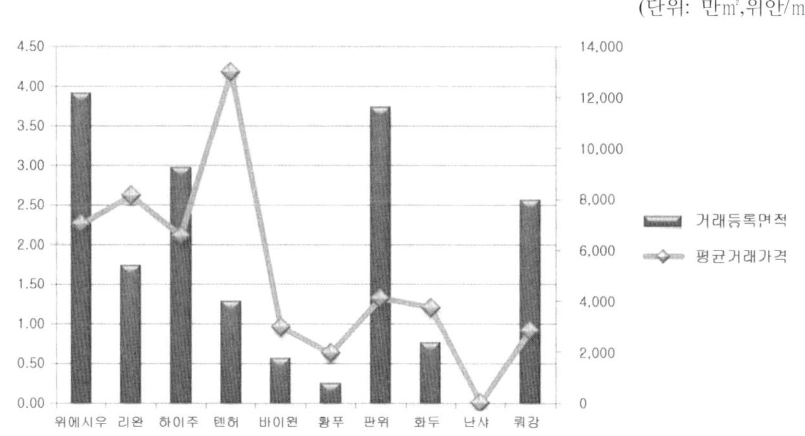

〈그림 23〉 광저우시 10개 구 미분양 오피스 거래등록 현황 지역별 분포

(5) 오피스 임대시장

2011년 광저우시 오피스 임대료는 임대면적이 증가하면서 단기적으로 상승했고 특히 임대면적이 크게 증가했던 3월에는 단위임대료 역시 현저하게 상승했고 4월에 최고조에 달했다. 집주인이 임대료를 높여 인플레이션의 영향에 대비하려는 수요가 있었고 또 시장수요가

(단위: 만㎡, 위안/㎡ · 월)

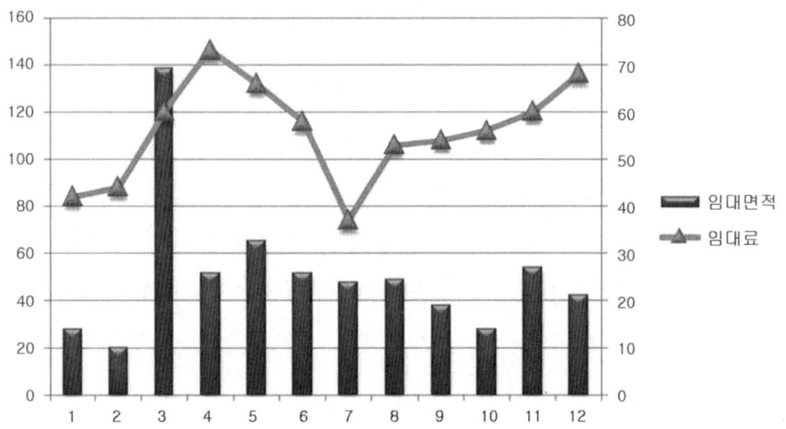

〈그림 24〉 광저우시 10개 구 오피스 임대 현황 월별 추이

증가하자 임대료 역시 상승했다. 7월에는 신축 오피스 거래면적이 큰 폭으로 늘어나면서 임대료가 떨어져 일부 회사는 신축분양 오피스를 매입하고 임대를 포기해 임대시장의 수요는 현저하게 줄었고 임대료 역시 하락했다. 8월에는 국내외 기업이 갑급 오피스에 대한 수요가 증가했고 주장신청의 갑급 오피스 임대료가 상승했지만 속도는 눈에 띄게 줄었다. 10월 이후에는 임대면적이 증가하면서 오피스 임대료 역시 상승했다.

2011년 선전 부동산시장의 해석과 전망

송보통, 완칭, 리리, 이팅거[1)]

개요 중국의 다른 도시들과 마찬가지로 2011년 선전은 부동산 시장의 조정이 심화되면서 시장은 관망하는 분위기가 농후했다. 신규주택시장에서 상품주택은 수량과 가격이 모두 하락했고 오피스빌딩의 경우 가격은 상승했고 수량은 감소했으며 상업용 건물은 수량과 가격이 동반 상승했다. 기존주택시장의 경우 상품주택과 오피스빌딩은 호황이 지속되었고 상업용 건물의 가격은 높은 수준에서 다소 하락했다. 임대시장은 상품주택과 오피스빌딩의 임대료가 안정적으로 상승했고 상업용 건물의 임대료는 초반에 하락하다 후반에 상승하는 양상을 보였다. 토지시장의 경우 주거용지는 대다수가 최저가격에 거래되었고 상업 및 서비스업 용지의 평균가격 상승폭은 동기 대비 50%에 육박했다. 신규토지공급 측면에서 토지정비사업이 본격적으로 실시되면서 첫 단계의 업무가 계획대로 완수되었다. 2011년 선전의 신규주택시장 거품은 안정적인 수준에서 미미하게 꺼지면서 부동산 규제의 효과가 처음으로 드러났지만 여전히 거품이 존재하는 것으로 추산된다.

2012년에도 규제가 지속되면서 부동산 기업의 이윤은 줄고 수요자가 관망세를 유지하는 조정의 분위기가 이어질 것으로 전망된다. 장기적으로 볼 때, 선전시가 질적 성장을 강조하고 경제발전 유형을 전환할 뿐 아니라 토지 정비를 추진하면서 향후 부동산시장 발전에 큰 도움이 될 것이다.

■ 키워드: 선전, 부동산시장, 조정, 거품

---

1) 송보통(宋博通): 건축학과 포스트닥터, 선전대학 토목공학부 당서기, 선전대학 부동산연구센터 상무부주임, 부교수, 주요 연구분야는 주택정책, 도시경제 및 부동산시장
제2저자: 완칭(萬清), 리리(李黎), 이팅거(伊廷閣) – 선전대학 토목공학부 석사연구생, 순서는 임의로 정렬

1. 2011년 부동산시장 분석

1) 부동산 개발 투자액 연속 증가, 고정자산투자에서 차지하는 비중 다시 확대

선전의 부동산 개발 투자액은 2001년부터 전반적인 상승세를 보이다가 2001~2009년 사이 조정을 받고 2010년에 다시 상승세를 되찾아 2011년에는 최초로 500억 위안을 돌파, 590.21억 위안에 달했다. 2008년 금융위기 이후의 토지매입 열기는 재고물량을 소화하는 수준에 머물렀다.

2011년 중국 1선도시 가운데 베이징, 상하이, 광저우, 선전의 부동산 개발 투자액은 동기 대비 각각 4.66%, 9.57%, 32.84%, 28.73% 증가해 선전의 증가속도가 광저우의 뒤를 이어 2위를 차지했다. 도시규모 제한에 의해 선전의 부동산개발 투자총액은 4대 도시 가운데 가장 적어 광저우의 절반, 상하이의 1/4, 베이징의 1/6에 불과했다.

전체 고정자산투자에서 부동산 개발투자가 차지하는 비중을 살펴보면 선전은 2002년부터 차차 감소 추세를 보이다가(2006년에 다소 반등해서 36.3%) 2011년에는 다시 증가세로 돌아서 31.86%에 달했다. 주목할만한 점은 10년 연속 증가하던 전체 고정자산투자액이 2011년 처음으로 하락했다는 점이다. 선전에서 개최된 유니버시아드 대회는 2009~2011년 상반기까지 선전의 고정자산투자액 증가에 뚜렷하게 기여했다. 대회가 막을 내림에 따라 향후 고정자산투자액은 다시 적정 수준으로 돌아갈 것이다.

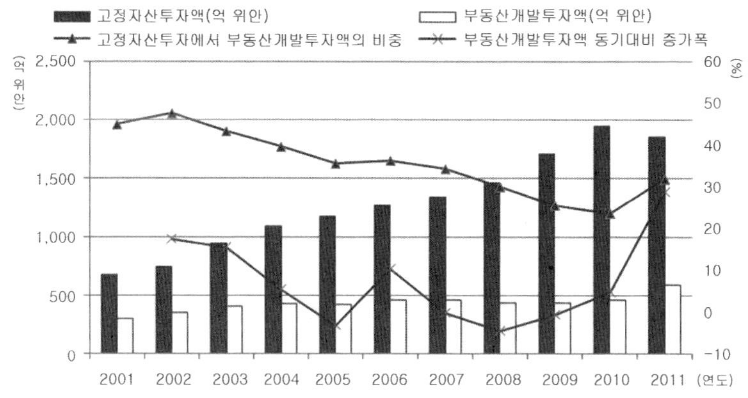

〈그림 1〉 2001~2011년 선전시 부동산 개발투자 현황

2) 상품주택가격 초반 상승, 후반 하락, 구 특구가 신 특구 추월, 신규주택과 기존주택 가격역전

(1) 지수는 연초 상승하다 후반에 하락, 등락폭이 1선도시 이끌어

2011년 베이징, 상하이, 광저우, 선전의 월별 신축상품주택 가격지수 동향(그림 2)을 보면 1선도시는 모두 약세로 출발해서 상승세를 보이다가 6~10월 사이 높은 수준에서 배회, 연말에는 대폭 하락했다.

2011년 1월 26일 신국8조(新國八條)[2]가 발표되자 베이징과 선전의 가격지수는 3월부터 침체를 보였다. 3~9월 베이징의 누적상승폭이 0.39%로 0.49% 성장한 2월 한 달 수준에도 못 미쳐 1선도시 중 연간 상승폭이 가장 낮았다. 2011년 상반기에는 선전과 광저우가 증가세를 이끌었고 베이징, 상하이, 광저우, 선전의 누적상승폭은 각각 0.87%, 1.98%, 2.24%, 2.25%로 선전이 가장 높았다.

부동산시장에는 '금구은십(金九銀十)[3]'이라는 말이 있지만 10월 베이징, 상하이, 광저우, 선전의 신축상품주택 가격지수는 최초로 직전

2) 신국8조(新國八條): 국무원이 발표한 8대 부동산시장 규제조치
3) 금구은십(金九銀十): 일년 중 9월과 10월이 부동산시장의 최고 성수기라는 뜻

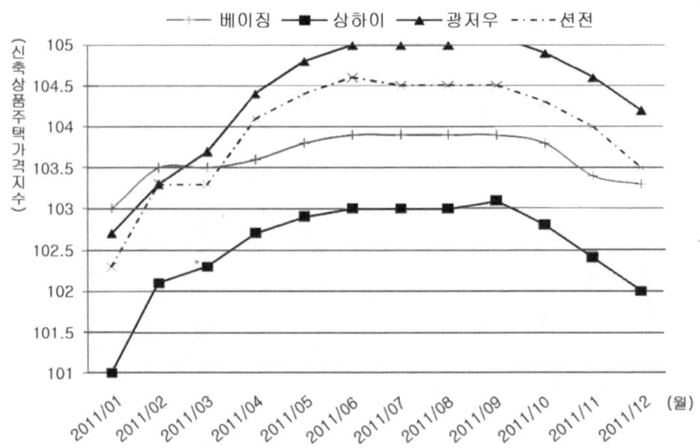

〈그림 2〉 2011년 베이징, 상하이, 광저우, 선전의 월별 신축상품주택 가격지수[4] 추이

분기 대비 하락했으며, 하락폭은 각각 -0.096%, -0.291%, -0.190%, -0.191%로 나타났다. 상하이의 하락폭이 가장 컸고 선전은 2위를 차지했다.

선전의 기존상품주택 가격지수는 신축상품주택 가격지수와 비슷해서 1~6월 연간 최대 누적상승폭을 보였으며 상승폭은 4.04%에 달해 신축상품주택 가격지수의 상승폭인 2.25%를 훨씬 넘어섰다. 2011년 월별 기존주택 가격지수(그림 3)를 비교해 보면 베이징, 상하이, 광저우, 선전의 연간 최대누적 상승폭은 각각 0.3%, 2.39%, 2.64%, 4.04%로 선전이 가장 높았다.

연간 추이를 종합해보면 베이징은 1~7월 정체기를 보이다가 8월에 하락세로 진입, 연초와 연말의 추세가 뒤바뀐 유일한 도시였고 연간 최대 하락폭은 -1.77%에 달했다. 광저우와 상하이는 비슷한 추세를 보였는데 1~8월까지 상승곡선을 그리다가 9월부터 연속 하락했다.

선전의 가격지수는 연초부터 가파르게 상승하다가 6~9월 소폭 하락했고 10월부터는 하락폭이 크게 증가했다. 12월과 연초를 비교하면

4) <그림 2>, <그림 3>의 가격지수는 모두 2010년 가격지수 100을 기준으로 함.

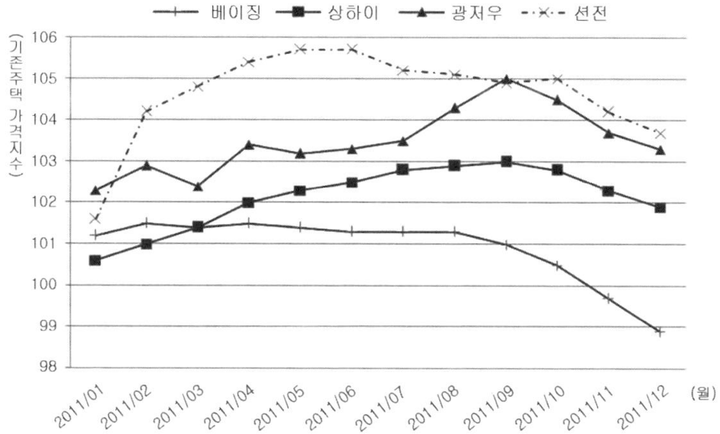

〈그림 3〉 2011년 베이징, 상하이, 광저우, 선전의 월별 기존주택 가격지수 추이

베이징, 상하이, 광저우, 선전의 기존주택 가격지수의 변동폭은 각각 -2.27%, 1.29%, 0.98%, 2.07%를 나타냈고 선전의 상승폭이 기타 1선도시를 크게 웃돌았다.

(2) 신규주택 평균가격 4년 만에 하락, 기존주택가격 최고치 경신

역대 상품주택 거래가격(그림 4)을 보면 2004년부터 2007년까지 안정적인 상승세를 보였고 2008년에 단기간 조정을 받아 신축상품주택 평균가격이 동기 대비 0.86% 하락한 13,255위안/㎡을 기록했다. 기존주택 거래가격은 동기 대비 13.7% 하락, 1만 위안 선을 깨고 9,117위안/㎡을 기록했다. 2009~2010년 가격은 다시 상승했고 2011년에는 거래량이 감소하는 상황에서 신축상품주택 평균가격은 18,992위안/㎡으로 동기 대비 6.00% 하락했고, 기존주택 거래가격은 20,442위안/㎡으로 동기 대비 25.67% 상승해 두 주택시장의 가격차가 좁혀졌다.

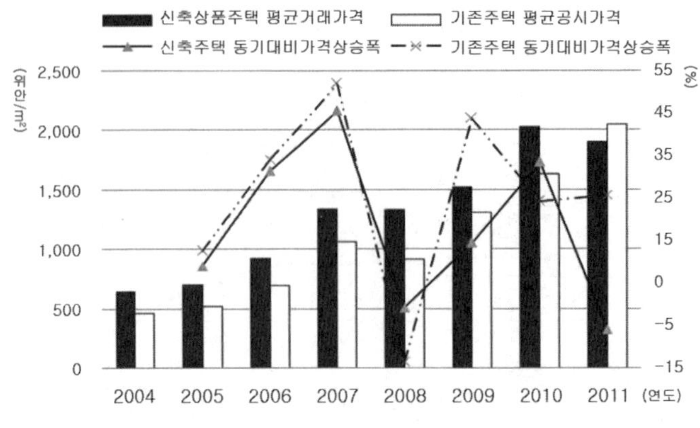

〈그림 4〉 2004~2011년 기존주택과 신규주택 가격 비교

(3) 신규주택과 기존주택 가격 역전 현상, 주택 임대료 안정적 상승

2010~2011년 월별 가격 추이(그림 5)를 통해 신규주택과 기존주택을 비교해보면 2010년부터 2011년 상반기까지 신축상품주택 가격이 하락곡선을 그린 것에 비해 기존주택은 안정적인 상승곡선을 그렸다. 2011년 하반기 기존주택의 평균가격 하락폭이 신규주택보다 낮게 나타났고 둘 사이의 가격 차이는 여전히 확대되는 추세를 보였다. 2011년 전반을 통틀어 보면, 1~2월 안정적 추이를 보이다가 3월에 처음으로 신규주택과 기존주택의 가격 역전현상이 나타났고, 5월에는 기존주택 가격이 신규주택보다 5,936위안/㎡ 높게 나타났다. 6~9월 다시 점차 회복되었다가 10~12월 또 한번 역전현상이 나타났다. 그 원인을 보면 첫째, 부동산개발회사는 기존주택 소유주보다 현금화 압박을 많이 받기 때문에 신규주택의 가격 하락폭이 더 크게 나타났다. 둘째, 다수의 기존주택은 입지여건과 품질, 주변환경 등 종합적인 품질이 신규주택보다 우수하기 때문에 상대적으로 높은 가격을 유지했다. 셋째, 학위방[5]의 높은 거래가격이 기존주택 가격을 끌어올렸다. 그 밖에도 기존주택의 경우 신규주택보다 납입하는 세금이 많기 때문에 역전현상은 더욱 심화될

5) 학위방(学位房): 우수한 학교에 입학할 수 있는 할당이 주어지는 주택

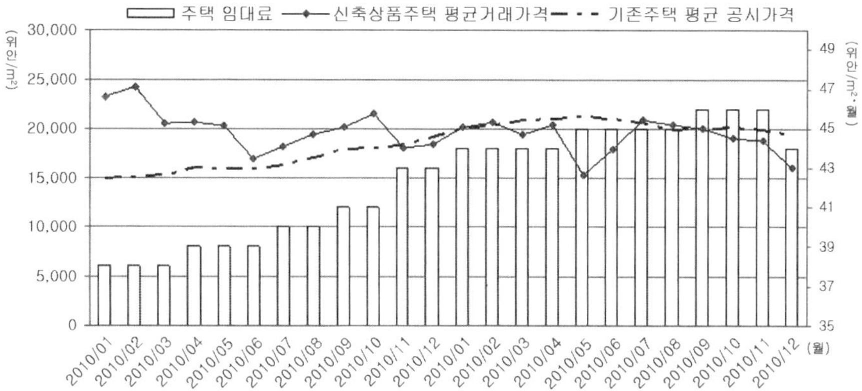

〈그림 5〉 2010~2011년 기존주택과 신규주택 판매가격 및 임대료 월별 추이

것이다.

임대료 추이를 보면 2010~2011년 주택 임대료는 분기마다 계단식 상승세를 보였다. 평균 상승폭은 분기당 1위안/㎡이며 2011년 최저 임대료는 월 44위안/㎡ · 월, 최고 임대료는 월 46위안/㎡ · 월로 변동이 적은 편이었다. 이는 주택임대료 시장의 수요와 공급이 대체로 균형을 이루었음을 말해준다.

(4) 신규주택 구역별 가격 추세 서로 달라, 난산(南山)은 최고치, 바오안(寶安)과 룽강(龍崗)은 저조

2011년 구역별 신축상품주택 가격동향(그림 6)을 보면 난산(南山)은 최고치를 보이며 4월에는 푸톈(福田)을 뛰어넘어 연평균 가격이 가장 높은 지역이 되었다. 8월에는 고가단지 위주로 거래량이 181채에 불과했으나 평균가격은 46,364위안/㎡에 달해 1월 대비 66.51% 상승했다. 푸톈(福田)은 U자형 곡선을 그리며 1~7월 평균가격이 소폭 요동치다가 8월에 하락, 9~10월에 안정기에 진입했다가 11~12월 난산을 제치고 역전했다. 뤄후(羅湖)는 안정적인 가격을 유지했다. 1월에는 연중 최저 거래가인 23,507위안/㎡를 기록했고 3월에는 1월보다 15.61% 상승, 연중 최고 거래가인 27,176위안/㎡을 보인 후 나머지 달에는 두 가격 사이에서 등락을 반복했다. 옌톈(鹽田)은 연말에 소폭 반등했다. 1~9월 소폭 등락을 유지하다가 10월 신축분양주택이 추가되면서 평균가격이 직전 분기 대비 43.71% 상승했고, 11~12월에는 안정적으로 유지되었다. 바오안(寶安)과 룽강(龍崗)은 낮은 수준에서 배회했다. 룽강구는 5월 선전시 전체에서 연간 최저치인 12,921위안/㎡을 보이며 직전 분기 대비 16.9% 하락했고 5월 선전시 전체 평균 거래가격을 연중 최저치인 15,263위안/㎡으로 끌어내렸다. 5월 외에도 두 지역의 평균 거래가격은 선전시 전체 평균 거래가격보다 낮았다. 이는 최근 룽강[6]과 바오안 중심지에 신규주택 공급량이 대거 늘어난 것과 연관이 있다.

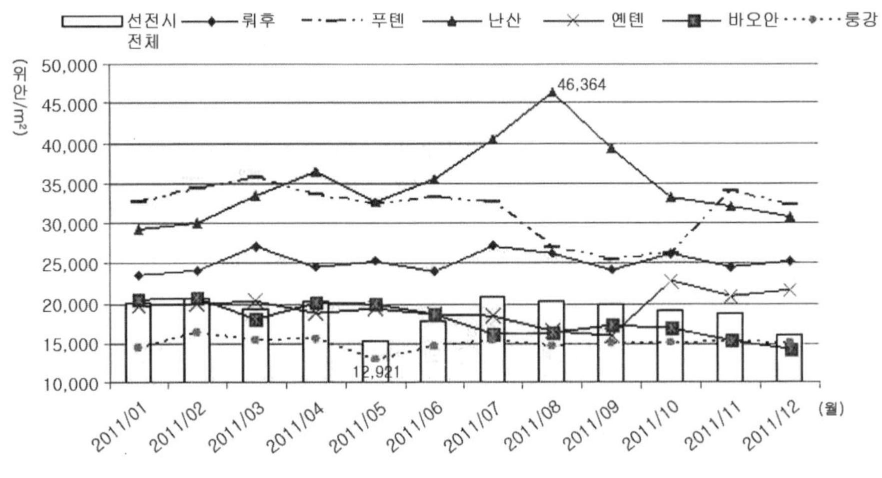

〈그림 6〉 2011년 구역별 신축상품주택 월별 가격 동향

(5) 구역별 기존주택 가격 안정세. 푸톈은 고가, 룽강은 저가 유지

2011년 연간 구역별 기존주택 가격운영상황(그림 7)을 보면 기존주택 거래가격은 연중 안정세를 보였고 하반기에는 안정적인 가운데 다소 하락했다. 신규주택과 마찬가지로 푸톈과 난산의 가격이 가장 높았고

6) 룽강은 핑산신구(坪山新區)를 포함, 바오안은 광밍신구(光明新區)를 포함.

바오안, 룽강이 가장 낮았다. 그러나 옌톈의 경우 기존주택 거래가격이 뤄후를 추월해 3위를 차지했고 3~8월 점차 소폭 하락하다가 9~10월 안정적인 상승세를 보였고 10월에는 8월에 비해 14.58% 상승한 22,883 위안/㎡에 달해 연중 최고치를 기록했다. 바오안은 기존주택 거래가격이 룽강을 훨씬 웃돌았다. 이 또한 바오안의 중심구역이 치엔하이(前海)[7)]에 위치해 있기 때문에 룽강 중심구역보다 발전속도가 빠르며 기대효과도 뚜렷했다.

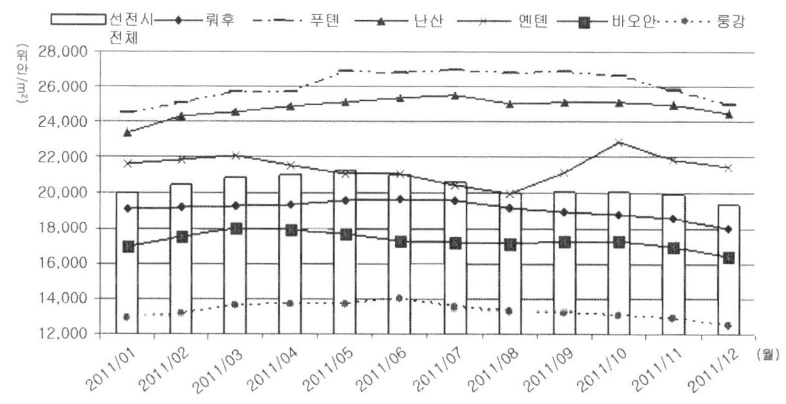

〈그림 7〉 2011년 구역별 기존주택 평균공시가격 월별 동향

3) 신규주택 수요 최저치 경신, 신 · 구 특구간 거래량 격차 확대, 주력은 소형주택

(1) 최근 2년간 신규주택 공급과잉, 8년간 완공면적 계속 감소

과거 신축상품주택의 수요와 공급(그림8)을 살펴보면 2004~2006년 토지출양은 낮은 수준에서 기복을 보였고 신축상품주택의 선분양허가 면적은 해마다 감소했다. 주택가격은 안정적으로 상승했고 주민들의 주택투자의식이 강해지면서 신축상품주택은 공급부족 현상을 보였다.

7) 2010년 8월 국무원이 치엔하이-선전-홍콩 서비스협력지대 발전규획 비준, 발표

2007년 토지거래 및 주택가격 규제로 인해 신축상품주택의 선분양허가면적과 분양면적이 동반 감소했다. 분양면적은 500.4만㎡로 동기 대비 29.1% 감소해 최초로 공급과잉 국면을 보였다. 미국의 서브프라임 모기지 위기의 영향으로 2008년에는 다방면의 시장구제정책에 힘입어 비탄력적 수요와 투자수요가 급증했고 2009년에는 공급부족을 초래해 주택면적 거래비율[8])이 147.09%에 달해 가장 높은 수치를 기록했다. 2010년에는 준공면적과 선분양 허가면적, 분양면적이 한층 더 감소했고 2011년에는 매입제한정책을 엄격하게 실시했고 한 해 동안 지급준비율이 연속 상승해 사상 최고치인 21.5%[9])를 기록하는 등 일련의 규제정책을 시행했다. 그 여파로 신축상품주택의 선분양허가면적은 396.93만㎡에 불과해 동기 대비 0.91% 하락했고 분양면적은 272.93만㎡로 동기 대비 14.98% 하락해 사상 최저치를 기록했다.

신축상품주택 준공면적은 2002년 이후 감소 추세로 돌아서면서 2003~2007년 사이 매년 감소했다. 2008년에는 기존에 토지비축면적이 풍부했던 이유로 2008년 12월의 상품주택 완공면적이 244.74만㎡로 연중

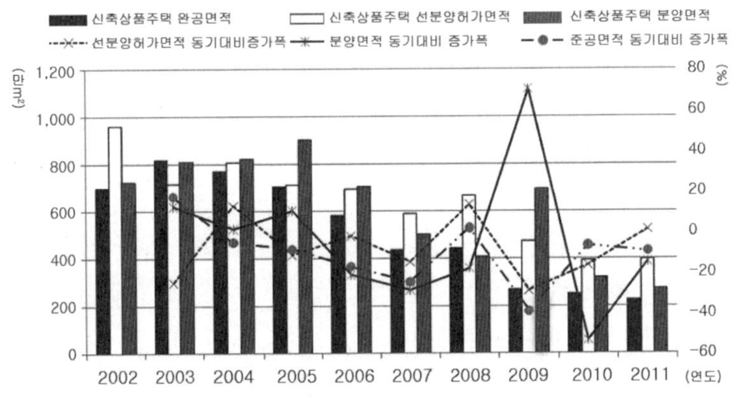

〈그림 8〉 2002~2011년 신축상품주택 준공면적, 선분양 허가면적, 분양면적 비교

---

8) 거래비율: 거래 가능한 주택 대비 계약을 체결한 주택의 비율

9) 1985년부터 통합조정 후 현재까지.

55.15%를 차지, 동기 대비 1.52% 증가했다. 2009~2010년 다시 하락 곡선을 타면서 2011년에는 247.29만㎡에 불과해 최저치를 기록했다.

(2) 신규주택 공급량이 수요를 크게 웃돌고 거래비율 상 · 하반기 격차 확대

2011년 월별 신규주택 거래 현황(그림 9)을 비교해보면 신규주택 거래량이 적게 나타났으며 계단식 소폭 변동을 보였다. 신규주택 선분양 허가면적과 분양면적의 비율은 1.45:1에 달했다.

신규주택 거래현황을 살펴보면 정책적 규제의 영향으로 거래량이 감소되었고 선분양 허가면적은 상반기에 비교적 큰 변동을 보였다. 2011년 1월 26일 '신국8조'의 등장과 설연휴의 영향으로 2월과 3월에 선분양허가면적이 급감했고 각각 7.03만㎡와 5.55만㎡를 기록해 연간 최저수준에 머물렀다. 4월 선분양 허가면적은 38.5만㎡로 직전 분기 대비 593.18% 증가했고 5~12월 선분양 허가면적은 상승했지만 변동폭은 크지 않았다. 주택거래비율은 상반기에 95.59%였다가 하반기에 52.93%로 하락했다. 연간 공급량이 수요를 훨씬 웃돌아 부동산가격 고공행진이 다소 조정되었다.

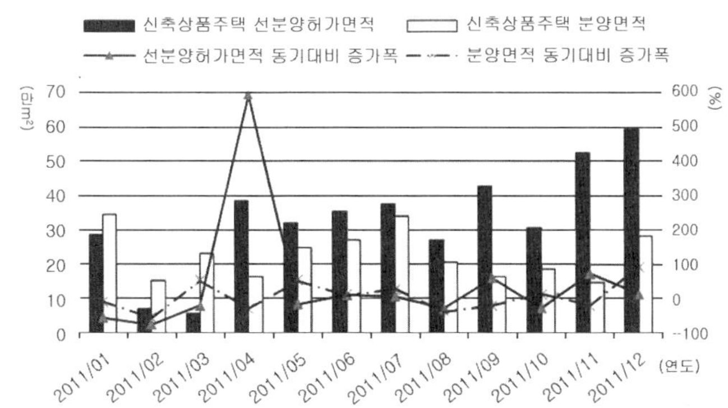

〈그림 9〉 2011년 월별 신축상품주택 선분양 허가면적과 분양면적 비교

⑶ 신특구의 신규주택거래량이 구 특구보다 많아, 소형주택이 절대적 우세

2010년 하반기부터 선전시에서 '신구특구통합' 방침을 시행하면서 룽강과 바오안 중심구역으로 대표되는 신특구에 대한 개발이 시작되었다. 2011년 신특구의 신축상품주택 거래면적은 216.99만㎡로 구 특구의 3.88배에 달했으며 선전시 전체의 79.51%를 차지했다. 2011년 구역별 추이를 보면(그림 10) 신축상품주택 거래면적이 많은 행정구역은 신특구인 룽강과 바오안, 구 특구인 난산과 옌톈, 푸톈, 뤄후 순으로 나타났다.

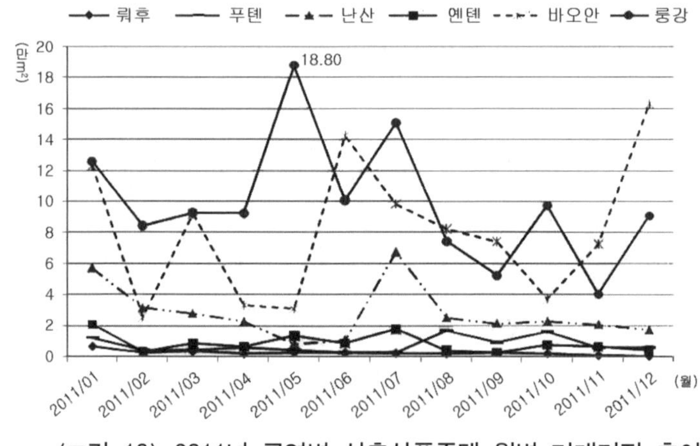

〈그림 10〉 2011년 구역별 신축상품주택 월별 거래면적 추이

룽강은 연중 등락폭이 커서 상반기에 거래가 활발해 하반기의 50.78만㎡보다 훨씬 많은 92.14만㎡를 기록했다. 5월 거래면적은 18.8만㎡로 직전 분기 대비 102.75% 증가해 구역별 연중 거래량에서 가장 높은 수치를 기록했고 6~11월에는 하락곡선을 그리다가 12월에 소폭 상승했다. 바오안은 심한 기복을 보이다가 연말에 크게 상승했다. 2월과 4월, 5월의 거래면적이 가장 낮게 나타나서 각각 2.58만㎡와 3.36만㎡, 3.11만㎡였다. 6월에는 4신주택[10]이 공급되면서 거래면적이 14.26만㎡를 기록해

10) 4신주택(四新盘): '4가지 분야에서 새롭다'는 뜻으로 신기술, 신소재, 신공정, 신방법의 주택

직전 분기 대비 358.48% 급증했다. 7월부터 10월에는 점차 감소하다가 연말에 거래량이 다시 크게 상승해 12월에는 연중 최고치인 16.3만㎡로 직전 분기 대비 124.39% 급증했다. 난산의 경우 거래면적이 연중 내내 롤러코스터를 탔다. 1월부터 6월까지 완만한 하락세를 보이다가 7월에는 6.77만㎡를 기록해 직전 분기 대비 553.86% 증가했다. 8월 거래면적은 2.53만㎡로 직전 분기 대비 62.58% 하락했고 9~12월에는 안정기에 들어섰다. 옌톈, 푸톈, 뤄후는 연중 거래면적이 모두 낮은 수준에서 정체기에 머물렀다. 구 특구는 출양 가능 토지가 적고 신규주택 물량이 바닥에 머물렀기 때문에 최근 거래량이 증가하지 않은 것도 주된 요인으로 작용했다.

2011년 신축상품주택의 면적유형별 거래량(그림 11a)을 보면 인민은행이 예금과 대출기준금리를 세 차례 인상해 주택구입에 따른 비용이 증가하자 90㎡ 이하의 소형주택의 거래가 주를 이뤘고 거래면적은 196.03만㎡를 기록해 전체 거래면적의 71.82%를 차지했다. 90~144㎡ 사이의 주거환경 개선형 주택과 144㎡ 이상의 대형주택은 큰 차이를 보이지 않았고 거래면적이 각각 39.91만㎡와 36.99만㎡로 전체 거래면적의 14.62%와 13.55%를 차지했다. 신규주택시장은 여전히 생애 첫

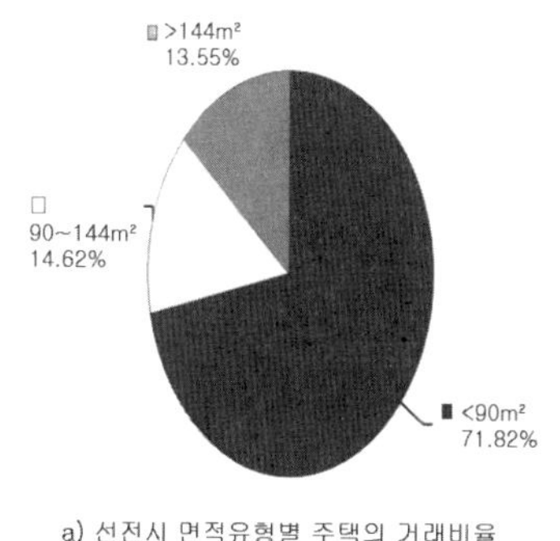

a) 선전시 면적유형별 주택의 거래비율

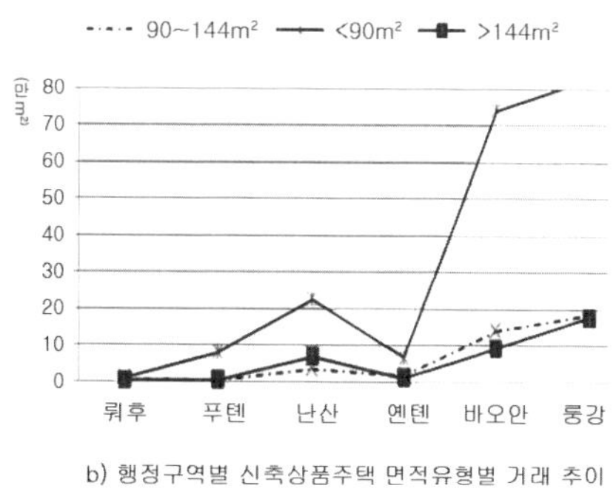

b) 행정구역별 신축상품주택 면적유형별 거래 추이

〈그림 11〉 선전시 및 각 지역 신축상품주택의 면적유형별 거래 추이

주택매입과 주거환경 개선형 수요가 주를 이루었다.

신규주택의 면적유형별 지역 분포(그림 11b)를 보면 선전시 전체에서 소형:개선형:대형주택의 거래면적 비율이 5.3:1.08:1로 나타났다. 각 구역이 서로 다른 특징을 보였는데 뤄후의 경우 2.04:1.45:1로 소형주택의 거래가 대형주택의 2배였고 90㎡이하와 90㎡이상의 주택으로 양분화된 양상을 보였다. 푸톈은 11.13:0.59:1, 난산은 3.18:0.52:1로 나타났다. 두 지역의 비율은 부동산시장의 성숙도와 연관이 있으며 주거환경의 개선과 부동산 투자가 시장의 변화를 이끌었다. 주거환경 개선형(90~144㎡)과 대형주택(>144㎡)의 거래면적 비율이 역전돼 대형주택 거래면적이 개선형의 2배에 육박했다. 그 중 푸톈의 소형주택 거래면적은 8.03만㎡로 대형주택의 10배를 초과해 부동산 거래 불균형 양상을 보였다. 옌톈과 바오안, 룽강의 비율은 각각 5.04 : 1.52 : 1과 7.91:1.51:1, 4.68 : 1.05 : 1로 나타났다. 세 지역의 경우 가격 영향이 수요에 반영되어 소형주택의 거래면적이 절대적 우위를 보였으며 개선형과 대형주택의 거래면적은 상대적으로 보합을 유지했다.

4) 기존주택이 거래량 급감에도 불구하고 신규주택 추월, 선고후저 양상

(1) 정책누적효과 점차 나타나, 기존주택 거래량 선고후저

기존상품주택의 연도별 거래면적(그림 12)을 비교하면 2004년부터 2007년까지 거래면적이 안정적으로 상승했고 2008년에는 금융위기의 영향으로 동기 대비 53.19% 감소한 435.85만㎡에 그쳤다. 2008년 11월 5일 내수부양을 위한 4조 위안 투입 등 일련의 경기부양책이 시행되면서 2009년 기존주택 거래면적은 전년도 같은 기간에 비해 무려 220.25% 상승해 1,395.83만㎡에 달했다. 이로서 주택거래시장에서 기존주택의 주도적 지위가 일차적으로 나타났다. 2010년 기존주택 거래면적은 다

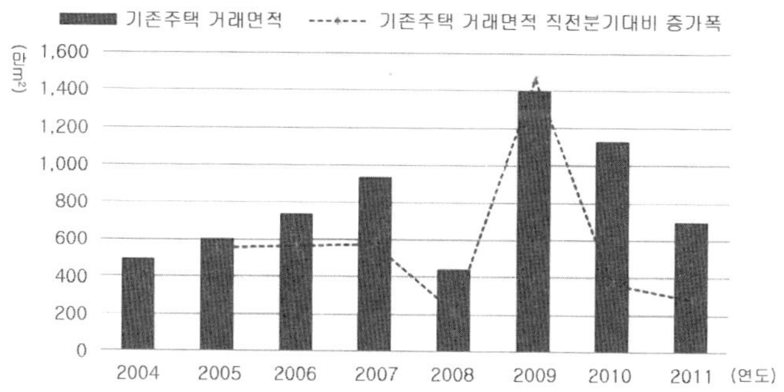

〈그림 12〉 2004~2011년 기존주택 거래면적의 연도별 비교

소 하락한 1,130.66만㎡를 기록했고 2011년에는 699.31만㎡로 신규주택의 세 배에 달했다. 이는 동기 대비 38.15% 감소한 수치였다.

2011년 월별 거래현황(그림 13)을 보면 연초 6개월은 거래가 활발하다가 후반기에 는 저조했다. 설연휴의 영향을 제외하면 2011년 1월 27일 「개인의 주택양도 영업세 정책에 관한 통지」가 발표된 후 2월 기존주택 거래면적은 36.87만㎡로 직전 분기 대비 62.78% 급감했다. 3~7월에는 높은 수준에서 등락을 반복하며 연중 거래량의 61.44%를 차지했다. 1~7월에는 인민은행이 여섯 차례나 지급준비율을 인상했고,

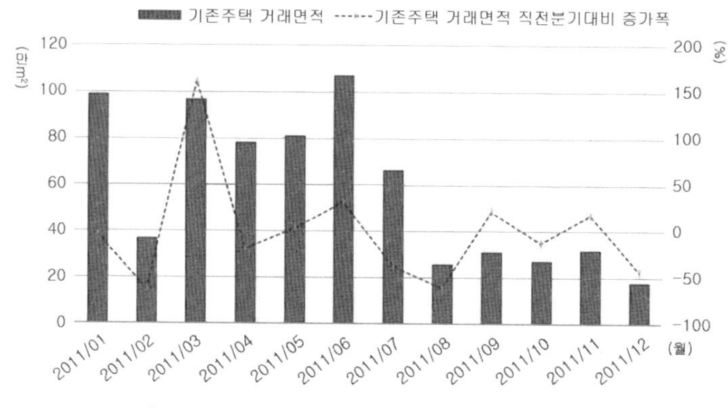

〈그림 13〉 2011년 기존주택 거래면적 월별 비교

예금과 대출기준금리를 세 차례 인상한데다 '신국8조'의 규제로 인해 7월 이후 정책의 누적 효과가 두드러졌다. 8~12월에는 기존주택 거래면적이 낮은 수준에서 유지되면서 연중 거래면적의 19.13%에 머물렀다.

(2) 기존주택: 신특구 바오안은 소형주택 증가, 구 특구 옌톈은 대형과 고급빌라 소폭 증가

2010년과 2011년 구역별 기존주택 거래면적 및 수량(그림 14)이 보여주는 특징은 다음과 같다. 첫째, 룽강과 바오안의 비중이 증가했고 그 중에서도 소형주택이 증가했다. 룽강은 2011년 기존주택 거래면적이 162.39만㎡로 선전시 전체의 23.22%를 차지했고 거래량은 16,159채로 22.08%를 차지해 면적 비중이 수량보다 0.14% 높아 기본적으로 비슷했다. 바오안의 면적과 수량의 비중 차이는 2010년 0.66%에서 2011년에는 -1.42%로 줄어 역전되었다. 이는 부동산 가격과 재원마련에 따른 비용의 압박으로 미분양주택 가운데 소형주택의 거래량이 증가했음을 보여준다. 둘째, 난산과 뤄후, 푸톈의 시장이 성숙되면서 소폭의 변동만 보였다. 구 특구인 난산과 뤄후, 푸톈의 거래비중은 2011년에 큰 변동을 보이지 않았다. 셋째, 옌톈은 산과 물을 끼고 있어서 대형주택 거래가 증가했다. 옌톈의 동쪽은 다펑만(大鵬灣)이, 내륙에는 우퉁산(梧桐山)이 있어 최근 몇 년간 대형주택과 고급빌라가 증가했다. 2011년에는 거래면적이 26.53만㎡로 2010년과 비슷한 수준을 유지했고 거래수량은 1,915채였고 동기 대비 39.8%나 감소했다. 2011년 옌톈의 신규주택시장에서 고급빌라는 대체로 적었지만 기존주택시장에서는 대형주택과 고급빌라의 거래량이 증가했다. 가구당 면적이 커지면서 거래면적의 비중이 거래수량의 비중을 크게 웃돌았다.

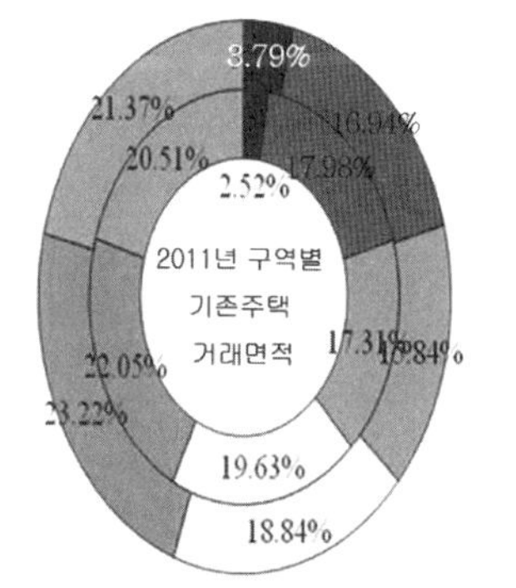

a) 2010, 2011년 구역별 기준주택 거래면적 비교

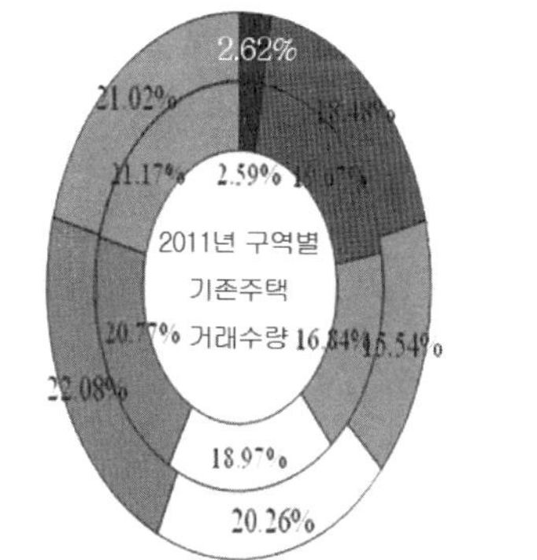

b) 2010, 2011년 구역별 기준주택 거래량 비교

〈그림 14〉 2010, 2011년 구역별 기존주택 거래수량 및 면적 비교

(3) 기존주택/신규주택 수량비율은 선고후저, 뤄후의 주력거래대상은 기존주택

2011년 기존주택과 신규주택의 거래량 비교(그림 15)를 보면 상반기에는 기존주택의 거래량이 절대적 우위를 보이다가 하반기에는 기존주택 거래량의 감소폭이 신규주택보다 훨씬 높게 나타났다. 3월 기존주택과 신규주택의 수량 비율은 연간 최고치인 4.4:1을 보였고 7~8월에는 기존주택 거래량이 급감, 8월에는 연중 최저치인 2,384채를 기록해 기존주택과 신규주택의 거래량이 역전되면서 비율이 0.946를 기록했다. 9~11월 기존주택과 신규주택의 거래량은 저조한 수준에서 머물다 안정을 찾았다. 12월에는 신규주택의 거래량이 늘어났고 상대적으로 가격이 높은 기존주택은 거래량은 줄었다. 기존주택과 신규주택의 거래량은 연중 두 차례 역전되었다.

구역별로 거래의 활성화 정도를 보면 뤄후의 기존주택은 신규주택을 추월해 기존주택과 신규주택의 거래량 비율이 32.12:1을 나타냈다. 푸톈은 뤄후의 뒤를 이어 기존주택 거래수량이 신규주택의 10배를 초과했고 기타 다른 지역은 모두 3.2배 이하였는데 그 중 룽강이 1.2:1로 가장 낮았다.

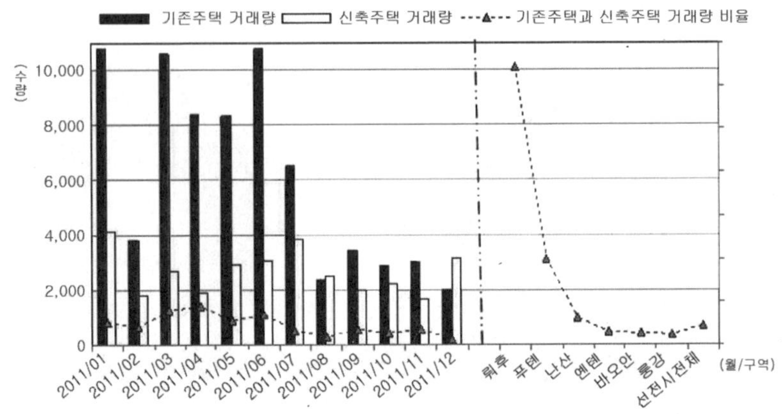

〈그림 15〉 2011년 기존주택 및 신규주택 거래량 월별 비교

5) 오피스빌딩 신축시장 가격 상승, 수량 감소, 기존주택 시장 호황 지속

(1) 신축오피스빌딩 수요 감소, 연간 평균가격은 고공행진

2011년 오피스빌딩의 전체 공실율은 계속해서 하락했다. 신축오피스빌딩의 선분양 허가면적은 2010년과 거의 비슷한 수준으로 14.49만㎡였고 분양면적은 6.38만㎡로 2009년 이래 2년 연속 하락했고 거래비율[11]은 44%에 불과했다.

신축오피스빌딩의 과거 평균거래가격을 보면 2008년 경제위기로 하락했던 것을 제외하면 2005년 이후 고공행진을 지속하다 2010년 거시조정의 영향으로 증가속도가 다소 둔화되었다. 2011년 신축오피스빌딩의 평균거래가격은 45,783위안/㎡으로 2010년 대비 67% 상승해 사상 최고치를 기록했다. 2011년 선전시 신축오피스빌딩 거래시장은 저조했고 대부분 가격이 너무 높아 금년 선전시 전체 평균가격을 크게 끌어올린 주요 원인으로 작용했다.

---

11) 거래 가능한 주택 대비 계약을 체결한 비율

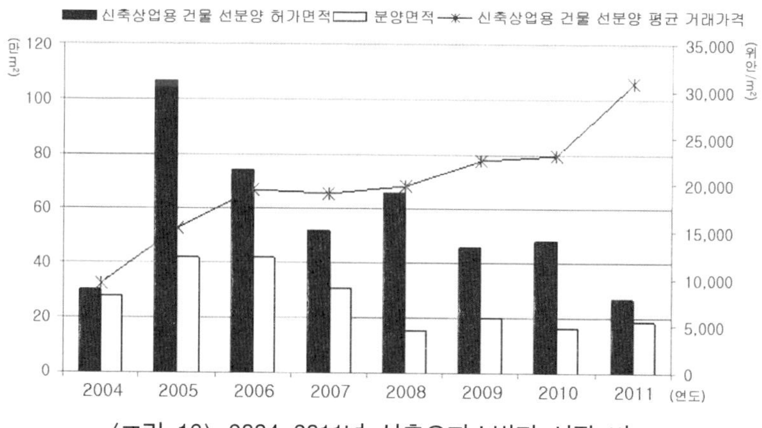

〈그림 16〉 2004~2011년 신축오피스빌딩 시장 비교

(2) 기존 오피스빌딩 평균공시가격 초반 상승, 후반 하락. 임대료는 소폭 상승

2011년 기존 오피스빌딩의 평균공시가격과 임대료가 지속적으로 가파르게 상승했다.[12] 2010년 평균공시가격과 임대료는 각각 20.1%,

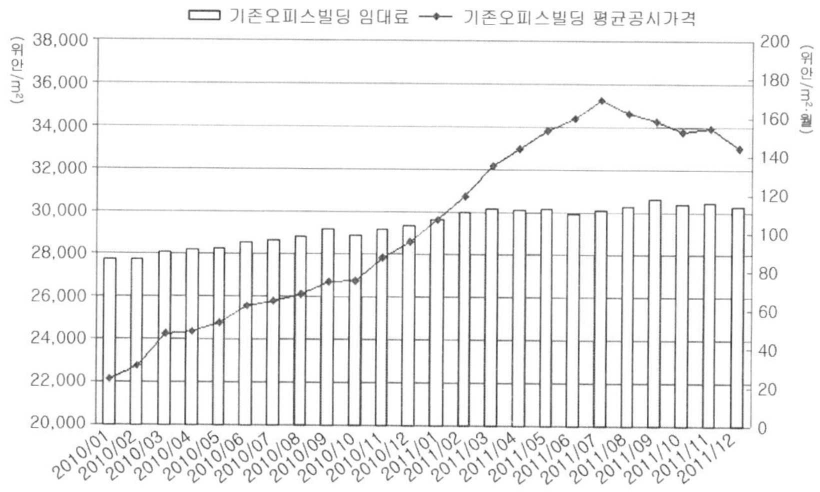

〈그림 17〉 2010~2011년 기존 오피스빌딩 월별 평균 공시가격 및 임대료 비교

12) 각 상업, 사무용 오피스빌딩의 연평균 가격 및 임대료는 1~12월의 연간 가중평균치, 이하 동일

23,45% 상승했고 2011년에도 강세를 유지해 평균 공시가격이 33,288위안/㎡, 임대료는 113위안/㎡에 달해 각각 34.72%, 18.65% 상승했다. 평균공시가격의 경우 상반기에 연속 상승하다가 하반기에는 다소 하락했고 임대료의 경우 1, 3분기에 상승했고 1, 2분기에는 다소 하락해 연중 요동치는 가운데 상승했다.

6) 상업용 신축시장 안정적 상승, 기존시장은 높은 수준에서 하락

(1) 신축상업용 건물의 공급량 급감, 평균 거래가격 대폭 상승

신축상업용건물의 선분양허가면적은 2005년에 최고치에 달했다가 이후부터 하락 곡선을 탔으며 2008년에 다소 상승 조짐을 보이다가 2011년에는 27.2만㎡로 2010년의 절반 수준으로 감소했다. 분양면적은 2010년에 비해 다소 상승해 18.9만㎡를 기록했고 거래비율은 69.49%로 2010년의 34.1%를 훨씬 웃돌았다. 선분양허가면적 감소가 주요 원인이었다.

신축상업용 건물의 평균거래가격은 2005년부터 2006년까지 급격히 상승하다가 2007년 다소 주춤했고 2008년 이후 줄곧 안정적 성장을

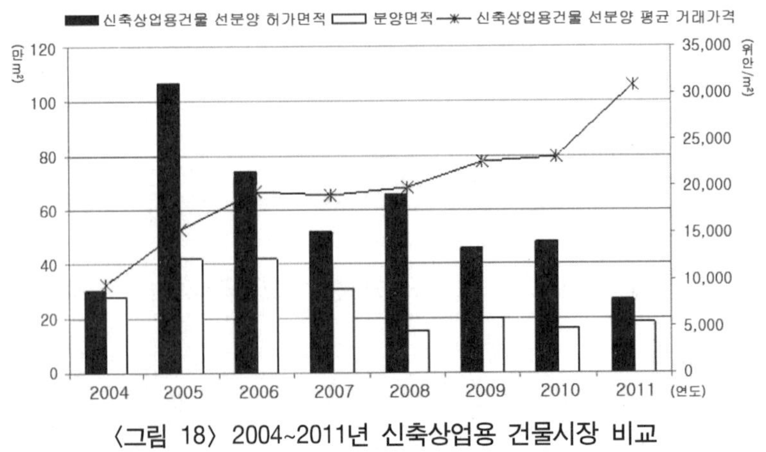

〈그림 18〉 2004~2011년 신축상업용 건물시장 비교

보였다. 2011년에는 평균거래가격이 30,818위안/㎡을 기록해 2010년 대비 33.44% 증가했다. 2007년 이후 연평균 상승률이 15.54%에 달한다.

⑵ 기존상업용 건물 평균공시가격은 하락, 임대료는 초반 하락한 후 후반에 상승

2010년 기존상업용 건물시장이 호황을 누린 것에 비해 2011년에는 다소 주춤한 양상을 보였다. 2011년 기존상업용 건물의 평균공시가격은 55,567위안/㎡으로 2010년 동기 대비 2.7% 상승, 임대료는 204위안/㎡으로 2010년 대비 2.9% 하락했다. 평균공시가격의 경우 연중 요동치며 하락 곡선을 그렸고 2월에 최고치인 60,174위안/㎡을 기록한 후 6월에는 연중 최저치인 53,400위안/㎡을 기록했다. 임대료는 연초에 하락하다가 후반에 상승하는 양상을 보였다. 상반기에 빠르게 하락한 후 하반기에는 소폭 상승해 12월 평균 임대료가 198위안/㎡으로 연초의 최고치보다는 낮았다.

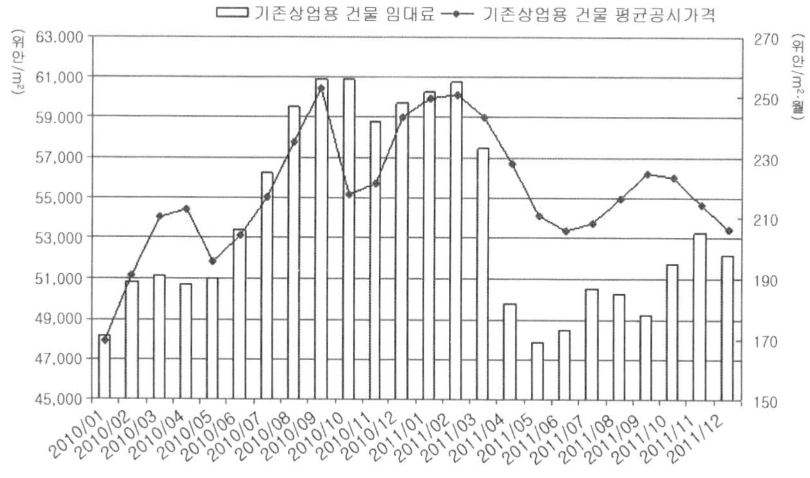

〈그림 19〉 2010~2011년 기존상업용 건물 월별 평균공시가격과 임대료 비교

2. 2011년 토지시장 분석

1) 거래량 급감, 대부분 최저가격으로 거래

2011년 선전시 전체에서 공시한 토지출양면적은 284.9만㎡로 동기 대비 44.3% 감소했다. 출양건수는 총 73건으로 이 가운데 68건이 거래되었고 거래건수 기준 유찰률은 6.8%, 면적기준 유찰률은 5.2%였다. 그 중 주거용지는 10건 모두 거래가 성사되었고 거래면적은 52.2만㎡로 동기 대비 13.7%감소했다. 서비스 및 숙박업용지는 10건 중 7건이 거래가 성사되었고 거래면적은 6.9만㎡,공업용지는 40건 가운데 39건이 거래가 성사돼 거래면적은 132.3만㎡를 기록했다. 또 복합용지는 3건으로 거래면적이 74.4만㎡에 달했다. 이처럼 연간 토지공급량은 대폭 감소했으며 시장거래의 활력도 저조해서 대부분 최저가격으로 거래되었다.

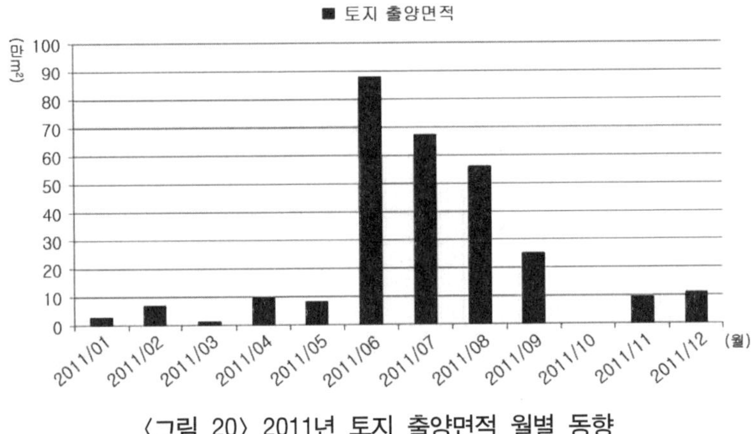

〈그림 20〉 2011년 토지 출양면적 월별 동향

2) 주거용지 공급량 연속 하락, 최근 2년간 거래비율 100% 육박

2004년부터 2011년까지 주거용지의 비율은 전반적으로 하락세를 보였고 2006년과 2011년에는 소폭 상승했다. 2008년 이후 주거용지 공급량이 매년 하락세를 보이면서 면적기준 거래비율이 높은 수준을 유지했다. 2010년과 2011년 두 해 동안 거래비율은 모두 100%에 달했다. 거래 건수는 대부분 관외(신특구)에 집중되었으며 관내(구 특구)의 경우 난산구 리우셴대로(留仙大道) 남측과 탕랑(塘朗)역 한 곳에 불과했다. 주거용지 10건 가운데 8건이 보장성 주택 성격이어서 일부 혹은 전체가 주거안정을 위한 비영리성 상품주택이었다. 2011년 건축면적당 평균토지 가격은 3,423위안/㎡으로 동기 대비 17.2% 상승했으나 대부분 최저가에 거래되어 2009년의 5,587위안/㎡에 크게 못 미쳤다. 평균 거래가격 측면에서 바오안구 룽화부룽로(龍華布龍路) 서쪽과 허핑로(和平路) 북쪽에 위치한 주거용지가 가장 높아 건축면적당 평균토지가격이 9,590위안/㎡를 기록했다.

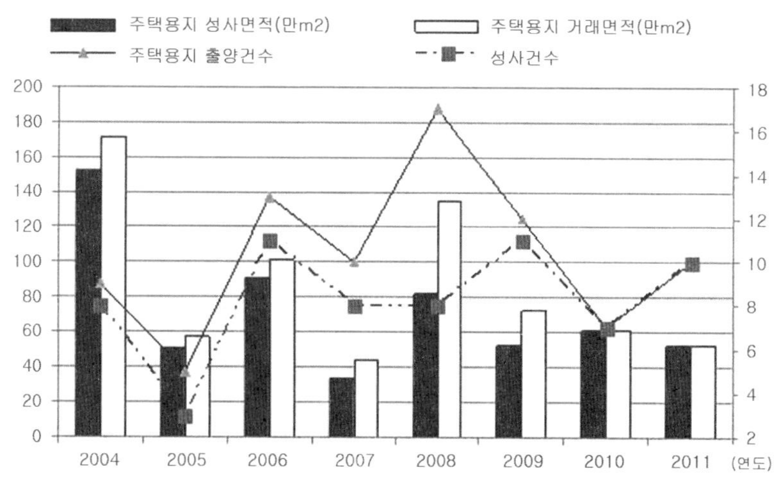

〈그림 21〉 2004~2011년 출양된 토지총면적 및 주거용지 현황

3) 상업 및 서비스업용지 면적 과반수가 유찰, 출양가격 상승

2011년 상업 및 서비스업용지(상업용지와 상업 및 사무용지, 비즈니스용지, 서비스업 시설용지, 숙박업소용지 등이 포함)의 출양 공시는 10건, 총 18.2만㎡로 총 출양면적의 6.4%에 달했고 이 가운데 7건이 거래되었다. 평균거래가격은 9,885위안/㎡으로 동기 대비 45.5% 상승했고 최고가격은 16,100위안/㎡였다.

유찰 건수는 3건으로 유찰 면적은 11.3만㎡이었고 면적기준 유찰률이 62.1%를 기록했다. 마지막 상업용지 두 건은 12월에 잇달아 유찰되었고 총면적은 약 11.0만㎡였다.

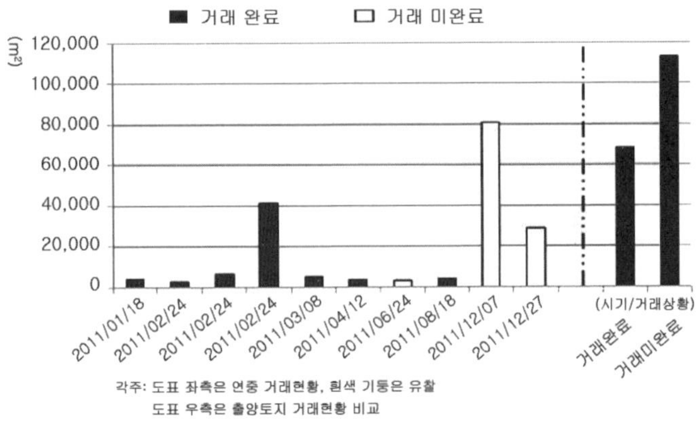

〈그림 22〉 2011년 상업 · 서비스 용지 면적 및 거래 현황

4) 복합용지에 관심 집중, 역대 최고가 실현

2011년에 복합용지 3건을 출양해 모두 거래가 성사되었으며 총면적의 26%를 차지했다. 용지의 성격도 다양해서 고등교육기관과 공업복합용지, 주상복합용지 등이 있었다. 그 중 K202-0012필지는 타이즈만(太子湾) 지구에 위치하며 상업 및 서비스업 시설과 창고, 항만부두, 주거

등 다양한 기능이 통합된 복합용지로서 면적은 69.764만㎡에 달했고 2001년 이후 선전에서 출양된 용지 가운데 가장 규모가 컸다. 자오상띠찬(招商地產)이 선전시 경매공시지가 가운데 최고 금액인 64.39억 위안에 낙찰 받았다.

5) 토지정비사업 본격 실시, 시작단계 계획 이행

'선전시 단기건설 및 토지이용계획 2011~2015'에서는 토지자원의 난국을 해소하기 위해 2011년 7월부터 토지정비사업을 시작한다고 명시했다.

토지정비사업은 토지사용권의 회수와 주택수용, 철거 및 이전, 토지매입, 수용과 양도, 전용토지 등 산적한 문제 처리, 간척사업 등의 방식으로 흩어져있는 토지의 통합하는 내용을 포함하며 토지정리 및 선행개발을 실시하는 것이다.

2011년 연말까지 각 지역은 '선전시 2011년 토지정비계획'(실시기간: 2011년 7월~2012년 6월)에 따라 토지정비업무를 50% 완료했다. 선전시는 토지정비업무 75건을 완료함으로써 건설용지 45만㎡를 시중에 공급하고 87개 토지수용과 철거, 이주사업과 7개 이주 및 정착사업을 완료할 계획이다.

PART 7

핫이슈

주택구매 제한정책의 주택시장에 대한 영향

주택구매 제한정책의 주택시장에 대한 영향

양훼이*

개요 2011년 주택구매 제한정책은 부동산시장조정의 키워드였다. 따라서 주택구매 제한정책이 주택시장에 대한 영향이 어떠한지는 사회의 커다란 관심이 되었다. 여기에서는 주택구매 제한정책을 총결하는 기초 위에 2011년 전국 및 주요한 주택구매제한령 실시한 도시에 대하여 실증분석을 통한 연구를 진행하여 주택구매 제한정책의 영향을 평가하였다.

■ 키워드: 주택구매 제한정책, 주택시장, 영향

1. 주택구매 제한성책

주택구매 제한정책은 행정수단을 사용하여 주택구매대상, 주택구매 수량 등에 대하여 제한을 통하여 투자성 및 투기성 수요를 억제하여 주택가격의 빠른 상승을 억제하고 주택가격의 합리적 회귀를 촉진하려는 목적을 갖는다. 기존 중국 정부가 사용해왔던 재정, 세수, 금융, 대출 등 경제수단을 통한 부동산조정은 효과에서 한계성을 보이며 정책시행에도 불구하고 주택가격이 지속적으로 상승하였다. 일반 도시 주민가정의 주거지불능력이 보편적으로 부족해지고 경제수단에 의한 조정정책효과가 한계를 보이면서 주택구매 제한이라는 극단적인 조치가 취해졌다.

* 중국사회과학원 도시발전환경연구소 박사과정

1) 주택구매 제한정책의 연변과정

(1) 주택구매 제한정책의 초기단계(2010년 4월~9월)

2010년 4월 '신국10조(新國十條)'에서는 각종 명목의 투기성 주택구매를 엄격히 제한하기 위해, 상품주택가격 상승이 지나치게 빠른 도시나 공급이 부족한 지역에서 상업은행이 위험상황에 근거하여 세 번째 주택구매에 대한 대출을 잠정적으로 중단한다고 발표하였다. 그리고 1년 이상의 현지 소득세나 사회보장연금의 납세증명을 제출할 수 없는 해당지역의 호구가 없는 가정에 대해서 잠정적으로 주택구매를 중단한다고 발표하였다. 또한 지방정부는 현지의 실질상황에 근거하여 임시적인 조치를 취하며 일정 기간 내에 주택구매수량을 제한할 것을 요구하였다.

'신국10조'에서는 단지 "지방정부는 현지의 실질상황에 근거하여 임시적인 조치를 취하며 일정 기간 내에 주택구매수량을 제한할 것"을 규정하였고, 주택구매 제한의 범위, 대상, 제한수량과 기한에 대하여 명확한 언급을 하지 않았고 때문에 지방정부에서는 적극적인 대응이 나타나지 않았었다. 하지만 4월 30일 베이징 정부가 "한 가정이 베이징시 범위 안에서 단지 한 채의 상품주택만을 구입할 수 있다."라는 규정을 전국에서 처음으로 내놓았다. 하지만 그 후 4~5개월 간 다른 도시정부들을 이를 뒤따르지 않았었다.

(2) 주택구매 제한정책의 추진단계(2010년 9월~2011년 1월)

2010년 9월, 중국 주택 및 도농건설부, 국토자원부, 감찰부가 연합하여 '국무원의 일부 도시 주택가격 급등의 결연한 억제에 통지를 각 지역이 진일보 관철시키는 것에 대한 4가지 요구'를 발표하였다. 이를 통해 주택가격이 지나치게 높거나 급등한 도시, 공급이 부족한 도시들에 대하여 일정 기간 내에 주민가정의 주택구매 수량을 제한할 것을 요구하였고 또한 이에 따른 문책제도를 실시한다고 발표하였다.

이번 발표는 지난 발표보다 비교적 큰 진전이 있었다. 구매 제한의 범위에 대하여 초보적인 확정을 하였다. 하지만 여전히 구매 제한 범위와 대상, 수량과 제한기간 등이 모호하고 명확하지 않은 문제점이 남아 있었다. 문책제도의 강행의 제약하에서 다수 도시가 베이징에 이어서 주택구매제한령을 발표하였다. 2011년 1월 '신국8조(新國八條)'의 발표 전에 주택구매 제한정책을 발표한 도시는 선전(深川), 샤먼(厦門), 상하이(上海), 닝보(寧波), 푸저우(福州), 항저우(杭州), 난징(南京), 원저우(溫州), 텐진(天津), 하이코우(海口), 광저우(廣州), 산야(三亞), 따리엔(大連), 수저우(蘇州), 란저우(蘭州), 정저우(鄭州), 타이위안(太原), 쿤밍(昆明), 지난(濟南), 허페이(合肥) 등 20여 개로 대부분 동부지역의 1선 2선 도시들이었다.

(3) 주택구매 제한정책의 심화시기(2011년 1월~현재)

2011년 1월 '신국8조'는 각 직할시, 계획단열시, 성도(省都)와 주택가격이 지나치게 높거나 상승률이 빠른 도시들에 대하여 주택구매 제한정책을 엄격히 제정하여 집행할 것을 요구하였다. '신국8조'는 제한범위를 확실히 규정한 것 외에도 주택구매제한대상, 제한수량 그리고 제한기간 등에 대하여 비교적 명확한 규정하였고 문책제도를 실행하였다. 2011년 말까지 전국에서 46개 도시에서 주택구매 제한정책이 시행되었고, 충칭은 전국 35개 중대형도시 중 유일하게 주택구매 제한정책을 시행하지 않은 도시이다. 그러나 충칭은 방산세가 시범적으로 시행된 도시이기 때문에 본문에서는 충칭까지 포함하여 47개 도시에 대하여 연구를 진행하였다. 주택구매 제한정책 시행도시의 확대와 엄격한 구매조건은 현지 호구가 아닌 주민과 현지 호구를 가진 주민 중 이미 주택 한 채를 보유한 가정의 수요를 억제하는 효과를 명확하게 보였다.

[표 1] 2011년 주택구매 제한 실시 도시 분포

지 역	도 시
동부 (28개)	베이징, 상하이, 톈진, 스자좡 절강 : 닝보, 항저우, 원저우, 진화, 샤오싱, 저우산, 타이저우 강소성 : 난징, 우시, 수저우, 쉬저우 광동성 : 광저우, 선전, 푸산, 주하이 복건성 : 푸저우, 샤먼 산동성 : 지난, 칭다오 야오닝 : 따리엔, 선양 하이난 : 하이코우, 산야
중부 (8개)	타이위안, 허페이, 난창, 정저우, 우한, 창사, 하얼빈, 창춘
서부 (10개)	하우하오터, 난닝, 청두, 구이양, 쿤밍, 시안, 란저우, 시닝, 인촨, 우루무치
충칭	35개 중대형 도시 중 유일하게 주택구매 제한 실시 안 함. 그러나 방산세 실시

2) 2011년 주택구매정책의 특징

(1) 조건의 엄격 정도가 다름

베이징은 주택구매의 조건이 가장 엄격한 도시이다. 베이징 호구를 가지지 않은 경우 5년 이상의 납세증명을 제시할 수 있어야 주택구매 조건을 가질 수 있다. 상하이, 광저우, 샤먼(廈門), 닝보(寧波) 등은 그 다음으로 자격조건이 엄격한 도시였다. 이들 도시에서는 현지 호구가 없는 경우 주택구매 시점으로부터 2년 안에 1년 이상의 연속된 납입증명을 제시할 수 있어야 주택구매가 가능하다. 대다수 주택구매시행 도시에서는 '신국8조(新國八條)'의 표준에 근거하여 현지 호구가 없는 주민은 주택 1채를 구매가능하고, 현지 호구를 가진 주민은 이미 주택을 1채 보유하고 있는 상황에서 1채를 더 구매할 수 있고, 2채 이상을 가진 주민은 더 이상 주택구매를 할 수 없다. 외지 호구를 가진 주민이 1년 이상의 납세증명을 제시할 수 없는 경우 주택구매가 금지되며,

1년 이상의 납세증명을 제시할 수 있는 경우라고 해도 1채만 구매할 수 있고, 이미 1채 이상을 가지고 있는 경우에는 주택구매가 금지된다.

(2) 주택구매 제한 도시가 35개 중대형 도시에서 3선 도시까지 확장

2011년 주택구매 제한정책 시행 도시는 전국 35개 중대형 도시에서 3선도시까지 확장되었다. 주택가격이 지나치게 높고, 상승률이 지나치게 빠른 성의 도시들인 절강성(浙江省)의 원저우(溫州), 진화(金華), 샤오싱(紹興), 죠우산(舟山), 타이저우(臺州), 취저우(衢州)의 도시와 강소성(江蘇省)의 우시(無錫), 소저우(蘇州), 쉬저우(徐州)의 도시, 그리고 광동성(廣東省)의 푸산(佛山), 주하이(珠海), 하이난성(海南省)의 산야(三亞))의 12개 3선 도시가 주택구매제한 정책에 참여를 하게 되었고 주택구매제한의 범위도시는 점차 확대되었다.

2. 주택구매 제한정책하에서의 주택시장 특징

1) 전국 주택시장 특징

2010년 본 소논문이 분석대상으로 하는 전국 47개 중대형 도시의 GRDP 합계는 전국 GDP 총액의 49.3%의 비중을 차지했고, 이들 지역 주택투자는 전국 주택투자 총액의 56.2%의 비중을 차지했다. 국민경제와 주택시장에서 이처럼 높은 비중을 차지하는 이들 47개 도시에서 시행된 주택구매 제한정책은 전국 주택시장에 커다란 영향을 끼쳤다. 1998~2011년 전국 주택판매가격은 1,854위안/㎡에서 5,011위안/㎡으로 상승하여 연 평균 7.4%의 상승률을 보였다. 이 기간은 크게 세 단계로 나눌 수 있다. 첫 번째 단계(1998~2003년)에서는 수요의 관망과 주택가격의 안정발전이 나타났다. 두 번째 단계(2004~2009년)에는 수요가 왕성하게 분출되면서 주택가격이 빠른 상승을 보였다. 세 번째 단계(2010~2011년)에서는 엄격한 조정정책으로 수요가 억제되면서 주택가격이 안정적 회귀를 보였다.

아래에서는 주택거래상황, 토지거래상황 그리고 부동산개발 자금융자의 세 부분으로 나누어 2011년 주택시장 변화에 대해서 분석한다.

(1) 주택거래량 증가 폭의 명확한 둔화

2011년 상품주택거래량 증가율은 2010년에 이어 크게 둔화되면서 첫 번째 단계와 두 번째 단계기간의 연 평균 증가율에 크게 미치지 못 했다. 주택가격 증가율은 2010년 대비 0.2%p 상승하면서 2010년과 비슷한 수준을 유지하였다. 2011년 엄격한 주택구매조정 하에서 전국 주택거래량이 증가 폭이 크게 감소한 것에 비해서 주택거래가격은 2010년과 비슷한 수준을 유지한 원인은 주택시장의 두 주체(소비자와 공급자)가 관망태도를 보이고 있기 때문이다. 소비자는 주택가격이 지속적으로 하락할 것이라는 예측 때문에 잠재적 수요를 분출하지 않고 관망하고 있고, 공급자인 부동산개발회사들은 낙관적이지 않은 정책과 시장환경 앞에서도 2009년과 2010년 확보한 자금이 충분하여 아직 분양가 할인을 전면적으로 시행하지 않고 있다.

[표 2] 주택시장 판매 현황

(단위 : 만㎡, 元/㎡, %)

연 도	주택판매면적	증가율	주택판매가격	상승률
1998~2003	18,969	18.4	1,994	2.9
2004~2009	59,072	16.9	3,381	9.8
2010	93,052	8.0	4,724	5.9
2011	97,030	4.3	5,011	6.1

(2) 토지거래량과 주택용지 가격의 증가 폭은 모두 감소

2011년 토지거래량과 주택용지 가격 증가율의 증가 폭은 모두 2010년과 비교하여 22.6%p와 10.5%p 감소하였다. 토지거래면적과 거래가격 증가 폭이 둔화된 원인은 우선 토지정책이 토지매점, 투기행위에 대하여 점점 엄격한 제한을 하면서, 기존 부동산개발회사들이 토지의 대량 구매를 통해서 얻었던 토지가격 상승으로 인한 투기수익의 창출공간이 크게 줄어들었기 때문이다. 그 다음으로는 부동산개발회사 입장에서 이미 비축해둔 토지로 향후 1~3년간 건설이 가능하기 때문에 주택시장 경기가 좋지 않은 상황에서 토지구매에 적극적인 태도를 보이지 않았다.

[표 3] 토지구매면적과 주택용지 가격 변화 추세

(단위 : 만㎡, 元/㎡, %)

연 도	토지구매면적	증가율	주택용지 가격	상승률
2000~2003	26,842	20.5	-	-
2004~2009	37,687	-3.6	-	-
2010	39,953	25.2	5766	12.7
2011	40,973	2.6	4443	2.2

(3) 부동산 개발투자자금 증가율의 증가

2011년 부동산 개발투자는 크게 위축되지 않고 여전히 전년 대비 30.2% 증가했다. 대출긴축정책의 영향을 받아, 부동산 개발투자대출(국내대출)은 2010년과 비슷한 수준을 보이면서 단지 0.2%만 증가했지만 부동산개발회사들은 대출환경이 악화된 상황에서도 개발투자에 대한 열정은 크게 줄어들지 않았다. 그 원인으로는 첫째, 개발회사들의 관성에 의한 것이다. 둘째, 부동산개발회사들이 정책에 대한 민감성이 비교적 떨어지기 때문이다. 부동산개발회사들의 상당수가 국유기업이거나 지방정부와 밀접한 관계를 갖고 있기 때문에 이러한 배경을 바탕으로 기업의 장래를 낙관하고 있다. 셋째, 주택시장화 이래에 부동산정책이 이미 빈번히 발표되었고, 장기적이며 안정적인 부동산제도가 아직

성립되지 않았기 때문에 이번의 사상 유례없는 가장 강력한 정책의 장기성에 대해서도 부동산개발회사들은 회의적인 시각을 가지고 있다.

[표 4] 부동산개발 주택융자 변화 추세

(단위 : 억 위안, %)

연 도	주택투자	증가율	주택투자/상품건물투자	자금출처 : 국내대출	증가율	국내대출/조달자금총액
1998~2003	4,042	21.7	64.8	1,698	21.9	22.9
2004~2009	16,566	19.4	69.9	6,294	23.7	19.0
2010	34,026	32.8	70.5	12,540	11.0	17.3
2011	44,308	30.2	71.8	12,564	0.2	15.1

2) 주택구매 제한정책이 실시된 주요 도시의 부동산시장 특징

절강성(浙江省), 강소성(江蘇省), 광동성(廣東省), 하이난성(海南省)의 4개 성의 도시들 중 주택구매 제한정책이 실시된 도시들의 GRDP는 각각 해당 성(省)의 GRDP에서 차지하는 비중이 상당히 크다. 절강성은 총 11개의 지급시(地級市)가 있으며, 이 중 토지구매 제한에 참여한 도시가 8개에 이른다. 2010년을 예로 들면 이들 8개 도시의 GRDP와 주택투자총액의 총합이 절강성의 GRDP와 주택투자총합에서 차지하는 비중은 71.6%와 64.7%였다. 강소성의 경우 난징(南京), 우시(無錫), 수저우(蘇州), 쉬저우(徐州)의 4개 도시가 주택구매 제한정책에 참여했다. 이들 도시의 GRDP와 주택투자총액이 해당 성의 GRDP와 주택투자총액에서 차지하는 비중은 47.5%와 45%였다. 광동성(廣東省)의 경우 광저우(廣州), 선전(深川), 푸산(佛山), 주하이(珠海)의 4개 도시가 주택구매 제한정책에 참여했고 위의 두 가지 지표가 성에서 차지하는 비중은 각각 51.6%와 40.9%였다. 하이난성(海南省)의 하이난(海南)과 산야(三亞)의 경우에는 성의 32.8%와 36%의 비중을 차지했다. 위의 수치에서 볼 수 있듯이 주택구매 제한도시들이 해당 성의 거시경제와 주택시장에서 차지하는 비중은 매우 크기 때문에 이들 도시에서 시행된 주택구매 제한정책은 이들 성의 주택시장에 중대한 영향을 야기했다.

[표 5] 주요 주택구매 제한 도시 주택시장 지표

(단위 : 만㎡, 元/㎡, 억 위안, %)

도 시	주택판매 면적	증가율	주택가격	상승률	토지구매 면적	증가율	주택투자	증가율	개발대출	증가율
절 강	3,006	-21.6	9,730	4.4	1,988	1.4	2,700	31.2	1,086	6.1
강 소	6,790	-15.6	6,077	9.5	2,410	8.3	4,086	29.3	1,543	-0.1
광 동	6,969	6.3	7,643	9.1	2,290	30.4	3,495	37.7	1,219	-1.6
하이난	841	0.8	9,029	2.6	400	-23.1	574	37.7	143	5.5

2011년 절강성(浙江省)과 강소성(江蘇省)의 주택거래량은 모두 2010년 마이너스 증가가 나타난 배경하에서 지속적으로 감소 추세를 보였다. 주택거래가격은 비록 마이너스 상승은 아니었지만 상승폭은 전년과 비교하여 14.1%p와 5.8%p 하락하였다. 하이난성(海南省)은 주택구매 제한정책의 영향을 크게 받았다. 주택거래량과 주택가격의 변화율은 각각 52.3%p와 37.2%p 감소하였다. 위의 세 개 성과는 다르게 광동성(廣東省)의 경우 거래량 증가 폭이 전년 대비 6.3%p 증가했고 주택가격 상승폭은 단지 1%p 하락했다. 광동성의 주택판매 상황은 4개 성 중에서 주택구매 제한정책의 영향을 가장 작게 받은 것으로 나타났다.

토지구매면적으로 보면 절강성과 강소성, 하이난성의 증가 폭은 전년 대비 48.4%p, 11.8%p, 105.4%p 감소하여 하이난성의 감소폭이 가장 컸다. 이에 비해 광동성은 증가율이 2010년의 -22.2%에서 30.4%로 증가했다. 4개 성의 성도(省都) 즉 항저우(杭州), 난징(南京), 광저우(廣州), 하이코우(海口)의 주택용지 출양가격 증가율은 각각 -0.5%, 1.2%, 4.4%, 2.5%로 항저우에서만 마이너스 상승이 나타났다. 하이코우와 광저우의 증가 폭 하락 속도가 가장 빠른 도시와 가장 늦은 도시로서 증가 폭이 각각 67.0%p와 0.2%p 감소되었다.

전국의 투자 증가 폭과 비교하여, 4개 성의 투자 증가 속도는 모두 비교적 빠른 수준을 보였다. 개발융자의 어려움이 확대되는 가운데 강소성과 광동성의 부동산개발 투자대출은 모두 마이너스 증가를 보였다. 절강성과 하이난성의 증가율은 마이너스는 아니었지만 증가 폭이 12.4%p와 43.1%p 크게 감소하였다.

3) 주택구매 제한정책하에서의 주요 도시 주택시장 특징

주택거래량과 주택가격의 영향 정도는 각 도시에서 세분화되어 나타났다. 주택구매 제한정책의 영향 하에서 베이징과 상하이의 주택거래량과 주택가격의 절대량은 모두 비교적 큰 폭의 마이너스 증가가 나타났다. 그리고 톈진(天津)과 충칭(重慶)의 주택거래량과 주택가격은 이전 2년 동안과 비교하여 크게 낮은 수준을 보였지만 아직 마이너스 증가를 나타내지는 않았다.

토지거래량과 토지가격 역시 도시 간 차이가 비교적 크게 나타났다. 베이징 토지시장은 주택구매 제한정책의 영향이 가장 명확하게 나타나 부동산개발기업의 토지구매면적은 전년 대비 거의 절반이 감소했다. 또한 지가상승률도 크게 둔화되었다. 상하이의 경우 주택구매 제한정책과 방산세의 두 가지 영향이 함께 작용했지만 토지구매면적은 오히려 큰 폭으로 증가했고, 토지출양가격도 소폭의 증가했다. 충칭의 토지구매면적과 거래가격도 전국 평균수준보다 크게 높았다.

개발투자 융자상황은 각 도시 별 분화가 크게 나타났다. 1선 도시인 베이징과 상하이의 투자증가 폭은 전년 대비 48.6%p와 25.9%p 감소하였다. 톈진과 충칭의 투자증가속도는 전국 범위의 전체적 상황과 비슷한 추세를 보이면서 비교적 높은 수준에서 움직였다.

전체적으로 보면, 주택구매 제한정책은 4개 주요 도시에 비교적 큰 영향을 주었지만 도시별로 영향의 정도는 세분화되었다. 1선도시인

[표 6] 2011년 주요 주택구매 제한 도시 주택시장 지표 현황

(단위 : 万㎡, 위안/㎡, 억 위안, %)

도 시	주택 판매량	증가율	주택 판매가격	주택 판매가격	토지 구매면적	증가율	주택 용지 가격	상승률	주택 투자액	증가율	부동산 개발대출	증가율
베이징	1,035	-13.9	15,518	-9.5	507	-41	13530	-0.6	1,778	17.9	1,168	-18.8
상하이	1,474	-12.6	13,448	-5.4	563	30.1	20047	1.7	1,399	13.7	741	-9.6
톈 진	1,455	7.6	8,539	7.9	597	-8.6	5268	0.7	679	20.1	522	-3.3
충 칭	4,063	1.9	4,492	11.2	1,676	22.4	3171	4.5	1,439	31.8	695	18.9

베이징과 상하이의 각 지표의 절대량이 하락하였고, 2선도시인 톈진과 충칭의 지표는 증가 폭이 감소하였다.

3. '주택가격의 환경조화 지수'에 기반한 주택구매 제한정책 효과의 평가

주택가격의 변화는 주택가격에 영향을 끼치는 경제사회요인과 불가분의 관계에 있다. 주택가격이 합리적인가의 판단, 다시 말해 부동산조정정책의 목표인 '주택가격의 합리적 회귀 촉진'의 목표달성 여부를 판단하는 것은 주택가격과 이를 둘러싼 경제사회요인과의 조화 정도를 가지고 판단할 수 있다. 본문에서는 '주택가격의 환경조화 지수'를 통해서 2011년 전국과 주택구매 제한정책이 실시된 주요도시의 주택가격과 사회경제요인과의 조화지수를 통해서 그 영향을 평가해 보고자 한다.

1) '주택가격의 환경조화 지수'에 대한 간략한 소개

'주택가격의 환경조화 지수'는 부동산시장과 주택가격에 영향을 미치는 경제사회요인과의 조화도를 추정하는 모형이다. 이 모형은 중국사회과학원 도시발전 환경연구소의 리징귀 연구원과 연구팀이 개발한 모형이다. 2006년 『부동산 발전보고 NO. 3』에서 처음으로 이 모형을

사용하여 중국 35개 중대형 도시의 주택가격과 해당 지역의 경제사회의 조화 정도에 대하여 분석을 실시하였다.

본문에서는 이 방법을 사용하여 2001~2011년의 11년간의 주택시장과 주택시장에 영향을 경제사회요인간의 조화도를 평가하여 연구를 진행하였다. 이는 주택시장과 이를 둘러싼 사회경제 요인 간의 조화도의 변화를 통해서 주택구매 제한정책의 효과를 분석하기 위해서이다.

(1) 모형소개

$$Y = B - A = B - \sum(\pm ai * pi) \quad (i = 1, \cdots, \text{n})$$

위의 식 중 Y는 '주택가격의 환경조화 지수', B는 주택가격지수, A는 주택시장을 둘러싼 경제사회종합지수이다. ai는 주택가격에 영향을 주는 제 i번째 지표이고, pi는 가중치이다. 주택가격을 둘러싼 경제사회 종합지수인 ai는 경제사회가 주택가격 상승을 지탱하고 유발하는 상황인 경우 정(+)의 부호를 갖고, 주택가격 하락을 유발하는 상황에서는 음(-)의 부호를 갖는다. $Y = 0$인 경우에는 주택가격과 이를 둘러싼 경제사회요인이 조화를 이루고 있는 상황을 의미한다. $Y > 0$인 경우에는 주택가격이 경제사회가 지탱할 수 있는 범위를 넘어선 과열의 상태에 있다는 것을 의미하며, $Y < 0$인 경우에는 주택가격이 경제사회요인의 수요를 따르지 못하고 있는 상황으로 주택가격이 상승할 공간이 존재하고 있음을 의미한다.

(2) 평가지표 체계와 상관 설명

지표선정의 중요성, 종합성, 획득성 등의 원칙으로 주택가격에 영향을 끼치는 지표를 선정하였다. 종합평가 과정에서는 각 지표의 가중치는 전문가 집단에 대한 조사방법과 Analytic Hierarchy Process(AHP)의 방법을 통해서 결정하였다.

[표 7] 주택가격의 환경조화 지수체계

주택시장환경요인 1급 지표(가중치)	주택시장환경요인 2급지표a(가중치pi)	주택가격에 대한 작용
주택수요지표(0.3)	1.GDP변동율(0.1)	+
	2.1인당 가처분소득 변화(0.1)	+
	3.도시인구변화(0.1)	+
주택공급지표(0.3)	1.토지구매면적변화(0.1)	-
	2.주택투자/상품건물투자 변화(0.1)	-
	3.주택준공면적 변화(0.1)	-
주택거래와 금융지원지표(0.4)	1.판매면적 변화(0.1)	-
	2.판매면적/준공면적 변화(0.1)	+
	3.부동산개발대출 변화(0.1)	-
	4.부동산소비대출 변화(0.1)	+

2) 전국 및 주요 주택구매 제한정책 시행 도시에 대한 '주택가격의 환경조화 지수' 분석 결과

'주택가격의 환경조화 지수' 모형에 의하여 산출한 전국 및 8대 주요 도시의 2001~2010년의 조화도 결과는 아래 표와 같다. 전국 주택가격과 환경요인과의 조화도의 상황을 보면 2001~2009년 (일부 연도 제외)에서 조화지수는 기본적으로 정(+)을 보이고 매년 상승하는 추세를 보이고 있다. 이는 이 기간에 있어서 주택가격이 경제사회의 지탱범위를 초과하였다는 것을 의미하며 주택가격이 하락할 공간이 있음을 설명하고 있다. 2009년 하반기부터 시작된 엄격한 부동산 조정책이 2010년부터 효과를 보이기 시작하여 2010년의 조화지수는 2009년에 비해 큰 폭으로 하락했다.

그러나 이때에도 여전히 정(+)의 부호를 보이고 있었다. 2011년에는 주택구매 제한정책이 다른 조정정책과 함께 영향을 주어 조화지수는 지속적인 하락을 보이고 있었으며, 주택가격과 주변 경제사회요인과의 조화 상황은 개선되고 있음을 설명하고 있다. 2011년에도 부호는 여전히 정(+)을 보이고 있어, 2011년에도 여전히 주택가격이 경제사회의 지탱능력 범위보다 높은 수준에서 형성되고 있음을 알 수 있다. 따라서 전국 주택가격과 경제사회의 조화를 위해서는 조정정책이 더욱 지속되어야 할 필요가 있다고 판단할 수 있다.

[표 8] 전국 및 주택구매제한 주요 도시 주택가격의 환경조화 지수

연도	전국	베이징	상하이	톈진	충칭	저장	장수	광둥	하이난
2001	0.079	0.214	0.206	0.128	0.097	0.101	0.119	0.195	0.798
2002	0.084	0.031	0.137	0.012	0.224	0.261	0.191	-0.063	0.058
2003	0.099	-0.036	0.292	0.183	0.040	0.156	0.145	0.039	0.335
2004	0.165	0.005	0.151	0.148	-0.016	-0.124	0.206	0.028	0.180
2005	0.082	0.244	0.102	0.363	0.320	0.445	0.292	0.054	0.228
2006	-0.041	0.081	-0.012	0.187	0.089	0.084	0.041	0.125	0.285
2007	0.167	0.412	0.056	0.197	0.206	0.192	0.113	0.225	0.475
2008	-0.045	0.145	0.023	-0.067	-0.013	0.099	0.010	0.016	0.190
2009	0.202	0.189	0.381	0.089	0.229	0.127	0.176	0.054	0.440
2010	0.074	0.284	0.271	0.272	0.215	0.203	0.147	0.076	0.361
2011	0.072	-0.194	-0.068	0.004	0.153	0.031	0.103	0.091	-0.048

주요 8대 도시의 상황을 보면 베이징, 상하이와 하이난은 영향을 받은 정도가 큰 것으로 나타나고 있다. 이들 도시의 경우 조화지수가 2010년의 정(+)에서 2011년에는 부(-)로 전환되었다. 톈진, 충칭, 저장과 장쑤는 비록 조화지수가 여전히 정(+)을 보이고 있어 주택가격이 여전히 사회경제요인의 지탱능력 범위를 초과했다고 볼 수 있지만 그 정도는 비교적 크게 하락하였다. 따라서 이 4개 성이 주택구매 제한정책의 영향을 크게 받았다고 할 수 있다. 광동성(廣東省)은 분석한 8개 도시 중 유일하게 조화지수가 상승한 도시이다. 주택가격과 경제사회요인과

의 조화 정도가 개선되지 않았을 뿐 아니라 오히려 괴리가 더욱 심해졌다고 평가할 수 있다.

2012
중국 부동산 발전보고

1판 1쇄 찍은날 2013년 1월 11일
1판 1쇄 펴낸날 2013년 1월 17일

지은이 주 편 / 리징궈
부주편 / 샹자오웨이, 리언핑, 리칭
옮긴이 이기영
펴낸이 송희영
펴낸곳 건국대학교출판부
등록 / 제 4-3 호(1971. 6. 21)
주소 / 143-701, 서울시 광진구 능동로 120
전화 / (02) 450-3891 ~ 3
팩스 / (02) 457-7202
홈페이지 / http://press.konkuk.ac.kr
이메일 / press@konkuk.ac.kr
책임편집 임경희
찍은곳 (주)동화인쇄공사
정가 17,000원

ISBN 978-89-7107-556-2 93300

부동산 발전보고 편집위원회

- □ 주편(主編): 리징궈(李景國)
- □ 부주편(副主編): 샹자오웨이(尙教蔚), 리언핑(李恩平), 리칭(李慶)
- □ 편집위원: 왕청칭(王誠慶), 왕훙훼이(王洪輝), 니우펑뤠이(牛風瑞), 펑창춘(馮長春), 리훙위(劉洪玉), 리칭(李慶), 리언핑(李恩平), 리징궈(李京國), 줘샤오윈(鄒曉雲), 션젠중(沈建忠), 위밍쉬엔(俞明軒), 위엔시우밍(袁秀明), 녜메이셩(聶梅生), 샹자오웨이(尙教尉), 챠이챵(柴强), 시에동진(謝家瑾), 웨이훠카이(魏后凱)

주요 편집자 소개

□ 리징궈(李景國): 중국사회과학원 도시개발 환경연구소 연구원, 부동산실 주임, 중국사회과학원 연구생원 교수, 중국도시경제학회 이사. 수행한 프로젝트 및 논문으로 성(省)급 각종 우수성과표창 6회

□ 샹자오웨이(尙教尉): 경제학박사, 중국사회과학원 도시개발 환경연구소 부연구원, 중국사회과학원 연구생원 교수. 2003년부터 『중국 부동산 발전보고』 작업 참여. 주요 학술논문 30여 편, 저서 다수

□ 리언핑(李恩平): 경제학박사, 중국사회과학원 도시개발 환경연구소 부연구원. 주요 학술논문 20여 편, 저서 다수. 대표저서로는 『한국의 도시화 경로와 발전성과』, 『경제전환과 효율전도기제의 변화』 등

□ 리칭(李慶): 고급(高級)엔지니어, 중국사회과학원 도시개발 환경연구소 부연구원, 중국사회과학원 계획국 계획처장 역임. 건축 및 부동산개발 프로젝트 다수 참여